素养立意下小学数学
单元学习群的构建路径

庄惠芬 等著

·南京·

内容提要

以学科核心素养为导向，培养全面发展的人，是小学数学学科育人的价值所在；学科核心素养教育的最终目标是培养学生的"真实性学力"，如何在日常的小学数学学与教的过程中把数学单元学习群设计成为撬动课堂转型的一个支点，是我们教与学工作的目标。本书从整体的教到系统的学，从素养导向的小学数学单元学习群目标设计、小学数学单元学习群内容重组路径、小学数学单元学习群的教学策略构建、小学数学单元学习群的评价探索、小学数学单元学习群的实施支架构造等六个方面全面阐述了小学数学单元学习群的构建与实施路径；特别是对小学数学单元学习群内容重组路径形成融与合、通与进、构与造、进与阶四个策略，形成了数学单元学习群中大观念的厘定与构建、大概念的提取与构造、大主题的组织与整合、大任务的设计与实施四个要素路径；并形成了以数学概念或核心内容为主线组织的知识类单元、以数学思想方法为主线组织的方法类单元、以数学跨学科为主线的实践类单元等教学策略。本书对国家新课程方案、新课程标准高质量实施给予了清晰而有价值的回应。

图书在版编目(CIP)数据

素养立意下小学数学单元学习群的构建路径／庄惠芬等著
.—南京：东南大学出版社，2023.12
 ISBN 978-7-5766-1146-5

Ⅰ.①素… Ⅱ.①庄… Ⅲ.①小学数学课-教学研究
Ⅳ.①G623.502

中国国家版本馆 CIP 数据核字(2024)第 014763 号

责任编辑：陈　跃　　责任校对：李成思　　封面设计：顾晓阳　　责任印制：周荣虎

素养立意下小学数学单元学习群的构建路径
Suyang Liyi Xia Xiaoxue Shuxue Danyuan Xuexiqun De Goujian Lujing

著　　者	庄惠芬 等
出版发行	东南大学出版社
出 版 人	白云飞
社　　址	南京四牌楼2号　邮编：210096　电话：025-83793330
网　　址	http://www.seupress.com
电子邮件	press@seupress.com
经　　销	全国各地新华书店
印　　刷	南京迅驰彩色印刷有限公司
开　　本	700 mm×1000 mm　1/16
印　　张	18.25
字　　数	317千字
版　　次	2023年12月第1版
印　　次	2023年12月第1次印刷
书　　号	ISBN 978-7-5766-1146-5
定　　价	82.00元

本社图书若有印装质量问题，请直接与营销部调换。电话(传真)：025-83791830

数学单元学习群让儿童学习充满生机

华东师范大学博士生导师、教授 孔企平

认识庄惠芬老师已经有二十多个年头了。十五年前,她提出了"站起来的儿童数学"的教学主张,并对此进行了长期的深刻思考和深入实践。当时我没想到一个农村学校的普通数学老师竟有着这样的思考与深入研究。

这么多年来,无论是成为数学名师还是教学名家,无论是成为特级教师还是特级校长,她始终如一地在一线课堂研究儿童数学学习,观察研究了几千名儿童,积累了几百个案例,探索形成了有价值的教学模式,研究不同年段孩子数学学习的分化、障碍、断层等各个问题。一路走来,我看到了庄老师始终如一地沉醉于儿童数学学习的研究之中,在课堂探索与长期积淀中不断突破、发展和创新。她以发展儿童的数学素养和学习能力为己任,去回应和破解时代的命题。

数学单元学习群是庄惠芬老师"站起来的儿童数学"实践层面更进一步的探索,也是国家新课程方案、新课程标准更好落地的深入实践。庄惠芬老师带领团队深一步破解了指向儿童数学学习的现实问题,提出了儿童数学学科核心素养培植的实践路径。数学单元学习群不仅是一种教学方式,也是一种创新理念,还是一种可参照的学与教的范式。庄惠芬老师及其团队一起研究的"数学单元学习群"是一项深入而又浅出的研究:深入是指他们的研究不是停留在儿童数学单元学习的外在形式,而是深入如何促进儿童数学学习的内在肌理,是有着科学支撑的实证研究;浅出是指他们的研究不是停留在生涩的理论层面,而是通过扎扎实实的课堂教学实践、真真切切的学习任务设计,让数学学习变得更加贴近儿童、符合儿童、唤醒儿童、激发儿童,是有着序列推进的实践探索。

数学单元学习群从具体可感的结构层面重构了小学数学学与教的样态,重塑了儿童学习的方式,丰富了学习的内在机制,重塑了课堂生态的系统。

数学单元学习群让儿童数学有了不一样的样态。庄老师为了研究数学教育的幼小衔接，曾经到武进周边的幼儿园深入课堂观察研究五十多节课，也指导过十多所幼儿园的游戏化课程建设。她主持的数学单元学习群就有了儿童的视角和儿童理解的方式，改变了许多人眼中儿童数学抽象冰冷的面孔，数学单元学习群目标的研发、数学单元学习群教学内容的开发、数学单元学习群学习平台的建构、数学单元学习群资源的丰富，让小学数学的学习样态变得整体、系统以及富有结构。数学单元学习群让数学学习内容变得立体动态起来，也势必让教师在这些基础性课程的实施中创造新的教学方法；让儿童在生活、环境和方式的变换和差异中爱上数学，更能站在数学学科教学的价值与意义的坐标中去形成终身学习的能力与品质。庄老师团队的数学单元学习群研究给了大家很好的启发。

数学单元学习群让课堂教学有了不一样的生态。基于单元学习群的数学课程丰富了儿童数学学习的内容，数学单元学习群内容的丰富又促进了教师课堂教学的转型，改变了亦步亦趋、按部就班的传统常态课堂教学方式。因为数学单元学习群的教学实践，与儿童产生了积极的共鸣，师生之间、生生之间容易产生共情，所以课堂中每个孩子积极思考、主动学习、不知疲倦地挑战，儿童的数学学习不断抵达新的深度，同时对数学的理解也有了温度。以数学单元学习群为引擎，产生了积极的蝴蝶效应。单元种子课、单元主干课、单元整理课、单元生长课、数学建模课、数学实验课等各种课堂形态不断产生，不断丰富；儿童觉得这样的数学学习非常好玩，积极地投入其中，在获得成长的同时也能激发教师的工作热情，师生彼此的情感、情绪、情意都能积极融入数学学科的教与学中。

数学单元学习群重塑了儿童学习不一样的方式。数学单元学习群有着学习的整体设计，更加注重基于理解的数学学习，关注数学的核心概念、儿童的能力素养，使儿童获得积极的整体体验，从而习得数学学习模型；数学单元学习群丰富了学习机制的内核，注重学习目标、内容、规则、反馈等不同要素之间的相互补充和衔接，让儿童在学习机制的关照下对数学产生积极的直觉体验；数学单元学习群注重从儿童学习心理机制、生理因素以及社会、物理因素的角度出发，促进儿童与数学、儿童与环境、数学与生活的相互关联，促进儿童以自愿、自在、自由的心态投入学习。

数学单元学习群指向儿童核心素养不一样的发展。数学单元学习群让儿童在情境中乐思、好学、善探。不同年龄段、不同课型的数学资源开发，不仅可以培养孩子们会玩的能力，也可以培养他们的高阶思维能力。同时单元学习群能真正呵护儿童旺盛的想象力和创造力,提高儿童主动学习探索的动机,培养儿童专注与坚持的学习品质。数学单元学习群通过探索游戏与数学核心概念、能力的无痕融合,在轻松有趣的互动中培育学生的数学思维与学习品质,让学生在习得数学核心知识的同时更加注重数学活动经验的积累、数学思想方法的形成、数学关键能力的发展。数学单元学习群让儿童在认知、情感、思维等核心素养层面得到深度发展,使儿童具有对数学学习良好的情感、积极的问题意识、理性思维、探索精神以及数学建模的能力等,展现出独特的数学气质;促使儿童主动学习、善于学习、创造性学习,探索出解决儿童数学学习难点的新方法。

数学单元学习群生成了教师不一样的研究方式。正视数学教学存在的问题,才有了观察、研究、阐发、诠释的必要,也才有思想辨析、意义建构的表达空间。沿着这样的一种事实呈现、思想辨析、意义表达的路径,来追寻和探索什么是真正的数学教育,什么是真正的数学教学,什么是数学教学的意义、价值和理想。因此,以数学单元学习群为载体,庄惠芬带领的课题组团队在积累大量零碎的经验的基础上,通过符合一定程序的行动和思辨,提炼出有效的经验系统。我很赞同他们通过对大量的数学单元学习群不同模型的教学探索以及数学单元学习群活动设计的研究,形成以课例为载体、以课程为场域、以课堂为现场的教学研评一体的研究方式。教师要对自己课前、课中、课后的学习大任务进行纵向反思并对照他人的经验、理论进行横向反思,在反思的过程中进行针对性学习,在针对性学习中不断改革教学实践行为,提升自我诊断和诊断他人课堂教学的能力,转变教育观念,改革教育教学行为,不断提升专业素养。

"站起来的儿童数学",是庄惠芬老师数学教育思想的主要体现,也是她永恒的事业追求。数学单元学习群,是庄惠芬带领团队对站起来的儿童数学在实践层面更深层次的探索。她带领研究团队在不断追寻数学学科本质的过程中,铸就了自己的品德人格,使得儿童的人格特征与思维方式"站起来"了,使儿童的数学学习孕育了数学的精神力量,构筑了数学教育的生命之地。这种"站立"的精神是对传统数学教育的传承与创新,是对课程改革的坚守与实践,也是对既有教学模式的超越与创新,更是对当代儿童数学教育的立体建构。

目录
CONTENTS

第一章　小学数学学科核心素养与单元学习群构建　　001

第一节　学科育人：从惰性知识到活性素养的导向　　001
　　一、小学数学学科核心素养的思考与实践　　001
　　二、小学数学关键能力的理解与培育　　009

第二节　数学单元学习群：从整体地教到系统地学　　015
　　一、系统把握数学单元学习群的内涵意义　　015
　　二、梳理数学单元学习群设计的结构脉络　　018
　　三、构建小学数学单元学习群的基本原理　　022

第三节　从循因到定向：基于概念性理解的单元学习群　　026
　　一、观念统领：以概念性理解为本的单元目标设计　　026
　　二、梳理图谱：以概念进阶为路线的单元活动设计　　027
　　三、贯通思想：以概念结构为框架的单元学习支架　　029
　　四、相似模块：以概念迁移为结果的单元学习评价　　031

第二章　素养导向的小学数学单元学习群目标设计　　033

第一节　从课程标准理解把握数学核心素养　　035
　　一、在纲举目张中凝练学科核心素养　　035
　　二、在执本末从中落实学科核心素养　　039

第二节　从多元理念重新定位单元学习目标　046
　　一、三种理念定位单元学习目标概念　047
　　二、三个层级明晰单元学习目标作用　049
　　三、三种思维促进单元学习目标实现　049

第三节　从单元要素分析视角进行教学设计　051
　　一、多元解读教材，寻找单元知识契合点　052
　　二、深度分析学情，发现单元学习生长点　054

第四节　基于学科核心素养设计单元学习目标　055
　　一、单元目标设计基本特征　055
　　二、单元目标设计基本步骤　060

第三章　素养导向的小学数学单元学习群内容重组路径　065

第一节　融与合：数学单元学习群中大观念的厘定与构建
　　——以"笔算两位数乘两位数"单元为例　065
　　一、意义性理解：整体构建"笔算乘法"单元主题轴线　065
　　二、结构化认知：厘定"笔算乘法"单元概念内在逻辑　068
　　三、系统化构建：打通"法理相融"笔算单元学习脉络　069

第二节　通与进：数学单元教学中大概念的提取与构造
　　——以五年级"多边形的面积"单元为例　073
　　一、目标"通亮"：打开数学学科大概念的"金字塔"　073
　　二、内容"通脉"：构造数学大概念系统的"方向盘"　077
　　三、学习"通透"：建构数学大概念语境下的"框架群"　079

第三节　构与造：数学单元学习群中大主题的组织与整合　082
　　一、数学单元学习群中"大主题"生成逻辑　082
　　二、数学单元学习群中"大主题"的组织路径　083
　　三、数学单元学习群中"大主题"的实践线索　084

第四节　进与阶：数学单元教学中大任务的设计与实施

　　——以"四边形的认识"单元为例　　　　　　　　　　　090

　　一、小学数学单元学习任务链的内涵要素　　　　　　090

　　二、小学数学单元学习任务链的类型构建　　　　　　093

　　三、小学数学单元学习任务链的实践构建　　　　　　097

【典型案例1】有结构的教，促关联的学

　　——用单元思维设计"认识平行四边形和梯形"的教学　102

【典型案例2】经历实验探究，积淀思维经验

　　——基于单元视野的"长方形和正方形的认识"教学设计与思考　107

【典型案例3】任务驱动下的单元教学：以"复式统计表"为例　115

第四章　小学数学单元学习群的教学策略构建　　　121

第一节　以核心知识为主线的单元教学策略　　　　　　121

　　一、内容优化：形成整体关联的知识体系　　　　　　121

　　二、结构优化：构建纵横融通的认知体系　　　　　　126

　　三、路径优化：构建素养导向的教学体系　　　　　　129

【典型案例】"线与角"单元整体教学的实践与思考　　　135

第二节　以数学思想为主线的单元教学策略　　　　　　143

　　一、理念认同：以数学思想彰显单元教学的育人价值　143

　　二、思维进阶：以数学思想牵引单元教学的实施策略　147

　　三、学习再造：以多元课型呈现单元教学的基本样态　153

【典型案例】"运算律"单元学习群的课型　　　　　　　160

第三节　以实践活动为主线的单元教学策略　　　　　　176

　　一、设计思路：确立基于"跨学科"的单元学习群　　176

　　二、建构方向：开发基于"跨学科"的单元学习群　　178

　　三、流程再造：优化基于"跨学科"的单元学习群　　180

【典型案例1】"车轮为什么是圆的"数学实践活动　　　187

【典型案例2】"冰雹猜想"教学设计　　　　　　　　　190

【典型案例3】"走进圆的世界"教学设计   193

第五章   素养导向的小学数学单元学习的评价探索   199

第一节   单元评价的价值意蕴   200

一、要素联接：教学评一以贯之   200

二、任务驱动：教与学融为一体   201

三、素养升级：知与行共同发展   203

第二节   单元评价的特征分析   204

一、整体与局部一致   204

二、全体与个体结合   206

三、适切与可行相通   207

四、过程和结果融合   207

第三节   单元评价的实践策略   209

一、单元评价的实施流程   209

二、单元评价的实践路径   210

第四节   单元教学评价的实践例举   218

一、以概念学习迁移的评价导向：以"因数和倍数"为例   218

二、以运算理法相融的评价诊断：以"运算律"为例   221

三、以图形认识要素的评价调控：以"长方形和正方形"为例   228

第六章   小学数学单元学习群的实施支架构造   232

第一节   小学数学单元学习群抛锚式教学支架的设计   232

一、锚的构造：数学单元学习群大问题设计   232

二、桩的构建：数学单元学习群五联单设计   234

三、架的搭建：数学单元学习群脚手架设计   241

第二节　小学数学单元学习群作业设计支架的路径　　244
　　一、符合思维发展的数学单元作业的主要特征　　244
　　二、指向思维发展的数学单元作业的基本类型　　247
　　三、促进思维发展的数学单元作业的反馈路径　　252

第三节　新技术关照下的数学单元学习群支持策略　　256
　　一、挖掘数智化平台中数学单元学习资源　　256
　　二、优化数智化支持的数学单元学习方式　　259
　　三、发展数智化赋能的儿童思维能力进阶　　260

第四节　小学数学单元学习群教学研修支架的构造　　263
　　一、形成教师数学单元教学设计的培训链　　263
　　二、落实教师小学数学单元教学的研修桥　　265

【典型案例】基于教学问题现场建构单元学习群的教学策略
　　——以"认识分数"为例初探　　268

参考文献　　277

后记　　279

第一章
小学数学学科核心素养与单元学习群构建

学科核心素养教育对于全面贯彻党的教育方针、落实立德树人根本任务、发展素质教育有着重要的价值。学科核心素养教育的最终目标是培养学生的"真实性学力",单元学习群的设计是撬动课堂转型的一个支点。

第一节 学科育人:从惰性知识到活性素养的导向

我们在思考:数学课堂到底要传递给孩子什么?是较多的知识积累还是科学的活性知识?怀特海在《教育的目的》中提出"惰性知识",即那些只是记住但在生活里从来不用也不知道怎么用的知识。我们的儿童在数学学习中将惰性知识转换为活性知识是一个漫长的过程,需要在学习的启蒙阶段开启,需要教师遵循儿童学习的一般规律,开发和重组相关的教学内容。把数学的惰性知识通过科学的教学设计转变为儿童的活性素养,这是我们一种思维方式的改变,是一种生活态度的改变,到实现的时候,我们会发现自己变得更加完整,更具有逻辑性与理性。

一、小学数学学科核心素养的思考与实践

我们生活在一个数字化的时代,数据、符号、图表、模型逐渐成为重要信息,数学已然成为各个科学发展的伙伴与基石。在日常的生活与工作中,商场打折、家庭理财、程序设计、模型制作等都需要数学意识与数学思维能力,需要用理性的思维方式去看待问题、解决问题。数学作为小学阶段儿童的重要学科之一,需要在教育中让儿童具有稳定的数学素养,在未来的生活、工作中发挥重要的作用。那么在小学学段中,如何让儿童理解并获得数学学科的核心素养?

（一）小学数学学科核心素养的内涵理解

1. 小学数学学科核心素养的基本内涵

素养，也叫素质，是指在长期训练和实践中所获得的技巧或能力，也指平日的品行、气质等修养。PISA（国际学生评估项目）认为数学素养为：个人能认识和理解数学在现实世界中的作用，作为一个富于推理与思考的公民，在当前与未来的个人生活中，能够作出更具体的数学判断，具有从事数学活动的能力。数学素养是指通过数学知识的积累、方法的掌握、运用和内化，能用数学的视角发现问题，用数学的理解提出问题，用数学的思维分析问题，用数学的方法解决问题，在这个过程中逐渐形成的能力、习惯和品质、精神等。

数学学科核心素养，是指在众多的素养要素中处于中心位置，最基本、最重要、最关键，能起到决定作用的素养。日本学者米山国藏说："作为知识的数学出校门不到两年就忘了，唯有深深铭记在头脑中的数学的精神、数学的思想、研究的方法和着眼点等，这些随时随地地发生作用，使人终身受益。"

2. 小学数学学科核心素养的基本特质

（1）内隐性，数学核心素养是无形之物

素养是人的内在之物。数学素养是指个体在日常数学学习过程中积累的在数学经验基础上对数学"体验""反思""提炼""感悟"所形成的结果；这种结果内化为自我的"数学头脑"和"数学品质"，作用于分析和解决数学具体问题以及其他一些现实问题，形成自我的思维方式、数学模型与数学能力，并不断转化为一种内在的、稳定的、整体性的"核心"要素，促进儿童的生命成长。

（2）统摄性，数学核心素养是有形之魂

数学学科核心素养是具有统摄性的，对数学知识与能力、数学思想与方法、数学思维与经验具有强大的凝聚力，举一纲而万目张。如果说数学的核心能力是数学教育的结晶，那么素养往往起到结晶核的作用。当然，数学学科核心素养也是一般的、必需的、个体的，是在数学学习、生活、生产和创造中必不可少的，起到积极作用的。数学素养是关键的，是数学学习的灵魂，这些特征表现在日常的生活之中。

（二）小学数学学科核心素养的表征体现

小学数学教育旨归在于对儿童核心素养的培育，让儿童通过六年小学的学习，拥有理性的思维方式、核心的数学能力、解决问题的能力与智慧潜能的开发、创造力的培育和良好的人格修养等等。

1. 儿童的数学情感

数学情感不仅指儿童在数学学习过程中的动机、需求和兴趣,而且指儿童在这过程中的情感体验。数学情感包括道德感、理智感和美感。数学情感的产生来自数学本身对内在美的追求,来自数学本身理性精神的映射,来自数学德性品格的熏染,来自儿童在数学探索中经历观察、猜测、推理、验证的理智体验。数学情感在于内心的世界与数学的世界产生联想与想象,相互交融及共鸣。

2. 儿童的数学思维方式

其一,结构思维。心理学家布鲁纳认为:"不论我们选教什么学科,务必使学生理解该学科的结构。"所谓基本结构就是指"基本的、统一的观点,或是一般的、基本的原理"。在结构化思维的过程中,我们要关注数学学习的"三维结构":数学问题内部的结构、儿童的知识结构、儿童的认知结构。数学结构思维就在于以尽可能少的数学知识作为基石,不断建构知识结构、完善认知结构,用来解决问题。

其二,建模思维。数学模型是根据事物的特征以及数量间的关系采用形式化的方式表达出来的一种数学结构。儿童在解决数学问题、学习数学知识的过程中都会经历"观察生活问题进行简化—抽象为数学问题—建立数学模型—探索并推理论证—检验—解释拓展应用"的过程。通过构建数学建模思维,儿童学会数学观察,进行数学抽象,善于用数学观点解释问题,形成较为稳定的数学素养。

3. 儿童的数学关键能力

(1) 数学表征能力

儿童的数学表征能力就是指用语言、符号、模型、图式等方式对数学问题、数学原理、数学规律等进行表达的能力。表征可以分为两种:一种是内在表征,就是在头脑中构建模型思考问题;一种是外在表征,就是将数学问题通过文字、语言、符号、数与式、图表、模型等方式进行表征。儿童则经常借用图形、图像进行表征,将抽象问题变得具体形象。

(2) 问题解决能力

问题解决不等同于解决问题,要伴随着儿童对生活问题的观察简化抽象,发现问题、提出问题、分析问题和解决问题,是从一个任务或情境中选择或设计使用教学计划或策略,并指导其实施的过程。问题解决要通过创设情境来激发学生的求知欲望,使学生亲身体验和感受分析问题、解决问题的全过程,从而培养使用数学的意识、探索精神和实际操作能力。

(3) 数学交流能力

数学交流是儿童运用口头语言或者书面语言,把自己对问题的理解、解决问题的方法、建构的数学模型进行表达的能力。数学交流能帮助儿童达成对事物的深度理解,形成对问题深入的全方位的理解,使自我的知识结构更为完善。数学交流帮助儿童将内部思维转化为外在能力,让儿童的思维更为简洁、富有逻辑,消除数学过程与结果的模糊性,促进了儿童数学认知结构的同化和顺应,使其形成更为完善的认知结构。

4. 儿童的数学精神

求真,拥有数学的理性头脑。任何一门学科都应承载育人的责任,数学同样是能启迪心智、教人求真、增进素养的教育。在数学学习过程中,可以通过动手实验、探索发现、争论分辨、抽象概括学会数学思维。

臻善,汲取数学的精神养分。数学让学生沐浴理性精神的光芒,从历史演进中汲取力量,使学生养成缜密、有条理、有根据地思考问题的习惯,形成理智地思考问题,遇到问题不冲动、不盲目、三思而后行的思维品质。

尚美,分享美妙的数学世界。数学的世界是充满美的。数学规律的优美、解题思路的简洁、观察视角的独特、探索过程的一波三折、不同方法的殊途同归、问题结果的出人意料,都能让儿童获得数学美的体验。

(三) 小学数学学科核心素养的策略构建

通过数学背景的确定、学习素材的选择、数学活动的设计、学习过程的展开,让儿童做数学、理解数学、"再创造"数学、交流数学、应用数学、感悟数学,拥有数学的独特气质。

1. 体系思考,情感体验,完善儿童认知结构

(1) 营造儿童数学情感的体验场

所谓数学情感,是指在人类的数学活动中,个体作为需求的主体,对数学活动、数学知识所产生的心理感知和体验。数学活动是知情意统一的过程,即数学情感与数学认知相对称。

数学情感主要涵盖儿童在数学学习过程中所体验到的美感、乐趣感、实践感以

及理智感。其中,数学乐趣感源于数学的抽象性、几何图形的精巧之美、解题方法的多样性以及数学游戏所带来的吸引力,这些元素让儿童体验到数学的乐趣。数学实践感则体现为儿童通过观察、想象、直觉、猜测、实验以及验证等一系列实践活动,对数学知识进行深入探索并产生积极的情感体验。此外,数学美感体现为对数学结构的欣赏和领悟,以及对数学逻辑严密性的赞叹。数学理智感则表现在儿童对数学问题的深入思考和探究中,如在"圆的认识"的前置性学习过程中,孩子们勇于表达自己的疑惑,提出诸如"为何百科知识中提及世界上不存在真正意义上的圆""圆为何被视为无限正多边形"以及"为何众多事物呈现圆形"等深刻问题。这一个个问题反映儿童的数学思考过程,让儿童积极发表自己的意见,勇于大胆质疑,自由争辩,并愿意以批判性态度对待他人及自己的见解,为自己的立场提供合理的解释。这种数学理智感的培养有助于儿童形成严谨、理性的数学思维方式。

(2) 开启儿童数学学习的探究泵

基于数学核心素养的儿童数学学习,一方面关键在于教师要善于挖掘教材蕴含的思想方法,找到儿童数学学习的"源";另一方面要善于营造儿童探究的场,找到儿童自主学习的"泵",让儿童自如地思考、自主地探究、自发地创造。

让儿童勇于试探。"你能试一下吗?""通过观察,你有什么发现?""你还有不同的想法吗?"要引导学生对问题从整体上观察和研究,对问题做全面了解;让儿童合理想象,鼓励学生从多种可能、多种角度去思考同一个内容,诱发学生自由地做出各种可能的组合,让学生尽可能地去面对具有现实意义的开放性问题;使学生能突破惯性思维的束缚,提高数学思维的水平;让儿童反省认知:"从中我可以知道些什么""当时我想到了什么样的方法""我是如何认识到怎样的策略是比较好的"等等。这个过程实质上是学生的一种自我监控、探究认知的过程。

(3) 构建儿童数学学习的结构网

站在体系化的视野整体构建数学知识体系,需要引导学生运用结构化的视线透过生活现象看到数学的本质规律,需要将"教材知识"变为"学材内容",还需要"加工"。如数学整理课的方式,在低年级我们着重建立分与合的模型,加法和乘法均作为合的模型,减法和除法均作为分的模型。"数学整理课教学模式"中诸多环节和心理机制、认知规律之间的基本关系可用下表表示(表1-1):

表 1-1　环节和心理机制、认知规律之间的基本关系

心理机制	问题导向		模型内化			自我建构	
学的活动	入境生问	自学生疑	建立模型	解释拓展	反思学习	迁移创新	
教的活动	提供资源	产生问题	不断抽象	点拨构造	反思教学	实践建构	
认知规律	提出问题		解决问题			实践问题	

这样基于问题学习的整理课，让学生亲身经历将实际问题抽象成数学模型并进行解释与应用的过程，重在衔接视野下模型之间的联系与沟通，在单个模型的基础上，把相关联的各个模型构建成一个数学模块，构建知识网络结构，即知识链—知识网—知识模块。在这个过程中，知识的整理是载体，模型群的建立是关系，方法链的衔接为要义，儿童在头脑中形成知识框架、方法结构、数学模型。

2. 问题解决，数学建模，发展儿童关键能力

(1) 以数学问题解决为核心

问题解决是小学数学课堂教学的核心，基于问题学习，注重把学习置于具有挑战的、有意义的问题情境中去，让学生去经历、去感悟、去观察、去理解、去认识并最终掌握之。由此让学生通过合作探索解决真实性问题，形成解决问题的方法与策略，建构数学模型，获得自主学习的能力与思维的发展。

基于问题解决的数学学习模式，使儿童的数学学习与生活问题、社会问题、实践问题紧密相关。在这个过程中，注重数学模型的建构、数学思想的渗透，不断从单项模型深化为模型群。比如：① 手机收费"全球通 88 系列套餐"选择的分析；② 自行车与儿童身高的比例；③ 抽水马桶的节能；④ 游园路线；⑤ 安全疏散模型；⑥ 小区邮递员的最短行走路线；⑦ 峰谷电合算不合算；⑧ 红绿灯的时间合不合理吗等等问题应运而生。在这个过程中，不仅有数与式的运算、数量关系的抽象、数据分析的明晰、空间与图形的想象，还伴随着观察、判断、分析、概括、选择、统计等诸多方面。

在问题解决过程中，要让儿童由表及里逐渐认识规律。智慧的生长过程，是以儿童的现实水平为起点的。通过数学学习学生获得的不仅是外部知识及其结构的简单移植，还是对数学本质的深刻理解，师生经历的是一个视界融合、积极内化、共同建构的过程，是传承与创造、解构与再构的统一。

(2) 以数学建模过程为载体

儿童解决问题的过程,必定伴随着儿童自觉进行数学建模的过程。首先儿童将具体实际情境中的问题通过数学化简化抽象成数学问题,其次在此基础上建立数学模型,通过对数学模型的检验验证获得模型的适合性的判断,最后运用数学模型解释拓展与应用。儿童的数学学习围绕问题而展开,儿童从不同维度提出数学问题,采用不同的数学方法,建构不同的数学模型。

> 例如:著名的哥尼斯堡七桥问题,经过对问题特性的数学思考进行数学化,形成了"一笔画"的数学模型,通过对"一笔画"这一数学问题的分析,进行奇数点和偶数点这些对于是否可以"一笔画"的符号和公式的表征,并加以论证和推理。在这个过程中运用这一模型顺利解决了动物园的"游园路线"问题,设计出不重复、不遗漏、一次走完的最佳路线;创造性地设计出了小区里不需要重复走路的邮递员路线等等。

3. 思想渗透,表达交流,提升结构思维水平

(1) 把握数学通性通法

在儿童数学学习过程中,采用结构化思维便于儿童用一种模型解决多种数学问题,重视数学学习中的通性通法。

> 比如运算律,在小学阶段的运算律教学中,有学生询问为什么有乘法运算律、加法运算律,没有除法和减法运算律,只有运算性质呢? 其实,如果用衔接的视野来关照,就会发现在自然数集中,减法和除法与加法、乘法互为逆运算。如果学习了负数,那么减法不就自然变成加法了吗? 如果学习了分数除法,除法不就转化成乘法了吗? 因此从这个意义上来说,减法和除法的运算性质不是核心的"源头",而是产生的"支流"。

首先,结构化的处理方式,让儿童数学学习的知识不再是零散的点状,而是整体性、模块化的,便于数学观念与结构思维的形成;其次,通过数学结构中相似模块的组建,可以让儿童由此及彼、举一反三、多题一解;再次,可以让儿童有序地学习数学知识,构建知识网络,体系化思考问题,轻松地内化认知结构,减轻记忆负担,提高思维的灵活性。

（2）数学思想方法统帅

数学在探索规律中不断建构。数学一般具有一定的结构性特点，是能够进行数学抽象和模型提炼的，重在数学模型之间的联系、互纳、理解与沟通。儿童在一个个数学模型建立中逐步把相关联、相似性强的模型构建成数学知识网、数学模型体系，在头脑中形成结构模型。

如在"转化"数学思想的学习中，儿童进行运算中的转化——小数乘除法转化为整数乘除法、异分母分数加减法转化为同分母分数加减法，图形面积计算中的转化——平行四边形转化成长方形和三角形、梯形转化成平行四边形、圆形转化成长方形；在这个过程中，再经过分类、内化、抽象，形成不规则转化为规则、复杂转化为简单、未知转化为已知等转化的核心思想灵魂等等。

在儿童数学学习过程中，引导儿童将不同单元、不同课时、不同学段的数学知识分类抽象提炼加工，穿线结网组块；通过数学思想方法的统帅形成同法、同类、同模的核心数学模型，让儿童真正能做到学一法、会一类、通一片、构一网、成一魂。

（3）营造数学交流场域

儿童在进行数学交流过程中的言语可以分成三类：一是口头言语，即说出的言语、听到的言语；二是书面言语，即书写的言语、看到的言语；三是内部言语，即为发出声音言语。

数学交流能力是指能不同程度以阅读、倾听等方式识别、理解、领会数学思想和数学事实，并能以协作、讲解等方式解释自己问题的解决方法、过程和结果，针对他人的数学思想和数学事实作出分析和评价。

儿童在解决问题，过程中有几种方法、几种不同的思路；要引导儿童敢于表达自己的观点、思路和想法，注重口头表达与书面表达的结合，注重过程与结果的结合，在儿童发现不同的思路的同时更要让儿童观察结果的相同，并且理清为什么结果会相同，以及不同中的相同、偶然中的必然。在建立模型的基础上，要让儿童自如地表达交流举例验证，拓展运用，在解决新问题中发现与之前模型的相同与不同。

当然，数学核心素养的形成与发展是一个不断发展循序渐进的过程。不同年龄的儿童，他们的数学核心素养特征也有着不同的呈现和要求。同时对于儿童数学核心素养的研究，在静态上要研究其各个要素，在动态上要研究处于不同发展阶段的儿童其数学核心素养发展变化的特征与规律。在小学阶段要培植儿童理性的思维方式、认识客观世界的模式以及解决问题的思想方法、一种客观辩证的精神世界、一种具有人文精神的文化境界，于是数学核心素养也就成为儿童成长中的关键营养与积极作用。

二、小学数学关键能力的理解与培育

在数学新课程改革深度推进中，数学教育工作者逐渐站在儿童数学学习与生命成长的立场，逐步从关注数学知识的授受转变为对数学核心素养的培育。在数学核心素养的培育中，学科关键能力的培养成为数学教学的核心，学科关键能力模型的构建也逐步成为学业质量标准制定的指标之一。因此，如何提升教师对数学学科关键能力的认识，如何提升儿童的数学学科关键能力，成为现阶段小学数学课程研究与实践的重要命题。

（一）对小学数学学科关键能力的认识

1. 数学学科关键能力的内涵

学科能力一般有以下三层含义：一是学生掌握某学科的一般能力；二是学生在学习某学科时的智力活动及相关的智力与能力的成分；三是学生学习某学科的学习能力、学习策略与学习方法。学科关键能力，是指在众多能力要素中处于中心位置、最基本、最重要、最关键，能起到决定作用的能力。

数学学科关键能力是指通过数学知识的积累、方法的掌握、运用和内化的过程，儿童能用数学的视角发现问题、用数学的理解提出问题、用数学的思维分析问题、用数学的方法解决问题的能力。数学学科关键能力是儿童在进行数学学习的过程中所形成的较为稳定的心理特征、内隐的思维方式以及外显的解决问题的能力。数学学科关键能力是数学学科素养的核心组成部分，也是最能体现学科性质的维度。

2. 数学学科关键能力的特点

（1）操作性。儿童数学学科关键能力是可以具体化的，呈现一定的外显特征。

能体现出知识结构所产生的影响、能力水平的不同层次,能为解决问题提供策略性思维,能为知识的运用和操作方式提供符合要求的方法、步骤、要求、环节和程序等等。这种操作性的能力可以用具体化的数学学科语言来表达,让数学问题的解决有章可循、有据可依。

（2）结构性。小学数学学科关键能力的结构性体现为静态结构与动态结构的统一。关键能力的要素构成是静态的,有着不同的类型,体现着要素之间的内在关联;从能力发展过程来看,这个结构是动态的,有着不同层次与不同阶段的动态发展。动态性是学科能力结构的精髓,当各个要素相结合的时候,能力结构才能得到发展与完善。

（3）稳定性。数学学科关键能力在儿童数学学习中表现出较为稳定的个性心理特征。数学学科关键能力以知识积累为基础,面对问题解决的方式、方法的统一,促进儿童认知方式与学习方式的统一,促进儿童能力与智力的发展,具有较为稳固的心理特征。

（二）小学数学学科关键能力的结构

1. 数学理解与数学表征

数学理解是指对数学核心知识的内涵、逻辑意义、知识背景以及蕴含的数学思想方法、数学理性精神与思维方式等的理解。比如"运算律"就是四则运算中的核心概念,无论是整数领域、小数领域还是分数领域的运算都会运用到运算律的数学模型;再如"观察—猜想—验证—结论"的方法过程,被运用在各个"找规律"的教与学的过程中,是对后续学习产生重要影响的常用思路。

数学表征,常常使用符号、文字、图表、公式、模型等某种形式,数学结构化的方式对数学核心概念、数学关系、数学问题进行关联式的表达,在数学知识与数学问题之间建立一种映射,使复杂的问题变得简单,使烦琐的形式变得简化,从而带领儿童把未知转化为已知。如我们用字母表示图形面积、周长、体积公式模型,用式与形表达数量之间的关系、空间图形之间的关联。通过图式表征、符号表征、文字表征、模型表征等不同方式抽象概念、规律等等,获得图式、建立结构、完善关系和观念表征,为解决问题奠定基础。

2. 数学建模能力

从广义上讲,数学就是模型,数学的概念、法则、定义、公式、关系都是模型。学习是儿童通过自我建构完善认知,从而进行心理表征的过程。需要儿童站在原有的知识经验、思维方式等起点上不断对新知接纳、内化、顺应,将其纳入自己已有的认知结构中。在这个过程中任何数学概念、原理、定律、规律都可以在生活中找到自己的原型,需要儿童将生活中的原型简化成数学问题并建立模型、检验、拓展应用,所以学习数学就是经历数学建模的过程。从儿童数学学习的本质来看,数学建模是获得数学基本思想方法、积累数学活动经验、习得数学知识和解决问题的一种能力。

3. 数学逻辑思维能力

逻辑思维是儿童在数学知识学习过程中对核心知识的观察发现、分析理解、抽象判断、推理论证等思维形式所进行的内在活动。逻辑思维所呈现出来的是在一定条件基础上的、有着合理的步骤和程序的、循序渐进式的思维方式,逻辑思维是儿童数学学科关键能力之一。任何数学学习活动,一般都经历具象—形象—表象—抽象—模型的过程,让儿童经历感性材料、建立表象、抽象模型的过程。如对"平均分"的核心概念,儿童从分苹果的具体材料、摆小棒分一分的具体模型,到圈一圈、说一说的文字表征,再到列式表达的数学模型表达,建立自己的模型,发展逻辑思维能力。

4. 数学问题解决能力

从具体的情境出发,以数学核心问题为引擎,引导儿童寻找数学问题,探索数学价值,培养数学应用意识。比如在教学"认识负数"时,儿童在存折上、送货记录单上、水位图上等找到很多负数的存在与价值,在收集整理抽象中理解了负数这一概念模型。再比如房屋装修铺地要用多少块砖?贴墙纸需要多少面积?车轮为什么制成圆形、有没有方轮的存在?到浙江横店影视基地夏令营最佳的旅途攻略是什么等等。通过对众多信息的整理与筛选,提出有价值的数学问题,根据自己的知识经验和思维基础进而寻求解决问题的策略。让儿童借助原初经验发现数学问题,自主提出问题生成再生经验,在分析问题和解决问题中形成概括性经验,从而形成解决问题的经验图式。

5. 数学推理与论证

儿童在研究数学过程中通过对数学问题、数学对象、数学现象的观察、分析、实验、验证、归纳、演绎等做出新的推论,并在此过程中证明推论的合理性。如"圆的面积的计算",在三个不同的圆中,你觉得决定圆面积大小的数据主要是什么?碰到未知的知识可以怎么样?你又是如何来进行转化的呢?转化后图形面积计算的数据与圆的面积计算有怎样的联系?你有办法加以验证自己的想法吗?让儿童通过自己独立的思考,不断地探索与尝试,根据图形的变化、实际的测量,合情地推理探索图形面积公式之间的联系,体会变与不变的思想,促进儿童空间观念的形成。这样的过程伴随着儿童的观察猜想、推理论证,在得出方法的过程中,每一次的推理都为儿童关键能力的形成奠定了重要基础。

6. 数学交流与表达

数学交流与表达是指儿童将自己理解和掌握的数学知识、方法、策略、思想通过口头或书面的方式呈现出来。在儿童数学交流与表达中,要关注儿童的倾听与理解,让儿童把自己学习过程中想到的、理解的表达出来,让儿童在学习过程中把听到的内化进来,把想到的表达出来,可以记录,可以口头表达与分享,可以把口头语言与书面语言相结合、将数学语言与日常语言相结合、将模型表达与文字表达相结合等等。数学交流与表达有利于促进儿童自主意识与能力的激发,有利于数学理解与数学思维的发展,有利于认知结构的完善与自我效能感的提升。

(三)小学数学学科关键能力培育

1. 以学科核心知识为中介

儿童的数学关键能力培养是以数学核心知识的学习为中介得以实现的,伴随着知识的习得和思维的展开,最终形成能力的发展。而数学核心知识呈现的状态不是点状、散装的,而是有着独特的结构与体系,形成相应的网状、链状或者蜂窝状,有着自己的模块、网络和系统。

在儿童数学学习中,从知识的发展与儿童认知的特点出发不得不把这些知识变成一个学段、一个单元甚至一个课时来进行,而这样一来会不可避免地产生割裂、断层与支离破碎。儿童的数学学习,通过构建知识网、知识模块和知识体系,促使结构思维和系统思维相结合,促进儿童认知的发展与能力的建构。

如"统计"教学,从小学低年级到中年级、高年级,再到初中、高中都始终如影相随,而只有以核心知识和目标为线索贯穿其中,儿童的能力才能得以提升和发展。如下图(图1-1):

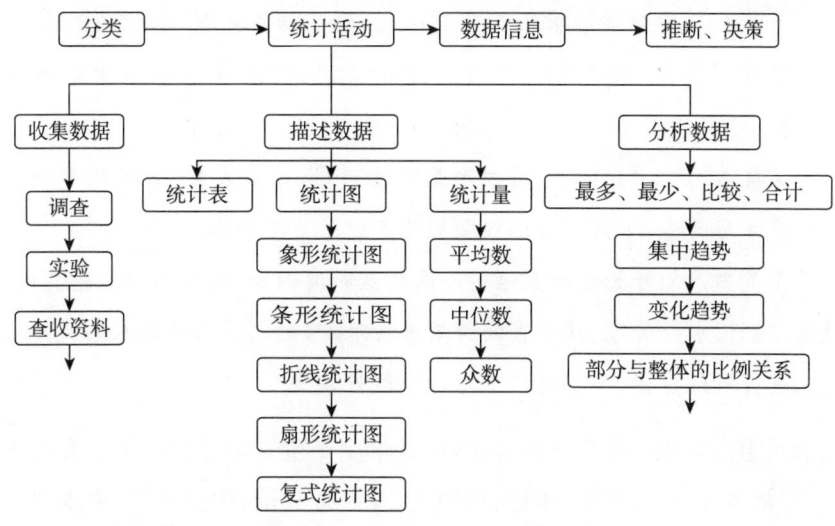

图 1-1 统计与概率内容结构图

以学科核心知识体系为中介,以认知经验为起点,伴随着儿童的记忆、思维,让能力发展有了一定内在连贯性与一致性。小学阶段的核心知识主要包括数学核心概念、数学运算与运算律和基本的数量关系、空间与几何的特点特性、基本原理与基本的数学思想等等,是培育儿童数学关键能力的重要载体。

2. 以数学问题解决为线索

儿童数学学科关键能力的培养要营造合适的问题情境场,培植自主探索的思维场,让课堂与生活对接,为儿童提供一些具有生活情境与背景的实际问题;让儿童经历问题的解决过程,在问题解决的过程中,让儿童学会收集、整理、筛选、组织、分类和处理各种信息,学会从模糊的生活场景中通过数学化简化出数学问题,并通过自己的观察发现、猜想验证、推理建模促进策略的生成;让儿童在问题的发现、问题的提出、问题的剖析和解决中进行数学模型的建构、数学方法的提炼、数学能力的生长和数学活动经验的积累。

【例】有没有方形的西瓜?

在学习"包装盒的学问"的实践活动中,有孩子提出如果我们的长方体包装盒中装的是篮球、西瓜等球形物体的时候依然会浪费很多空间,可不可能有方形的篮球?方形的西瓜?

于是孩子们分成了若干个研究小组,到生活中观察与收集信息,并制作方形篮球模型、方形西瓜模型在生活中试用,结果方形篮球模型很快被否决了!

紧接着,孩子们热衷于对方形西瓜的研究,结果发现,日本很早就已经开始生产方形西瓜,中国台湾已经顺利生产出了方形西瓜。

于是孩子们开始进行百姓对西瓜的认同度调查,对方形西瓜培育的周期、整枝、肥料、水分管理、病虫害的防治进行跟踪,对相应需要投入的成本与圆形西瓜进行对比分析,并制定出了可行的运行方案。

这个问题在生活中非常具有意义,也让学生产生了浓厚的兴趣。在这个过程中,学生需要经过观察、猜想、验证、推理,以及调查分析、数据解剖、成本核算等一系列的程序解决数学问题,需要从复杂的生活信息中选择有用的数据,促进了在问题解决中实践能力、合作能力和自主探究能力的培育,增强了解决问题的自主性与成就感。

3. 以儿童数学建模为路径

每一种教材无一例外都是按照以下线索来编排:问题情境—建立模型—解释—对模型求解—应用与拓展。如建立"长方体"这个几何模型时,教师需要充分领略教材中蕴含的数学建模思想,让儿童经历"观察—简化—抽象—检验修改—建立模型"的过程。通过对牙膏盒、包装箱、文具盒、电冰箱等具象物品的抽象,初步建立长方体的表征,让孩子撇开颜色、大小、位置等非本质属性逐步认识到主体形状的共同属性,抽象出长方体这一数学模型。

再如在儿童学习过立体图形(长方体、正方形与圆柱)的体积公式后进一步让儿童抽象模型,思考这些公式有没有内在联系。经过讨论,概括出统一公式:$V=Sh$ 这一数学模型,在这个基础上还可拓展解释应用,孩子大胆猜想有没有底面是平行四边形、三角形、梯形等的直柱体,这些直柱体是否也可以用 $V=Sh$ 来计算体积。在这个过程中,通过观察物体、认识方向、制作模型、设计图形等不同方式使数学成分形象化、符号化和模型化,在这个过程中,伴随着儿童的观察、分析、比较、综合、抽象、归纳、推理、操作等思维活动。促进数学模型的建构过程就是儿童关键能力生成的过程。

4. 以思维与认知发展为旨归

数学思维方式包括儿童在数学学习过程中积淀下来的数学理性精神、看问题的角度、分析问题的方式等等，其间伴随着数学一般思维方法，也蕴含着推理、抽象、模型等基本的数学思想。

儿童的数学学习就是要让儿童经历旧知到新知的转化过程、组织积极迁移和同化顺应的过程，不断扩展儿童的认知结构。如教学图形的面积计算时，要唤醒已经获得的面积计算公式推导过程、平移旋转、分割与拼补等旧知，还需要做类比推理。同时，要促进儿童实现从一般到特殊、从个别到类别、从分类到整理的运用，即把一般的规律运用于解决个别的问题，照一定的标准或特点进行梳理、分类、整合，促进儿童认知结构的完善。引导孩子常常反思：在问题解决过程中你是怎么思考的？刚才的学习过程让你有怎样的启发？你认为哪一种方法更加合理？你会怎么改进？使儿童逐步具有反思的意识和习惯，从中不断促进儿童元认知的发展。

当然，在儿童数学学科关键能力培育的路上，我们不可能脱离知识、脱离实际、脱离儿童去培养某种能力，需要在"日常数学"与"学校数学"之间搭起一座桥梁，在"儿童"与"数学"之间架起一把长梯，在"知识"与"能力"之间拉起一条长链，把关键能力的培养放在现实的生活情境中，让学生体验到数学的应用价值，从而有效地彰显数学教学的智能价值。

第二节　数学单元学习群：从整体地教到系统地学

一、系统把握数学单元学习群的内涵意义

日常的数学教学实践至少存在两大现实问题：一是教师缺乏对数学知识的系统认识，内在的知识结构关系往往被"隐藏"起来，大家表层看到的可能是点状、零星的显性知识，而没有看到内在的逻辑结构主线，削弱甚至偏离了数学学科的课程目标；二是教师缺乏对数学素养的整体把握，在学习过程的设计中缺乏系统思维，设计短时化，局限甚至忽略了儿童学科素养的长程培养。基于这样的现实问题，我

们开启小学数学单元学习群的建构与实践,选择结构化核心知识设计单元式学习群落,促进儿童学科素养的发展。

儿童的数学学习是基于原有知识、经验、方法基础上的对新知、新经验、新方法的自我建构。儿童头脑中对于知识的组织处于结构化的状态,那么对于新知的学习、建构更容易内化、顺应和迁移,而小学数学单元正是精心选择的、"结构化的核心知识",设计好的"单元式的学习群落",梳理出数学教材中整体性、独立性、关联性强,共同特征多,结构相对完整的"学习单位",通过数学单元学习的再设计,将多维的课程目标细化,落实到可感、可实践的学与教的过程中。

1. 数学单元内容的整体性

小学数学教材本身内蕴着庞大的结构,纵向:数与代数、空间与图形、统计与概率、应用与实践活动四大板块有机穿插,循序渐进;横向:不同领域的知识以单元为单位有序展开,阶段推进,前后关联。遵循"横向模块成列、纵向递进成序"的序列原则,即横向上学习单元的划分和纵向上学习目标的设计,纵横交错,相得益彰,形成适切的"知识关系结构"。横向单元模块成列:从显性到隐性,把"教材知识"变为"学习内容",还需要教师的"加工"。教师需要带领孩子善于"串线""结网",在完成一个单元板块知识教学后,教师要善于引导学生把本板块的知识内容进行梳理,明确知识间的基本关系与内在联系,形成知识网、方法链和思想梯。纵向目标递进成序:在数学学习中要将课程目标前置,将儿童数学学习进行逆向设计,将需要达到的目标通过必定要求和自己选定的方式形成有着纵向的序列。纵横连接,不仅在知识之间采用模块进行梳理、分类、沟通,还将数学学科素养要求落实在每一个单元中。

2. 数学单元学习的系统性

日常的数学单元是基于一定的目标或主题,对数学教材中的内容作重组或调整后的教学单位,包括教学单元、方法单元、主题单元等。而数学单元学习群是根据数学知识发生的规律、内在的联系及学生的学习情况,以单元主题(或任务)为载体,确定整体目标、整合学习内容、设计问题情境、开启学习任务、重构学习组织与学习方式,指向核心素养目标达成而建立的学习系统。数学单元学习群旨在用整体育人的思维着重帮助学生建构自己的知识、方法和素养系统等等。数学单元主题脉络的把握,就是把大量散乱的、碎片的、复杂的数学知识、信息、方法等整合成一个结构分明、脉络清晰的整体,化繁为简,化零为整,利于学生理解、储存、使用。如此儿童对于新知的学习、建构更容易内化和迁移。连一串、通一片,能让大脑更容易地链接相似模块,形成自我的结构模型。

3. 数学单元学习群的结构性

数学单元学习群突出以知识性关联为主线,指向儿童内在思维方式发展的线索。单元学习群的建构需在数学学科知识内在结构与儿童认知方式中找到融合点:首先数学学习需要融合在数学单元学习群的逻辑起点上,让儿童清楚知识的来龙去脉,更要清楚自己是通过怎样的方式、怎样的过程去展开学习的。其次数学学习群的建构需要融合在儿童数学学习的情感起点上,让儿童产生数学探究的兴趣、欲望,激发起儿童已有经验和新知之间的关联。再次数学学习群的建构需要融合在儿童的数学学习与数学单元群之间的思维起点上,在已有知识领域基础上进一步迁移、类化,学会举一反三、触类旁通,拓宽知识面,习得方法链……以此循环往复、递进上升、自我优化,在儿童大脑中形成更加稳固、完善、合理的认知结构。通过数学单元学习"群"的建构,形成学习的长程设计、方法与能力的模块融合,最终形成儿童稳定的认知结构(表1-2)。

表1-2 单课时教学、课本单元教学和数学单元学习群对比

	单课时教学	课本单元教学	数学单元学习群
相同点	学习前提:整体感知学习材料,在内容和形式上形成基本理解; 学习活动:观察与思考、探索与发现、合作与交流是最基本的活动形式; 学习目标:在知识积累、能力训练、方法建构、情感体验上有所获益		
学习目标	扎实学习"这一课时",并积累相关知识,训练单项数学技能	对单元的知识点和能力点形成系统化的认知	在具体的情境中解决问题,形成相应的知识模块与认知结构
课程价值	在单课时学习中形成意义和认知方式,追求知识点的积累	在单元知识网梳理中完成认知和能力建构,形成系统的知识面	在学习任务群中整体性获得能力发展,追求核心素养的形成
课程内容	单一的教学内容,学习和探索一课时的内容和形式要素,学习和训练的能力在这一课时中发生	局部的教学内容,围绕知识点打通单元课时内容,课程内容主要规定在单元之内	以知识模块、方法结构、思维过程等线索整合的教学内容,根据单元的维度组织课程资源、生成并创生学习内容,课程内容是师生共同创生的

续表

	单课时教学	课本单元教学	数学单元学习群
学习方式	以观察思考、探索发现、抽象概括等主要方式深入学习一个课时，学习任务多为封闭性、理解类、积累类、操练类的	以梳理分析、联系比较、前后勾连的方式学习一个单元，学习任务和活动多为半开放、半自主和逐步建构式的	以发现问题、提出问题、分析问题、解决问题的线索展开任务探索，以自主收集、整理信息、分析归纳、论证阐释的方式学习一组内容。学习任务为开放式、研究性、建构性的
师生角色	封闭的课程内容的传授者与接受者	封闭的课程内容的组织者、传授者和接受者	自主的学习者、内容的创生者、方法的建构者、素养的习得者

二、梳理数学单元学习群设计的结构脉络

数学就是一个以各种要素联结而成的系统，数学单元学习群的设计就是在系统思维的关照下，通过数学单元这一基本单位，以数学核心概念、核心知识、核心思想方法、关键能力等维度为主线，将数学问题的发现、分析、解决以及结论的获得视为一个综合性的学习体系，并在此框架下进行全面的学习与探索。

1. 小学数学单元学习群的类型

（1）以核心概念为主题的线串式结构单元

在儿童的数学学习中，重要的数学概念、核心的数学知识不是碎片的存在，都有着内在的结构与联系。"线串式"结构单元是指以"核心概念"为中介，不仅将数学学科内在知识价值、经验价值、思维价值、应用价值、审美价值用线串联起来，还将内在蕴藏的有着相似规律的方法与过程用线串联起来，组成一个结构单元进行整体学习。如"四边形的认识"这一核心概念就按照观察发现—提出猜想—操作验证—得出结论—对比归纳的过程展开，"面积"概念学习时通常采用理特点—找联系—试转化—作对比—建模型的方法结构，"数概念"教学一般按照材料感知—分类提炼—生成新数—感知新数这一过程推进，"数运算"教学一般按照提出问题—理解算理—归纳法则—算法选择这一过程展开，聚焦核心，用主线贯通，形成对核心概念的结构化理解。

（2）以知识模块为单位的张网式结构单元

在数学的知识线索中，数学自然单元内部或者单元之间都存在着相似、类同的相似模块，即单元内部或单元之间存在着类同的知识展开结构。张网式的结构单元是指相对于核心概念的一般性，知识模块还有更大的系统性和适用面，通过串线结网把"散落的珍珠串成珍珠项链"，将每一个知识点、知识串、知识块编织到一张知识经纬网中，形成有组织、有结构的数学知识和模型。张网式的结构单元体现在：一是知识的展开结构。如"数的认识"单元中：整数的认识展开逻辑可以模块迁移到小数、分数的认识中，同样整数运算展开逻辑在小数、分数运算中也会遵循，随着范围多次拓展，这样的相似模块容易促进儿童内在的认知结构的内化。二是知识的类化结构。在"运算律"的单元群建构中，为了增强儿童学习运算律的整体意识与结构思维，可整合"运算律"的单元教学，通过交换律的学习—结合律的学习—分配律的学习—运算性质的学习—整理与应用而展开，结构化地经历知识模块化的框架性结构。张网式的结构单元让儿童在头脑中将数学知识竖成串、横成链、结成网，便于儿童储存、提取和再创造，让儿童将知识的类化、规律的探寻放到相似的结构网状中，形成一个完整的知识网络体系。

（3）以思想方法为锚桩的复合式结构单元

数学思想方法是数学之魂，需要通过适切的方式传递给儿童，可以组织以数学思想方法为主线的单元学习群。复合式结构单元就是在单元组织过程中以数学思想方法为锚桩，复合式体现在两个维度：既有观念层面的数学思想，如数学抽象、数学模型、数学推理、归纳思想、演绎思想等等；也有实践操作层面的数学方法，如一一对应思想、变中找不变思想、复杂问题从简单入手的思想、数形结合思想、转化的思想、符号化思想、分类思想、集合思想等等。如三年级拓展课"认识正方形数"，采用变中找不变的思想方法，让孩子在形、图、式的变换中找到不变，由形联数、由式联数，寻找到正方形数的规律与特征，在动手操作中感知平方数与点图的对应关系，渗透数形结合思想。借助点图将平方数与单数建立联系，培养几何直观能力；形成小步试验—聚类分析—大胆猜想—操作验证—寻求规律的方法结构。由此方法结构开启回文数、十全数、完美数等各种数的自我探究，儿童把已掌握的学习过程自觉地提炼成简洁的原理性结构，不断习得向未知新领域、新事物洞察和迁移的能力。

（4）以关键能力为轴心的螺旋式结构单元

数学素养是儿童未来生活与工作的必备素养之一，生活中家庭理财、日常工作、商场购物、智能设计等等均需要数学关键能力。螺旋式结构单元是通过对单元目标作结构化处理，让每一个单元梳理出的学科关键能力，细化分解到单元学习群中。这样的结构单元在真实的问题情境中铺陈开来，比如在我们为期一个月的"数学遇见财商"单元结构学习中，各个年级开设的小丑日、空调日、家电日、记账日、促销日，让儿童在问题解决实境中进行数学学习，从商场平面图的识别选区到核心知识结构理解，再到真实问题的判断与运算、数学史料的追踪，让学生在具体的问题解决与节日体验中学会观察、选择、思辨、设计方案、表达、抽象、建模等等，不断培养儿童的数学学科关键能力，为儿童可持续性的学习提供支持。

2. 立体建构数学单元学习群的基本支架

数学单元学习群的展开，需要我们把数学本质与对儿童学习规律的理解结合起来，把数学的理性结构与生活的感性世界联结起来，深度把握核心问题、单元任务、学习群落三个支架，让儿童整体地认识世界、系统地建构知识、自主地积淀数学素养。

（1）打开有意义的单元核心问题

让儿童面对真实而富有挑战的问题情境，在真实场景转换为问题情境的过程，数学学习中积累的经验、方式往往会相互交织，有意义的数学单元学习会激活已有经验对新知和问题的探索，让儿童在自己所熟悉的知识范畴与生活世界之内理解会话的意义。有意义的单元核心问题，即核心问题要紧扣学习内容的核心本质，与单元的关键目标相对接。单元任务的设计与实施是基于单元具体目标的。单元的核心问题一定是围绕着单元具体目标来制定。单元核心问题的意义在于能够引领儿童积极探究学习内容的核心，儿童在遇到问题进行解决的过程中，一定会关联起之前曾经经历的场景、采用的方式、经历的过程性经验。这样的问题、场景、方式已经成为儿童对"大问题"探索的思维方式，才能使儿童在面对不断变化的问题时，在真实有意义的生活情境中发现问题、提出问题、分析问题、解决问题。

（2）设计驱动性的单元学习任务

在单元学习群的观照下，依据单元核心知识与关键目标，设计有效的单元学习任务，使学习任务前后关联，指向单元具体观念、对应单元核心问题，成为逻辑一致的任务序列。

起点确认的单元学情调研。单元学习任务的设计需要依据学科内容与具体学情,因此在单元学习任务设计中一般可以采用起点确认的方法,对儿童已有的认知背景、知识基础、经验储备做相应的调研分析,了解儿童认知的障碍、学习的困难以及需要的学习支持,从而确定学习目标、设计学习任务单、研发学习路径等等,尽可能从多个维度思考和设计儿童数学单元学习任务的难度系数和学习支持。

开放性的单元学习任务。学习任务的产生既有围绕核心知识产生的同一性,也有着很大的开放性,同一性是从数学知识维度给予必选任务,开放性就是儿童根据自己对任务难易程度的判断进行选择、组合,形成自选任务。每一次生成的大任务伴随着一组问题链,即同一情景下不同层次的问题探究通过大任务的设计,通过对源问题的变换与生活场的不断融入,形成相互交织的数学模型群。

(3) 建构开放性的单元学习群落

儿童的学习并非孤立封闭的,需要走向学习群落。数学单元学习群的建构是师生共同经历、创造的学习过程,因此单元学习群是一种组织样态,也是一种教学方式,更是一种学习系统。

动态生成单元学习群组织。单元学习群随着任务的开启组建而形成,随着任务的完成而自然解体。单元学习群的任务因数学学习目标的达成、单元主题的选择、大任务的确定和问题解决路径的优化呈现出多元性、可能性与不确定性,是预设与生成的统一。

不断厘定单元学习群方式。单元学习群因为核心知识的不同组成会有所不同,但是万变中有着不变的规律,那就是教学中始终结合数学即模型这一本质属性,经历发现共同特征——建立模型(建立问题解决的方法模型、结构模型等)——拓展模型(延展到其他同类数学问题)的解决过程,群与群之间可以联合、重构、生成,或变换成新的学习群。

自主建构单元学习群模块。数学单元学习群不是随意地拼盘,而是根据数学学科内在的规律,结合儿童数学学习的规律,循序渐进、螺旋上升建构起的一个或一组数学学习单元,单元结构有着其内定性和科学性。"数学单元学习群"设计的逻辑起点关照了儿童群体的认知规律、不同儿童的思维模式。针对问题展开研究,创生"群"的自主建构,通过大任务设计、主题式讨论,感受到数学探究的意义与价值,这样的过程会拓展到相似模块的研究中。

真实的生活问题通过数学化抽象成数学问题,通过对数学问题的探究不断在抽象、推理、建立模型中螺旋发展,以真情境创设、多领域融合、导引式学习、思维导图引领等开启儿童的单元主题学习,实现学习要素的全开放。数学单元学习群的实践探索,通过数学单元结构的重组、建构与实践,指向儿童的"真实性学力",让儿童的学科关键能力真正得以涵育!

三、构建小学数学单元学习群的基本原理

站在学科育人的迫切性与需求性角度,以单学科单元学习的突破和创新为出发点与落脚点,通过回顾总结、实践归纳与理论提升,将"小学数学单元学与教"行动计划与国家立德树人的要求、核心素养的落地、学科价值的实现进行多维度、多层面探索,解析它们之间内在的必然联系,探索小学数学"单元学习群"的行动计划在小学应有的理想状态以及实践过程,对已有的数学单元教学设计基础理论与成果再研究、再改造、再深化、再应用。

（一）理论依据

从"单元学习群"的学理上丰富和完善单元教学设计理论及应用,建立我国自身特色的"学科单元学习群"这一行动计划在中小学得以实施的设计理论体系,从而贡献小学数学学科教育智慧,具有重要的学术价值。我们提出"数学单元学习群"这一主张,主要有以下三个理论依据。

1. 马克思主义关于人的全面发展学说

马克思认为人的发展是全面的发展,提出了"个人的全面发展""全面发展的个人""个人独创的和自由的发展"等概念。马克思、恩格斯指出:"每个人的自由发展是一切人的自由发展的条件。"要达到人充分的个人全面自由发展,只能是通过实践,而且在个人本身能够自由驾驭外部世界力量的时候才能实现。数学单元学习群,贯彻中共中央、国务院《关于深化教育教学改革全面提高义务教育质量的意见》提出的"严格按照国家课程方案和课程标准实施教学,确保学生达到国家规定学业质量标准""坚持教学相长,注重启发式、互动式、探究式教学,教师课前要指导学生做好预习,课上要讲清重点难点、知识体系,引导学生主动思考、积极提问、自主探究"的精神,注重动脑、动手、动口,注重儿童心灵的舒展,促进儿童自由主动地发

展,促进基于立德树人背景下的学科育人价值实现以及学与教方式的改变,促进儿童学会学习、学会思维的价值旨归。

2. 皮亚杰的认知发展理论

皮亚杰的理论充满唯物辩证法,他坚持从内因和外因相互作用的观点来研究儿童的认知发展。他认为,儿童是在与周围环境相互作用的过程中,逐步建构起关于外部世界的知识,从而使自身认知结构得到发展。皮亚杰认为智力源于动作,强调操作在掌握数学概念、原理中的作用。他认为随着儿童年龄的增长,其认知发展涉及图式、同化、顺应和平衡四个方面,数学学习过程是学生的数学认知结构能力的建构过程,儿童的数学世界、儿童的数学生活、儿童的心灵成长等都是按照发展阶段的严格顺序发生数次结构性转变的。儿童通过自己的努力得到的结论和创造是教育内容的一部分,"互动"是主要的学习方式,学科交织是数学教育内容的呈现方式。儿童学习数学就是一个将现实问题抽象为数学问题,经历再创造的过程。

3. 建构主义的学习发展理论

建构主义学习理论强调以学生为中心,不仅要求学生由外部刺激的被动接受者和知识的灌输对象转变为信息加工的主体、知识意义的主动建构者,而且要求教师要由知识的传授者、灌输者转变为学生主动建构意义的帮助者、促进者。在数学单元学习群的构建模式中,学生是知识意义的主动建构者,而不是外界刺激的被动接受者;数学单元学习群将教学内容置于单元的整体内容中去设计,更多地关注了教学内容的本质,是基于学生核心素养培养的教学设计模式,有利于改变教师过分关注具体知识点的倾向,对于拓展他们的教学视野及提高教学效率有重要的意义。单元教学设计是以学生的认知为起点,而学生的学习过程是知识的建构过程。教师是教学过程的组织者、指导者,意义建构的帮助者、促进者,儿童是主动建构意义的对象;媒介支架也用来创设情境、进行协作学习和会话交流,即作为学生主动学习、协作式探索的认知工具。

(二)实践依据

任何改进、变革、转型的过程都应该是不断优化完善的过程,不是非黑即白的激进过程,更不是夷为平地、一切推倒重来的过程,而是要注重改进的边际增量。小学数学单元学习群的构建,不是另起炉灶,而是自我构建。

1. 高观点的学科视角：基于课标的导向性与内容的关联性

《九年义务教育全日制小学数学教学大纲》中明确指出："教学时要注意揭示知识间的内在联系。"简明、清晰的知识结构不仅包容量大，而且蕴含着对新、旧知识的连接、转换与调控的巨大功能。小学数学教材本身内蕴着庞大的结构，纵向：数与代数、空间与图形、统计与概率、应用与实践活动四大板块有机穿插，循序渐进；横向：不同领域的知识以单元为单位有序展开，阶段推进，前后关联。作为教师就应该在清晰这一结构的基础上，将不同领域知识的育人价值通过结构整体架构，有机渗透，融合于过程教学中，必将使学生的学科核心素养得到整体提升，使学生的数学学习的自主伸展力得到极大发展。

高观点的学科视野，就在于基于课程标准的目标导向，把握学生思维的特点、教材编排体系、数学史的启示等解读维度。高观点既要关照中位的知识，还要关照上位的知识。很多时候我们只关注我们当下的知识，所以这远远不够，还要去更好地关照核心的知识以及本质的知识，这样才能更好地围绕学科的视角、学生的思维来进行编排，来体会数学的这样一种体系和数学所带来的解读的维度。

在儿童数学学习中，教什么、怎么教更重要！用高观点的学科视角把握单元学习群，就需要基于课程标准，以数学单元学习群为载体，对教材进行重组和改造，首先我们要把握好三层意思：

①用好这个例子。尊重、理解教材这个例子的内在意蕴：为什么教材选用这些素材、编排这些例子？它在教学实践当中怎么来处理？又有怎样的科学依据？事实上它的编排都有它的逻辑线索，更有它的主旨含义在里面，所以我们首先要用好它，用好这个例子

②超越这个例子。对于全国而言，教材是具有普适性的，因此在不同地区，在不同的场域，可能我们也会用同样版本的教材。那怎么来超越这个例子呢？加强不同版本同类教材的比较，增进对教材内在的理解，教材不是圣旨，可以根据学生实际拓展或删减。

③改造这个例子。因为每一个班级的孩子，他的心智模式、知识背景，以及他学习的方式可能会有差异，也会有不同的需求，所以在这个过程当中，我们就非常有必要根据孩子的实际情况来进行改进，改进这个例子，不能让儿童禁锢在教材这个例子之中。

2. 长时段的单元视野:基于数学知识内在的逻辑性与生成的系统性

数学知识原本都是一个完整的系统,只是为了教学实施,不得不被分割成一个一个学期、一个一个单元和一个一个课时来组织和进行教学。因此数学单元原指数学教材中某一章节的具体内容,是对外相对独立、对内关联性强、共同特征多、相对完整的"学习单位"。"数学单元学习群"设计的逻辑起点关照了群体成员的认知规律、不同儿童的思维模式,针对问题展开研究;学习样态是一切现象、过程与结果的本源,"单元学习群"设计就是学习样态的具体化。"数学单元学习群"设计决定数学学科核心素养实现的路径、效率以及结果,决定当前儿童数学学习问题是否有效解决。

3. 类模块的展开逻辑:基于数学单元设计的结构性与实践的进阶性

(1)把握单元学习群要有"果核思维"。单元的整体教学需把握教材展开教学的实践线索,需把握年段的目标层次与儿童的认知规律。在单元整体教学中我们要用"果核思维",就是要用一种"核"的思维把握教材,即核心素养、核心知识、核心问题、核心探究、核心任务,以"五核"思维展开我们的教材解读。如学校正在进行的大单元教学,用"核"的思维,从单元目标到核心任务,再到学习活动,再到教、学、评的一致,最终形成了一种有机的环路、一个大单元的教学环路。

(2)把握单元学习群要有"系统思维"。"学科结构、教材结构、方法结构、认知结构"是分析教材与教学关系的热词,借用"结构",在读懂教材与读懂学生、读懂教学之间建立三方呼应的关系。数学单元教学在有限可用的时间里,给教师和学生提供了更大的动态性。在吸收借鉴已有的单元学习的成果基础上,创生"群"的建构,可以使对目标的认同趋向一致,减少内耗,减少内部非合作博弈。对单元内容的设计与实施,不再机械地固化在设定的市场与任务中,单元教学中教师有充足的时间和空间去调整教学节奏;"数学单元学习群"的设计与执行过程可能反作用于师生的课程观、教学观、学习观,导致群体价值观发生变化。

每一个教学内容的发生与发展都有着一定的逻辑,一方面是来自学生思维发展的规律,另一方面是来自学科知识本身的结构体系。找到学生的思维断层处,顺应儿童的思维特点来实现正向的迁移,这个"类模块"关注的就是孩子们思维的结构性、连续性、递进性、独特性等等。

第三节　从循因到定向：基于概念性理解的单元学习群

数学概念是对一类对象本质属性的表达，也是儿童数学思维发展的重要载体，儿童数学学习是否顺畅，很多时候是从是否能清楚地理解数学概念开始的。在"简易方程"的学习过程中，我们发现学生普遍出现"不想用方程解""不会找等量关系""不知设谁是未知数"等问题。数学概念的形成过程是在对数学对象进行充分感知的基础上，通过运用比较、分析、归纳等思维方式，提炼出它们的共同属性。而数学单元学习群的建立，通过结构化的知识、系统性的思维、体系化的眼光，能从碎片的数学知识中梳理出概念的脉络，促进儿童对数学的概念性理解。以数学单元学习群为载体，把握数学学科的本质，形成具有学科中心地位、广泛的实用性和解释力的概念模型；并能将这种概念模型作用于新的问题情境，形成可迁移的应用价值。本文就以"方程"单元为例谈一谈：

一、观念统领：以概念性理解为本的单元目标设计

现有"简易方程"教材编制中存在一定的内在缺陷，学段之间的衔接问题、单元之间知识的融通问题以及教材生成儿童的思维定式导致数学学习的难点。为了突破难点，我们采用数学大观念统领，数学大观念不是简单知识的堆砌，是立足于概念内核基础上的重新架构，以少而精的观念促使学生达成对于数学学科的深度理解。

1. 确立单元具体观念

单元具体观念依据本单元内容的核心本质，指向的是学生的理解和迁移，是单元教学设计的灵魂。在"方程"这一单元中，我们确定单元具体观念：上位的观念可以培养学生的符号意识、函数思想、数学建模等数学思想。中位的观念为在探索现实世界的数量关系的过程中，感受等号既可以表示结果又可以表示等价关系，积累将等量关系符号化的活动经验；在表达等量关系的过程中，通过生生和师生交流、评价，初步发展代数思维。下位具体观念让学生体会用字母表示数与关系，且体会其需要与必要性；能够借助生活情境中的故事找出等量关系，并且能用方程表达关

系;借助天平秤的平衡原理理解等式性质,学会解方程。大观念具有中心地位,是数学学科之核心;同时也可迁移,具有在新情境下的迁移价值,对后续的学习也有着更持久的影响,内化到儿童的认知结构中。

2. 设计单元核心问题

单元的核心问题一定是围绕着单元具体观念制定的,核心问题能够引领儿童探究学习内容的本质,在探究活动中体悟数学思想方法,在反思回顾整理中涵育数学思维方式,在过程的探索中积累数学活动经验。一方面,第一学段的小学生基本运用算术方法解决实际问题,学习方程时基本上是第一次接触代数思想;另一方面,小学阶段方程的学习效度需要为中学的方程学习衔接做好准备。我们把这一单元的核心问题设为:你能用字母表示事物之间的关系吗?方程到底有怎样的意义和价值呢?你会通过事物之间建立等量关系来解决实际问题吗?你会用方程解决生活中较为复杂的实际问题吗?

3. 制定学习任务目标

单元任务序列要对应单元核心问题,同时也指向单元具体观念,以保证学习任务的目标指向内容的本质,指向学生的素养的发展。在"简易方程"这一单元学习中,我们围绕"关系建构"这一本质属性设计了三个大任务:我能用字母表示事物间的关系,我能找出天平秤里的等量关系,我能在生活场景中找到等量关系;三大任务立足"关系",聚焦概念本质,指向儿童理解方程的意义和本质,使儿童的思维和能力得到发展。在三大任务驱动中围绕学习目标形成具体的任务:我会用字母表示任意数、一类数、数量关系、特定的未知数等等,我会通过不同情境寻找等量关系理解方程的意义,我会借助天平秤探究等式的性质,我会用方程解决问题。

数学大观念不仅仅指向某一个简单知识,而是承载着数学知识、方法、思想与价值,并以统领思想、结构思维形成模型,成为落实数学素养的重要桥梁。数学单元学习群的教学设计与实施是基于单元具体观念的,而核心观念又是与核心问题密切关联的,核心问题要紧扣学习内容的核心本质,与单元的具体观念对接。

二、梳理图谱:以概念进阶为路线的单元活动设计

对简易方程的理解程度直接影响小学后一阶段方程的学习,甚至更大程度影响着学生今后关于方程与函数间的区分、认识与理解。因此我们有必要关注教材

的编排逻辑和学生认知断层,通过对不同版本教材的研究,重新设置例题的教学方式、内容呈现以及编排容量。

1. 以教材比对厘定概念的内在脉络

"天平"是否反映方程的本质?"用字母表示未知数"这一定义是否表达的是方程的本质?这些问题如何突破?从不同版本教材比对切入,从知识点的分布、方程概念的引入方式、模型的建构,以及解方程依据和列方程解决实际问题的编排入手,对比分析、类化整理,让我们对简易方程概念的脉络有了清晰的认识,见表1-3。

表1-3 方程单元不同版本教材对比

版本	分布	方程概念	方程模型	解方程依据	列方程解决问题
苏教版	五年级分两册主体2单元	形式特征引入	无 $A-X=B$ $A\div X=B$ $aX\pm bX=c$ $aX\pm b\times c=d$	等式性质	主体单元中与解方程结合,不单独列内容,另外与六年级正比例和解决问题的策略整合编排
人教版	五年级第十册共1单元	形式特征引入	同上	等式性质	和倍、差倍、相遇问题
北师版	四五年级下册共2单元	等量关系引入	同上	等式性质	邮票的张数(X+3X)=180 相遇问题 70X+50X=840
沪教版	五年级上下册共3个单元	等量关系引入	8个例题模型全包括等号两边有X	三数关系	和差、差倍、和倍、追及问题、盈亏问题、相遇问题等

通过对比,可以取长补短,从等量关系入手引入作为方程概念的本质属性,同时对"用字母表示数"与"认识方程"板块进行重组,在用字母表示数中降低学习起点,不把函数或对应关系作为教学材料;强化学习重点,整体推进用字母表示一步运算和两级运算的数量关系,融入常见数量关系的代数式训练;在"认识方程"中利用不变量理解等量关系,重视等量题组情境变式,以等量关系作为建立方程概念的主要线索。

2. 以思维线索驱动概念的进阶过程

对于方程的概念性理解,从"含有未知数的等式"这一形式化定义拓展为"方程表示已知数与未知数的等量关系"。把等量关系作为方程概念理解的核心,真正使儿童的方程思维在真实的情境中得到激发,凸显方程的价值与意义。对方程的概念理解,从找未知数开始,再到如何在已知数未知数之间建立联系,突出"找等量关系"这一核心要素。在这个基础上,让孩子比较不同情境背后等量关系的逻辑线索,然后抽象概括,剥离情境之后概括出方程的意义,建立方程的模型,其中包含两条思维线索交融推进:一是让学生经历"设未知数—找等量关系—列出方程"这样的模型建构过程;二是让学生在方程建模过程经历观察、分析、比较、归纳、概括、建模等数学化过程,实现从形式到内涵的第二次嬗变,促进数学高阶思维的发展。

3. 以认知匹配深化概念的本质理解

儿童在"方程"单元学习过程中存在的学习障碍,主要来自算术思维定式过深、列方程局限在一种形式化的模仿,缺少整体的建模意识。学生对于方程的认识基于表层,并未感受到方程的出现是基于解决问题。同时,解方程的程序繁琐、容易出错,利用方程解决问题的优越性不明显,很难构建与新内容相匹配的认知图式。究其原因,从两个学段的编排来看,第一学段少方程思想,多算术思想与逆向思维,数学教学没有对方程做好铺垫,扼杀了学生早期代数思维的萌芽;第二学段从逆向思维到顺向适应度不够,初学方程比较简单,容易造成学生对方程的学习动机不高,兴趣也不大,逆向向顺向转化不适应。不注重建模与方程思想,让学生会列、会解方程就行,教师在教学解方程时规则过多,使学生感受不到方程的妙处,反而认为求解方程既繁琐又易错。为了促进儿童的认知匹配,采用第一学段提前孕伏,在算术与代数的割裂处补上天桥;第二学段基于儿童的认知基础,叩问方程本质,创造性使用教材。

三、贯通思想:以概念结构为框架的单元学习支架

数学的单元学习群是围绕基本概念而进行的,以帮助儿童建构概念模型的思维发展,使儿童获得主要概念的本质属性和概念性观念,从而发展儿童对概念的理解力,用贯通的思想采用纵向和横向的学习支架策略建立概念框架。

1. 纵向贯通策略

数学知识点之间往往有纵向关系，这样的纵向关系更需要和儿童的经验相联结，与数学概念理解的差异性相贯通。

（1）从儿童经验与概念之间的差异中确定认识线索

分析学生已有的认知经验与所要理解的"方程"概念之间的差异发现，儿童已有经验算术法是倒推着寻找线索，获得一个小结论再进一步倒推直到获取真相，方程概念是顺着事件的发展顺序去梳理线索，找到线索之间的相互关联获得前因后果。求方程的解的过程又是一个体现了逆运算的过程。在分析学生的已有认识中，进一步联系学生已有的知识经验与数学概念理解之间的差异，在对比中获得不一样的体验：比如区分"式""等式"，厘清"量""等量"，先要帮助学生建立"等量"的概念，之后建立"等式"概念。以对学生前期经验的了解和认知线索的设计为基础，教师提取出基本问题推动教学，为学生提供调整认知、建构并理解概念的机会，数学概念需要设计层层递进的认知线索以促进理解。

（2）在数学问题与学习活动的对应中顺应思维过程

儿童对数学概念的深化理解，需要顺应自身的认知过程、思维方式并产生积极的反应，在现实情境中、问题探索中深化概念理解。五年级上册教材经过版本比较发现，苏教版教材编排中对于"用字母表示数"内容全面，但是对于特定的未知数的认识不够深入，因此增加此内容方能为方程概念认识奠定基础；对于"等式性质""解方程"和"列方程解决问题"的内容编排相对比较单一化，调整增加等式两边均有未知数的内容，渗透消元、守恒思想。因此"等式必须基于等量关系"，不仅要认识方程的"形"，还要领会方程的"神"，才能形成对方程的本质认识，进入学科认知体系，通过算术思维与代数思维对比，体会代数思维的优越性。总体上而言，在设计这些问题的时候要注意帮助学生经历检验原有观念、拓展经验、形成新的观念的过程，从而促进学生对概念的真正理解。

2. 横向贯通策略

概念的知识点之间不仅有纵向关系，还有横向关系。

数学概念横向贯通策略主要体现为三个维度：

一是"概念核"的析取。在一个概念系统中，有一些概念处于核心位置，在"简易方程"中"等量关系"就是概念核心，重视等量题组情境的变化，以等量关系作为建立方程的主要线索,在已知数和未知数之间建立等量关系,突出代数"还原"和"对消"的本质,依据等式性质扩展"两边含有未知数"的解方程技能,为列方程解决问题扫清障碍。二是"概念体"的结构。概念系统的结构性分析,其中包括概念系统的成分及其组织方式。在"简易方程"概念模式中,强化"用字母表示特定未知数"的意义理解,整体推进用字母表示一步运算和两级运算的数量关系,进一步融入常见数量关系的代数式训练。三是"概念域"的框架。利用"概念域"这种框架,对相互联系的概念的获得分别进行研究,如用字母表示运算定律、平面图形面积和周长公式,这样处理不能很好地突出"用字母表示特定未知数"的教学重心;如一些学生列方程解决问题时不会设定未知数或设定未知数有困难,其根源就在于前期学习"用字母表示数"时缺乏对未知量识别的必要训练。

四、相似模块:以概念迁移为结果的单元学习评价

数学单元学习群的评价是在教、学、评一致性的贯通链条上,单元学习群是否有成效,取决于是否让儿童在数学学习中更好地形成自己认知的、方法的、思想的相似模块,让学习的概念系统能迁移、能举一反三。数学素养评价框架可分为"内容维度""过程维度""情境维度",抓住课堂评价的关键因素,以课堂活动为介质、目标达成检验为环节、在场性评价为方式,真正实现优化学习的评价和促进学生学习的评价。

1. 情境维度:运用好"课堂活动"的评价介质

在"简易方程"单元目标的指引下,先进行目标分类,再来编拟评价指标体系,将目标导向的达成评价融入课堂学习的全过程,让整个教学不偏离"简易方程"的单元目标,让嵌入评价植入儿童有序的学习活动中。学习评价必须以目标作为参考,比较学生学习的实际效果、人格发展与目标之间的一致性程度。通过思维导图、单元知识整理、核心素养的量规设计,确立方程的思想观念,并能在目标制定、探究活动、练习设计与反思整理中形成自己的学习方式以及学习作品成果展示等等。在单元学习群活动路径的新序列中,比如在用字母表示数维度方面,研究班级学生在用字母表示数维度发现学生具有更强的进行字母参与运算的能力,具有更强的借助字母探索、表征规律的能力,能有效提高学生综合运用方程相关知识的能力。

2. 内容维度：把握好"素养目标"的检验指向

结构、联系和迁移是大概念内涵的本质，单元学习群的评价尤其要强化对数学知识的本质理解，提炼出能打通数学知识之间的关联、发挥核心作用的数学概念。由此确立合适的学习主题，并选取水平相当的班级作为参照对象，参照班用原教学序列展开学习，研究班采用新的单元学习群的教学序列进行对照研究，简易方程评价的主题内容主要包括：用字母表示数侧重考查学生设定未知数、代入未知数并求值以及字母参与运算等能力水平；解方程这一板块侧重考查学生对等式性质的理解以及运用等式性质采用消元、对应等方式灵活求解方程的能力；用方程解决实际问题侧重考查学生设定未知数、寻找等量关系、解方程以及解决实际问题的能力。通过围绕"方程"数学学习主题的素养评价量规，形成脉络清晰、条理分明、相互联系的数学知识体系，通过单元学习群，使学生形成简化的、本质的、内在逻辑性较强的数学基础知识结构。

3. 过程维度：采用好"逆向设计"的评价方式

基于单元学习群的学习评价，需要设计指向关键能力的、有意义的表现性评价任务，将评价的目标要素贯穿在课堂评价的每一个环节，通过达成评价来观察、分析、诊断、完善、优化，寻找实证性证据，通过对过程中搜集的信息判断是否达成预设目标。以学习结果开启的逆向设计，第一是确定学生在本单元需要达成的学习结果（即简易方程的意义、价值以及作用等等）；第二是确定证明儿童达成学习目标可以评估的要素、量规和方式（聚焦以本单元的内容为载体需要达成的关键能力与思维品质设计）；第三是设计相应的学习周期、情境活动和学习方法；第四是通过学习记录、思维可视化等方式呈现人人参与的表现性评价和结果性评价，最终指向数学概念的可迁移性，实现概念性理解。

在数学单元学习群的建构中，学习活动是探究式的，它要求学生能主动发现问题，主动探究、交流和讨论，从而获得对数学概念性理解。在这一过程中，学生的数学概念、探究能力、思维品质、数学情感等的发展是同步的，数学学习从知识覆盖到观念统领，建立知识间的联系，促进新情境下的迁移。

第二章
素养导向的小学数学单元学习群目标设计

学生核心素养的提升是单元教学的出发点与归宿,单元教学是核心素养达成的途径和方法。真正有意义的单元是目标单元。单元教学设计就是以目标为统领,重组教学内容,组织教学活动,将某个目标的实现所需要的内容载体、组织过程、时程等作为教学设计的基本单位①。只有明确了目标才可以科学地进行单元教学。目前对数学单元目标的设计存在如下基本问题。

方向不明。曾经有位教研员在讲述他的听课习惯时,说到他每次听课下来总要与教师交流一个问题:"这堂课的目标是什么?"而令他惊讶的是,很少有上课老师能够完整、清楚地说出教学目标。相信这种情况在很多地区很多学校都存在。老师们设计一堂课时,会把过多的精力放在"收集优秀教学设计、筛选教学资源、斟酌活动组织、考虑创新点"上,甚至为了"这些"出现忘了"我们为什么要出发,我们究竟要到哪里去""脚踩西瓜皮,上到哪里算哪里"的现象。

定位不准。2001年教育部进行了新课程改革,为描述学生学习行为变化及其结果提出了"知识与技能、过程与方法、情感态度与价值观"的教育质量指标,简称"三维目标"。而对于一线老师来说,要落实"三维目标"需要搞清楚四个层次的问题,即这部分教学"学什么知识技能,怎么学习,为什么会这样,学到哪些数学精神与文化"?这对于以往更注重知识性的教学来说,无疑是一种破冰式的改革。对于最基层的数学教师来说,"三维目标"分类清晰、表达明确、可操作性强,但多年的重知识轻能力、重结果轻过程的教学传统,往往会使教师们在实践中对教学目标定位不准。

例如,有位教师在进行苏教版小学数学第九册第二单元"三角形的面积"一课的教学设计时,把教学目标进行了如下表述,见表2-1。

---

① 季苹.多维目标单元教学[M].北京:北京师范大学出版社,2020:2.

表 2-1　三角形的面积教学目标设计

知识与技能 A	1. 通过操作，使学生经历推导三角形的面积公式的过程，掌握三角形的面积计算公式 2. 能运用三角形的面积计算公式计算相关图形的面积并解决一些实际问题
过程与方法 B	1. 通过动手操作、观察、比较，丰富学生对现实空间及图形的认识 2. 能正确判断三角形面积的计算方法，并能运用三角形面积计算公式解决问题，发展应用意识
情感态度与 价值观 C	1. 在数学学习活动中获得成功的体验，建立自信心 2. 通过观察、操作、归纳等数学活动，体验数学问题的探索性，感受数学思考过程的条理性和结论的确定性

　　上述目标设计中，A 类目标定位于学生通过这节课需要学习到"三角形的面积公式"这个知识和运用三角形的面积计算公式这个技能；C 类目标则关注了学生的学习情感和数学文化。有问题的是 B 类目标。B1 是设计了去推导出三角形面积公式所要经历的方式方法，而 B2 的定位则明显是关注到了知识与技能，忽视了三角形面积推导过程当中暗含的一条思维线——"转化思想"。如果要调整，则可以改为"在推导平行四边形、三角形面积公式的经验上，进一步体会数学的转化思想，学会用转化思想去思考、解决数学问题"。

　　表述不当。正因为对教学目标的轻视，很多教学设计中对教学目标的表述随意性比较强，体现出教师对于教学目标要达成的度把握不到位。比如，从 2011 年版起，课程标准就一直强调"学生是学习的主人"，教学目标的主体是学生。但是有些教学设计的目标表述仍旧因袭旧传统："使学生在操作和讨论中……""让学生通过实验……""培养出学生的逻辑思维能力……"这样的表述习惯主语是教师，立足的是教师视角，体现的是教师是课堂教学主人的身份地位，与当前教学理念"学生为本"相背而驰。

　　层次不清。小学数学课程标准把数学教学内容分为四大块，分别是数与代数、图形与几何、统计与概率、综合与实践。这些内容并不是集中于某个学段一下子学完的，而是按难度层次、结合学生的年龄特征和认知水平分摊到各个年龄段进行。正由于此，不同年龄段对同类内容的学习，目标与要求是不一样的。2022 年版课程标准对于基础知识和基本技能这类目标的达成情况，从低到高分别用了"了解、理解、掌握、运用"4 个动词，来表述教学所要达到的"度"。但是，往往有很多老师会在了解和理解上随意的表达。例如,"分数的认识"这部分内容,在苏教版中分三次出现,分别是三年级上册"分数的初步认识(一)",三年级下册"分数的初步认识(二)",和五年级的"认识分数"。三年级"分数的初步认识"教学要求非常清楚,如课题所言仅需"初步认识",它的目标表述就尚未需要"理解"。同样,到五年级时"认识分数",就需要"理解"分数的意义、"理解"单位一和分数单位等等。

产生上述现象的原因,一部分是教师的主观因素,还有一部分是以课时为单位的教学设计使教师无法从一节一节的课中跳出来,导致目标设计的断层化和教学实施的碎片化。而单元教学则要求教师站到更高的位置,以单元学习为单位,进行更整体、更系统、更科学的目标定位,使"三维目标"可以得到更好的落实。

如何来进行单元目标的设计呢?最关键的就是要"站得高、看得远",以素养为导向,做到"育人目标、学科目标、单元目标、教学目标与学习目标"的一体化设计和分步式实施。

第一节 从课程标准理解把握数学核心素养

那么,在单元学习群的实践构建中,如何用数学素养的视角来确定单元学习目标呢?在实践中,我们团队围绕"数学课程标准",从"概念、内容、关系"等方面,对核心素养进行了理解式学习。

一、在纲举目张中凝练学科核心素养

"数学学科核心素养"这一短语朗朗上口,但真正要讲到实处、用到实处,却并不那么简单。如果让数学老师们"继续说",他们心里的数学学科核心素养很有可能是"三不",即"不理解,理念混淆;不清晰,重复交叉;不完整,遗漏忽略"。以己昏昏不可能使人昭昭,我们首先得对数学核心素养的概念、内涵、本质进行深入理解,才能在它的统领下进行单元目标设计。

1. 基于大单元视野明晰数学学科核心素养

"三会"是指会用数学的眼光观察现实世界,会用数学的思维思考现实世界,会用数学的语言表达现实世界。"三会"是一组高度概括的目标要求,具体包含哪些

元素？可分哪些类别呢？从《义务教育数学课程标准(2022年版)》第三部分"课程目标"去做深入的梳理与解读，我们就可以得到数学核心素养整体脉络，更利于理解和记忆，见表2-2。

表2-2 数学核心素养

数学核心素养	数学眼光	直观想象	空间观念	创新意识
			几何直观	
		数学抽象	符号意识	
			数感	
			量感	
	数学思维	逻辑推理	推理意识与能力	应用意识
		数学运算	运算能力	
	数学语言	数学建模	模型观念	
		数据分析	数据意识	

史宁中教授以"三会"来概括数学核心素养，是基于"数学抽象、数学逻辑、数学建模"这三大数学思想的，但又不仅限于此。"三会"的表述更通俗、浪漫、易懂，而后面所蕴含的数学思想却是科学、严谨、极致的。

准确地说，"三会"核心素养的概括充分体现了数学的一般性、严谨性和应用的广泛性这三大数学特征。①

对于数学核心素养的三大方面六个板块中各个素养表现应该具有怎样的内涵，则在课程标准第七页的附表中有详细介绍与描述，这里不细谈。从附表后的总目标和学段目标的研读来看，课标对"学生能"的数学核心素养表现界定，体现了"一致性""整体性"和"阶段性"。"一致性"即在学习数学的过程中，无论是谁、无论是哪个阶段，都必须通过学习养成"三个会"；"整体性"是指"三会六方面"既有自己的独立性，又有整体性，往往不会在某一单元或者某一课中仅发展一项或者两项素养，它们将以整体的形式体现在儿童的发展表现中；"阶段性"则指同一项数学核心素养，在不同的年龄阶段是有不同的发展要求与学习指标的，不能够忽略素养成长，也不能够拔苗助长。

---

① 史宁中.数学基本思想十八讲[M].北京:北京师范大学出版社,2016:5-6,8.

在日常教学中,我们有必要对照标准去逐一精化教学设计,去反省教学中的目标定位是否科学,是否真正"确立素养导向的课程目标"。

例如,苏教版四年级数学下册"认识多位数"的单元课程目标,即可以从素养视角来确定,见表2-3。

表2-3 "认识多位数"单元数学核心素养分析

		数学抽象	数感	
认识多位数	数学眼光	结合现实情境和实际活动,感受大数的意义,学会大数的读写、比较,将求近似数的知识进行系统化,形成完整的知识体系		应用意识 创新意识
	数学思维	逻辑推理	迁移类推	
		主动探究自然数的数位顺序与计数单位,根据数级去推理出大数比较的算理与方法		
	数学语言	模型思想	数据意识	
		探索发现十进制计数法,并研究发现"四位一级"规律,尝试寻找比亿级更大的数级		

从"三会"的三句话中,均可以看到"世界"二字。这是数学课程标准所持的教学观,即数学源自真实世界,而又用于真实世界。所以,在实施教学的过程中,我们要注意在大数产生的背景、实际情境上花工夫,去寻找到那些贴近学生生活实际而又容易促进他们观察思考的场景,比如,可以沿用教材上以全国人口普查的省、自治区的人口数引入学习内容,可以选择疫情防控经费数据、扶贫金额作为感悟国家政策的学习资源,可以选择航空航天数据、科技投入数据等引导学生体会社会发展与民族自豪的学习资源,引导学生能根据大数分析现象,作出科学判断。这也是数学课程标准要向广大教育工作者宣传的"学科育人"的教育观。

2. 透过几组关系去理解数学核心素养怎么用

数学核心素养的理念是一种方向,给予师生学习旅程以航标。怎样才能更好地驶向自由数学的彼岸?新理念的产生不代表我们需要完全扔掉以往所有的学科教学经验,相反,回首看看来时路,可以发现数学核心素养并没有那么陌生。

(1)数学核心素养与四基四能的关系

早在2011年版数学课程标准中就提出了"四基"和"四能"。2022年版新课标又明确指出:"课程目标以学生发展为本,以核心素养为导向,进一步强调学生获得数学基础知识、基本技能、基本思想和基本活动经验,发展运用数学知识与方法发现、提出、分析和解决问题的能力,形成正确的情感、态度和价值观。"①从中可以看出,数学核心素养与四基四能是一脉相承的,是对四基四能的进一步发展与完善。而在2022年版新课标的"总目标"表述上,更可以看到它们之间的递进关系:

通过义务教育阶段的数学学习,学生逐步会用数学的眼光观察现实世界,会用数学的思维思考现实世界,会用数学的语言表达现实世界。学生能:

① 获得适应未来生活和进一步发展所必需的数学基础知识、基本技能、基本思想、基本活动经验。

② 体会数学知识之间、数学与其他学科之间、数学与生活之间的联系,在探索真实情境所蕴含的关系中,发现问题和提出问题,运用数学和其他学科的知识与方法分析问题和解决问题。

③ 对数学具有好奇心和求知欲,了解数学的价值,欣赏数学美,提高学习数学的兴趣,建立学好数学的信心,养成良好的学习习惯,形成质疑问难、自我反思和勇于探索的科学精神。②

从中,我们可以看到第一条为"四基",第二条为"四能",这是关于学习结果的要求。第三条则更多地关注到了"人",关注到了学生在数学学习时的"知、情、意、行",这些更体现在儿童学习数学的过程中,细致地关注到了学习的兴趣、信心、习惯,以及在学习数学时形成的思维模式与精神。所以,数学核心素养与四基四能相比,更多了一些"人情味""文化味",更完整地表达了数学学科育人的使命。

综上所述,四基四能是数学核心素养的一部分,是为学生数学核心素养的养成服务的;而数学核心素养才是更高级的目标,是学生通过学习活动形成对后期生活影响更深远的、终身受用的目标。

(2) 数学核心素养与"三维目标"的关系

从概念外延来看,"三维目标"也属于核心素养,是对于核心素养达成的路径与方法,核心素养是"三维目标"的聚焦。从形式关系来看,数学核心素养是蕴含在"三维目标"里的灵魂,而"三维目标"则是"从外在走向内在的中间环节",既有外在的也有

---

① 中华人民共和国教育部. 义务教育数学课程标准(2022年版)[M]. 北京:北京师范大学出版社,2022:2.
② 中华人民共和国教育部. 义务教育数学课程标准(2022年版)[M]. 北京:北京师范大学出版社,2022:11.

内在的东西。从表现方式来看,"三维目标"跟核心素养一样,也应该是一个整体。但一线教师在教学设计时,往往会把"三维目标"割裂开来,分项表述。事实上,数学核心素养的各个部分不是"各自为政"的,而是有机结合在一起的,不一定能够分得那么清楚。比如,学生在用数学的眼光观察世界的时候,其实脑部的思维活动已经开始。

那么,如何把数学核心素养落实到单元教学中去呢?我们建议,以"数学核心素养"为高观点,统领"三维目标"。而素养导向下的"三维目标"的表述,就不一定需要逐条分析(如知识与技能写几条,过程与方法写几条,情感态度写几条),而是可以用一段话来融合本单元相关的数学素养,形成一个整体。当然,因为核心素养有其内在性或者说是内蕴性,当教师充分关注到它的时候,就会充分调动"三维目标"的动能,形成关于核心素养的"作用飞轮",形成更为立体、更加丰富、更具血肉的核心素养。

单元教学,需要我们择高处立(数学核心素养立意),寻平处住(四基四能关照),向宽处行("三维目标"设计)。

二、在执本末从中落实学科核心素养

数学核心素养,从理念到行动,想得对,还得做得好。在这个过程中,我们清楚地知道,理念再新,也必须到实践中去接受检验。所有的核心素养,都必须到一堂一堂的课中去落实;而学生也必须在一次一次的学习实践中,才会聚沙成塔、积流成河式地形成"一身带得走的数学核心素养"。

关于如何落实数学核心素养,课标在教学方式建议中指出:"体现数学知识之间的内在逻辑关系,以及学习内容与核心素养表现的关联……分析主题—单元—课时的数学知识和核心素养主要表现,确定单元教学目标,并落实到教学活动各个环节,整体设计,分步实施,促进学生对数学教学内容的整体理解与把握,逐步培养学生的核心素养。"[1]以上内容很清楚地给教师提供了一条落实数学核心素养的普适路线。

1. 确定素养导向的单元学习目标

在对课标提出的"三会、六大方面、11个要素"进行分类与关联后,我们需要再

---

[1] 中华人民共和国教育部. 义务教育数学课程标准(2022年版)[M]. 北京:北京师范大学出版社, 2022:86.

往前一步,把 11 个要素与主要教学内容相对应起来。因为素养是内隐的,知识是外显的。我们只有通过目标先行,才可以在知识与素养之间架起行动的桥梁,实现从知识到素养的转化与升华。

当然,单是将素养要点与教学内容直接匹配是远远不够的,还需要继续同步做两件事情:一是把 11 个要素的内涵做细致解读;二是把学生学习每个知识内容的目标充分预设,并且,使这两件事情合而为一,真正做到"学到知识,提升素养"。

例如,对于"数与运算"板块,我们可以作以下进一步梳理,见表 2-4。

表 2-4 数与运算解读

主要核心素养		核心素养	主要教学内容	教学总目标	细化素养
数与运算	数感	符号意识、推理意识、模型观念应用意识、创新意识	认识万以内的数	1. 在具体的情境中,认识数(万以内的数、万以上的数),了解十进制计数法,理解数位顺序及计数单位。 2. 认识小数、分数,理解各类数的含义。 3. 能结合实际,用不同的数来表示不同量的多少,会读写数,会比较数的大小。 4. 了解数的分类,会进行各种数之间的转化	1. 能够在真实情境中理解数的意义,能用数表示物体的个数或事物的顺序。 2. 能在简单的真实情境中进行合理估算,作出合理判断。 3. 能初步体会并表达事物蕴含的简单数量规律。感受数学表达的简洁与精确,增强好奇心,培养学习数学的兴趣
			认识万级数		
			认识亿级数		
			认识小数		
			认识分数		
	运算能力		100 以内加减乘除	1. 在解决简单的实际问题的过程中,理解四则运算的意义,能熟练进行四则计算。 2. 在真实的情境中获得常见的数量关系感悟,利用常见的数量关系来解决问题。 3. 在计算的过程中,理解算理,掌握算法,发现算律,能采用更简便、更合理的方法去解决问题,能够形成计算的模型意识和实际应用意识	1. 能够明晰运算的对象和意义,理解算法与算理之间的关系。 2. 能够根据不同情境分析问题,选择合理简洁的运算策略解决问题。养成细致思考、逻辑严谨的科学态度
			两三位数加减乘除		
			混合运算		
			小数四则计算		
			分数四则计算		
			解决实际问题		

归类的目的,是站在"大概念、大观点"的视角下,去理顺、类推相近学习内容的素养

要求与目标设计,确保内容目标—单元目标—课时目标的整体性。在内容总目标的基础上,再按学段去进一步细化单元目标与课时目标。

2. 整合素养引领的单元学习内容

细读课程标准中的"教学内容"部分,对其中的"内容要求、学业要求、教学提示"不仅要"了解",而且要"理解"。其中,内容要求比较倾向于学习结果,知识性强,重点关注最后一条素养导向,它才是终极目标。而学业要求比较倾向于"四基""四能",有更强的操作目标引领,是数学素养的进一步细化分析。最后的教学提示则是对教学实施起到前瞻指导作用。接下来,我们就可以在素养引领下做好教学内容的"三张图"。

首先,宏观上,统揽全局,形成教学内容"俯瞰图"。我们在对教学内容再加工的时候,需要对所有的教学内容进行整体化把握,一方面要对"数与代数、几何与图形、统计与概率、综合与实践"四大板块内容的横向构成清楚了解;另一方面又要对这些内容的纵向序列把握到位。纵横交错的结构形成,方便我们更好地去梳理每个内容所内隐的素养脉络,并以此为径进行内容重构。

其次,中观上,把握脉络,重建教学内容"结构图"。石墨和金刚石的元素相同,但却因为分子结构的不同而表现出了硬度、光泽、作用等方面的巨大差异。可见,结构对于相同的教学内容来说,也是达成教学目标的重要影响因素。

课程标准在小学阶段的数学教学内容是统一的,但是,我们在对不同教材的教学内容设置上,却可以发现,同样的内容会呈现出时段的不同、单元划分的不同。其原因是,学习单元划分的标准和依据是多元的,可以按照内容来分,可以按照难度来分,也可以按照思想方法来分。在提出单元教学之前,我们只是分析对比着不同教材的设计,斟酌着选用更符合学生实际情况的教学内容。并且在教研活动中,要作出"合理解释"。新课标教学建议中的"重视单元整体教学设计",给了我们改革底气,我们可以理直气壮地根据教学内容素养脉络重建内容结构。

如,苏教版四年级下册的"认识多位数"单元,我们就在分析对比了苏教版、人教版、北师大版的基础上,把准"数感、推理能力"这两大素养在本单元学习中的暗线,进行了内容结构调整,见表2-5。

表 2-5 "认识多位数"不同版本教材相关内容分析

版本	苏教版	人教版	北师大版
位置	四年级下册 P10	四年级上册 P1	四年级上册 P1
主题	认识多位数	大数的认识	认识更大的数
主题的比较	重外形	重本质	重本质
工具	算盘 优点:每个数位上没十,满十必须进一 缺点:比较复杂	计数器:(少) 优点:直观 缺点:有些计数器每个数位上有十颗珠子,不能够体会到"满十进一"	
内容安排	整万数 认识含有万级和个级的数 认识整亿数 认识含有亿级和万级的数 数的改写和大小比较 近似数 整理与练习 活动课:一亿有多大	亿以内数的认识 亿以内数的读法 亿以内数的写法 亿以内数的大小比较 多位数的改写和近似数 数的产生、十进制计数法 亿以上数的认识 计算工具的认识 用计算器计算 整理与复习 活动课:一亿有多大	数一数 认识更大的数 大数的读写 大数的大小比较 大数的改写 认识近似数 自然数的认识
课时安排	11 课时	18 课时	7 课时
引入教学	生活引入: 芝麻、茶叶、油菜籽	生活引入: 人口普查	活动引入:数一数 体验进率:满十进一
共同点	素养目标:研究得出相邻两个数位间,满十进一;得出数位顺序、计数单位、进率;会读写大数;会比较大数,感受大数在生活中的运用,在研究大数的过程中提升数感,会估计数据		
不同点	整万数,读和写 万级和个级合成数,认识和读写	先认识大数,读写另进行	先体会进率 再认数 再读写

同样的内容,北师大版的为什么可以用 7 课时就解决问题?其原因是什么?在最后的不同点分析中,我们找到了关键点"体会进率"。数位之间不就是满十进一吗?数级之间不就是四位一级吗?这成为认识大数的"任督二脉",打通即可认识所有的大数,而且更利于学生扩大对数的想象,可以超越"亿级",走向"无量大数"。

于是,我们进行了单元重组,见表 2-6。

表 2-6 "认识多位数"单元重组设计

原来	课时	统整后	课时	目的
整万数	1	认识多位数(万、亿级)	1	打通万级和亿级的生成规律
认识含有万级和个级的数	1	多位数的读写	1	打通万级和亿级的读写规律,都是按个级的读法进行,再加上单位
认识整亿数	1	多位数的大小比较	1	巩固数位顺序与组成
认识含有亿级和万级的数	1	多位数的改写	1	
数的改写	1	近似数	1	
大小比较	1	十进制及计数演进	1	体验为什么要十进制
近似数	1	一亿有多大	1	
整理与练习	2	整理与复习	2	
活动课:一亿有多大	1			
复习	1			
合计	11	合计	9	增加了内容,缩短了课时,增进了数级之间的内在联系

这样调整的最大思考,是学生对于十进制概念、数级形成的规律以及大数数感形成的一致性与整体性感悟,也给学生推理能力和创新能力的提升提供了机会。

最后,微观上,深化细节,设计教学内容"施工图"。同样的学生,在不同的设计下,真的可以达成一样的目标诉求吗？我们还需要在教学内容的细节上再作微调。依旧以"认识多位数"的认识为例,在增加了内容、缩短了课时的前提下,学生的学习效果不受影响吗？这个是我们在实施单元教学之前最大的担忧。为防患未然,我们寻找了问题可能产生的关键点,也思考了难题理解的突破处——四位一级的产生,是偶然还是自然？几乎所有教材上的内容,都是给学生提供计数器,引导学生拨数、数数,然后揭示下一个数位,同时介绍计数单位。有没有另一种可能,教材不提供、教师不提示,学生也可以创造出计数器的新数位并推理出新的计数单位？

在大胆的猜想下,我们提供材料,让学生去创造一个大数的计数器(图2-1)。果然,这一学习资源的引进,引起了学生极大的探究兴趣,在"增数位、放珠子、数大数"的螺旋上升过程中,让学生自然体会到了十进制"满十进一"的计数方式简单又易懂,体会到了四位一级的分级方式可让大数无限延伸。

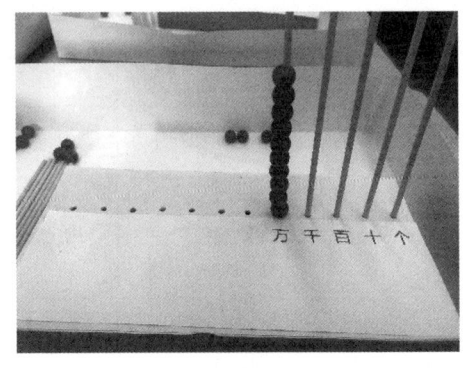

图2-1 计数器制作模型

3. 组织以学为中心的单元学习过程

2022年版新课标标准与以往课标标准相比,最大的改变是关注学生的学习过程。将需要完成的学习任务和需要达成的学习目标,转化为适合儿童的学习活动,这是一个永远值得研究的课题。单元教学的本质,是学生在大情境、大问题的背景下,主动投入学习活动,积极探究,采用实验、操作、合作、讨论、交流、反思等方式,去接近知识本身,同时在这个过程中,提高能力、提升素养。整个过程,强调"真",提供真情境,设计真问题,组织真研究,获得真知识,实现真成长,见表2-7。

表2-7 认识多位数教学设计

教学内容	大任务	主要学习活动设计
认识多位数(万亿级)	你能够创造一个比万更多数位的计数器吗	1. 讨论:当满十万的时候,怎样在计数器上表示?怎样在计数器上创造一个新的数位? 2. 创造并继续:往下数,又可以得到怎样的数位?上面拨一颗珠表示多少? 3. 组内分享你的发现。 4. 探究:是不是还有比万级更大的数? 5. 畅想:关于大数,你还有哪些想法
多位数的读写	谁是优秀播音员?(以最快、最准的读写为考核标准)	由易到难安排比赛:万级数——亿级数,在读的过程中找到读写的规律
多位数的大小比较	一所小学一年的开销多少为佳	1. 提供几所学校的经费使用数据,引导比较。在读数、理解数的大小的时候,体验数的比较本质是相同计数单位的个数的比。 2. 根据数据大小比较,主动思考节约开支的办法

续表

教学内容	大任务	主要学习活动设计
多位数的改写	我是数据上报员(1)	1. 数据上报一：体验数据上报有时需要细致到每个数位，遇到大数时可以按级报，用单位+该级上的数即可。2. 数据上报二：探究具体的改写方法，能够快速上报。
近似数	我是数据上报员(2)	3. 数据上报三：体验数据上报有时需要精确数，有时需要近似数。能够合理选择上报需要。4. 数据上报四：在改写的基础上，主动猜想求近似数的方法
十进制及计数演进	人脑到电脑究竟有多远	1. 提前了解电脑二进制。课上交流。2. 比较分析二进制与十进制，畅谈优缺点。3. 二进制与十进制之间的转换
一亿有多大	一亿有这么大	1. 课前收集相关信息。2. 介绍：我的一亿有这么大。其他同学帮助一起计算。3. 计算身边的一亿，感悟积少成多、聚沙成塔的现象，进行思想引领

当然，单元教学的情境与任务，可以"一镜到底"，也可以根据每个知识点的不同，去寻找更合适的任务，组织学生进行有挑战的学习。

4. 指向素养发展的单元学习评价

学习评价一向是一个难题，指向素养的评价更是一个系统的工程。因为数学核心素养其实是一个整体，绝对不是各要素之间的累计与叠加。这就给评价带来了很大的难度。新课标提出了"教—学—评"一体化，强调要将学生学习过程和学习结果一起纳入评价体系，注重即时评价，一方面促进学生的学习深入，另一方面用于调整教师的教学。指向素养发展的评价并不完全否定学业考试，相反更加规范了考试的要求。不得不回避的纸笔测试指向知识性素养，可以综合考量学生的"四基""四能"；命题的方式可以借助信息化，用学生更喜闻乐见的方法；课后访谈可以了解学生的情感态度、价值观；值得一提的是课堂观察量表，它可以从"数学眼光、数学思维、数学语言"三个方面给学生以更全面的评价。

例如，对于"认识多位数"单元我们可以设计这样的课堂观察量表，见表2-8。

表 2-8 "认识多位数"课堂观察量表

星级	五星	四星	三星	自评	组评	师评
用数学的眼光观察	主动发现出四位一级的表示方法,能大胆猜想,并主动验证	在小组活动中理解四位一级,并能够正确读写。能够感受到数级的规律	在教师指导下、在同学帮助下能理解所学			
用数学的思想思考	能迅速地运用"满十进一"找到新的数位和新的计数单位。积极运用学过的数的比较方法,直接猜想如何进行大数比较,并总结出方法	能在合作中发现新的数位与计数单位,从万以内的数中沟通联系	能跟着大家的节奏进行学习,并弄懂为什么会这样			
用数学的语言表达	继续创造新的计数单位,主动探究比亿更大的计数单位,大胆用新单位表示更大数	在数一数的过程中,发现它们也是四位一级,猜想它们读写、比较的方法一脉相承	知道了比亿级还大的计数单位有很多			

第二节 从多元理念重新定位单元学习目标

关于教学目标,一般的定义是"我们常常可以看到这样一种研究现象:教师们会手握教材,对着例题与练习分析:这个例题是要达成某某目标,这个练习是要实现某某目标"。这其实是代表着制订学习目标的一种思路——从本文与案例中找目标,这种方法是散点的、无序的,更是容易走偏的。还有一种方法,自上而下,从远到近,从大到小,从少到多再到少——这就是从素养出发,形成一条有起点、有终点的、清晰可循的目标线。

有人说,如果把学习比作是旅行,那么,学习目标就是目的地。我们只有先想好要去哪里,这趟旅行才可以不偏航,不迷茫。但在核心素养时代,单元学习目标不仅仅是目的地,还包括怎么去和玩的情感体验与收获怎么样。所以,单元学习的目标设计,也需要再学习,再研究。

一、三种理念定位单元学习目标概念

如前文所说，教师们在研究设计学习目标方面做得不够多。这是一种普遍存在的现象，无论是哪个学科。少时间、少精力，最关键的是少方法。其实，教学目标这个词自1934年被美国学者泰勒提出之后，就陆续有人开始对其进行研究。前人的理念，对于我们当代教师把握定位单元学习目标，是一种依据、一种方法论。

1. 布鲁姆的认知六层次理论

直至目前，对教育工作者制订教育目标影响最大的是布鲁姆。他的"认知六层次"被广泛传播、应用、推广并不断完善。这六个层次到2008年的时候，被修订为"记忆、理解、应用、分析、评价、创造"。这六个层次从低到高代表了学习的深刻程度，指导着教师在设定教育目标时，考虑哪些方面是需要了解的，哪些方面是需要应用的，也是为我们表达学习目标时用"了解、理解、掌握、运用"哪个更精准提供了理论依据(图2-2)。

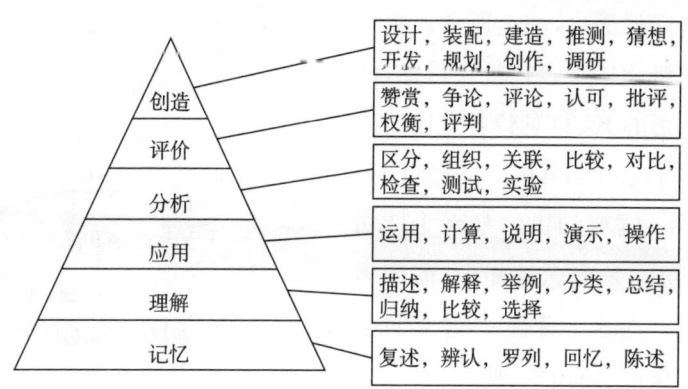

图2-2 布鲁姆认知层次理论

2. 安德森的二维目标分类学理论

带头修订布鲁姆认知六层次理论的是安德森，在前人的基础上，她进一步把知识进行了细化分类，包括"事实性知识、概念性知识、程序性知识及元认知知识"。为此，她还结合布鲁姆的认识六层次，形成了一张二维表格，见表2-9。

表 2-9　安德森的二维目标分类表

知识维度	认知过程维度					
	1. 记忆	2. 理解	3. 运用	4. 分析	5. 评价	6. 创造
A. 事实性知识						
B. 概念性知识						
C. 程序性知识						
D. 元认知知识						

安德森的二维目标分类学理论，使得教师在教学目标的制订上更清晰、更具体，可观察、可测量、可评价，对于指导我们对不同知识的学习约定不同的目标进而采取不同的学习方法与流程有着重要作用。可以说，二维目标分类学理论虽然仍旧是注重知识与技能的学习，但其对认知过程的"反省"或者说是元认知的思考，已经关注到了学习过程。而对于更为复杂、无序的情感、态度、价值观，则尚未考虑到。

3. 威金斯和麦克泰格的 KUD 理论

随着研究的深入，威金斯和麦克泰格开始用三维模式来表现教育目标，即得到广泛认可的 KUD 理论。它用知道（know）、理解（understand）、做到（do）来表示目标。需要知道的是事实性知识，需要理解的是概念性知识，需要做到的是技能。而这三者合一，才是对学习内容的立体而全面的掌握。

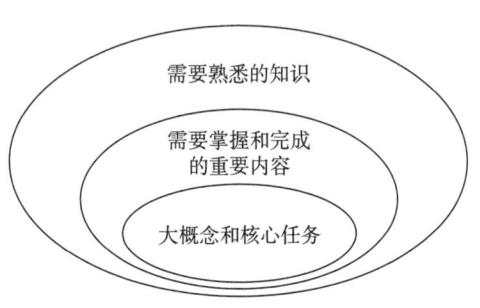

图 2-3　威金斯提出的明确内容优先次序框架

而最值得一提的是威金斯提出的"蛋黄图"，更适应单元学习背景下进行教学目标设计。即从"蛋黄"大概念和核心任务思考，进行向外拓展考虑需要完成的重要内容，最后才是核心概念所对应的需要熟悉的知识（如图 2-3）。

这种从预期结果思考的方式，又被称为"逆向设计"。在单元学习设计中，就需要站到素养目标的顶端，往需要的教学内容和教学活动方向反向设计，才利于学习目标的达成。

二、三个层级明晰单元学习目标作用

那么,单元学习目标与以往的课时教学目标、学段目标又有什么联系与区别呢?首先,我们来梳理一下教育目标体系,从大到小依次是教育方针、教育目的、培养目标、课程目标、课时教学目标。而从课程到课时,中间还有很多可分的层级,包括学年、学期、单元。因为每个学年、每个学期的数学有不同板块的内容,不易统一研究目标。这里,我们重点研究的是课程目标、单元目标和课时目标这三个层级。

在本章第一节中,我们重点阐述了课程目标与数学学科素养的关系:课程目标的确定,立足于数学核心素养,集中体现数学课程育人价值。数学核心素养既是数学又是课程目标的关键部分、灵魂地位,是课程目标的最高统领。将内隐着核心素养的课程目标分解落实到课时目标,跳跃跨度太大,常常会造成教师将核心素养和学习目标分开考量,以两个部分形成两张皮。而单元目标就是架在课程目标与课时目标之间的桥梁。它承上启下,牢牢托举起数学核心素养的"高观点"使命,又将素养与三维目标整合,把课程总目标分解、细化,使后面的课时目标可以落地,可以"低结构"实施。如此,课时目标更有埋有据,不再与课程目标断裂,课时目标之间也不再各自为政,而是围绕大概念、核心素养上下一线,左右互衬。单元学习目标在整个教学实施过程中起到经天纬地的作用。

三、三种思维促进单元学习目标实现

将数学核心素养总要求转化成一系列的单元具体目标,自上而下地科学分解或者是自下而上地反思,都是为了促进学习目标的更好达成。我们需要拥有三种思维助力,才可以少走弯路。

1. 生本思维:实现从教学目标到学习目标的转变

在百度中搜索"教学目标",可以看到教学目标是关于教学将使学生发生何种变化的明确表述,是指在教学活动中所期待得到的学生的学习结果。在教学过程中,教学活动以教学目标为导向,且始终围绕实现教学目标而进行。

回到课程标准重新制订的源头,思考是什么原因促进 2022 年版课程标准的产生?归根结底,是更关注"人",关注学生是学习的主人,关注学生的终身发展,关注学生的全面发展。因此,新课标提出了"要选择引发学生思考的教学方式,要重视单元整体教学设计"。这是再一次强调课程改革、课堂教学都要坚守学生立场。

那么,教学目标等于学习目标吗?显然不是,特级教师罗滨认为,"单元学习目标"是指在完成单元多个课时的学习之后,学生应该获得的学科核心素养,包括能灵活运用的知识、技能、策略,能反映学科本质及思想的方法,解决问题的综合能力,以及经历一定的困难之后愉悦的心理感受,还有对学科的好奇和期待。

从"单元教学目标"到"单元学习目标"的转变,体现了从关注"教"向关注"学"理念的转变,是关注学生的学习过程、以学习结果为导向的教学设计及实施的重要部分。它更提醒教师在细化核心素养、分解整个素养目标的时候,要考虑到学生的学习需求度、主体性发挥、学习力承受。单元学习目标不仅要关注知识技能的达成,更需要着眼于是否有利于激发学生的学习兴趣与学习动机,是否有利于他们实现深度学习,通过自觉的、自由的探究实现学科素养的形成。

2. 逆向思维:促进从课程目标到单元目标的渐变

教学设计是教师依据自己对教材理解的一种演绎,是课堂教学的蓝图。在传统教学设计中,教师通常聚焦于输入端,思考教什么、怎么教,忽略了学生的"学"。而美国教育家格兰特·威金斯和杰伊·麦克泰格提出的以理解为先的逆向教学设计为我们的教学设计打开了另一扇窗。从字面含义来说,逆向设计就是从学习结果开始逆向思考设计,即"以终为始",其切入点在于学习结果,落脚点在于学生的理解,以促进学生深层理解为宗旨,以"关键问题"为抓手,通过丰富的学习体验和活动来实现学习目标。逆向教学设计有三个阶段:一是明确预期的学习结果是什么,需要持久地、深入地理解知识内容有哪些;二是找出达到预期学习目标的证据,证明是否掌握了相关的内容;三是设计相关的体验学习活动,达成预期的学习目标。

用威金斯的逆向设计理论,最大的优点是保持住数学核心素养在课程目标、单元目标及课时目标之间的贯穿地位,一以贯之。

以苏教版数学五年级上册"小数乘法"为例,逆向设计单元目标(表2-10)。

表 2-10　小数乘法单元目标

课程目标中相关素养		单元目标	课时目标（小数乘整数）
主要素养	内隐素养		
小数乘法	数感	1. 能根据整数乘法的计算方法，自主探索小数乘法的计算方法，能正确进行笔算，并能对其中的算理做出合理的推断与解释。 2. 会用"四舍五入"法取积的近似值，并会结合实际情况采用不同的求近似数的方法。 3. 初步理解整数乘法运算定律对于小数同样适用，并会运用这些定律进行关于小数乘法的简便运算，进一步发展数感。 4. 养成严谨细致的计算习惯，进一步体会小数乘法是解决生产、生活中实际问题的重要工具	1. 探索小数乘整数的计算方法，贯通算理的多种表征，实现算理算法的深度理解。2. 感受转化和数形结合思想；熟练掌握计算方法，形成技能，有效迁移到小数乘法中。3. 养成良好的计算习惯
	运算能力		
	推理能力		
数学运算			
	模型能力		

3. 系统思维：完成从课时目标到成长目标的蝶变

以往教师设计课程的时候，往往只关注到这一节课，整个设计思考的点都聚焦于"这一课"。所以，这种课常常是断的、孤立的，被称为"只见树木，不见森林"。以素养为导向进行单元教学目标的设计之后所进行的单元教学，教师以一种系统思维关注整个单元，关注整个学生学习过程，清楚这一单元的每一课，都在聚焦于某些素养的提升。这种单元教学的完成，不再是简单的一课一课的累加，也不是完成一个又一个目标，而是形成了一个完整的目标体系，这个目标体系是与设计初期的定位一致的，也就是指向数学核心素养的培养。在完整的单元结束后，师生一起回顾本单元学习，可以很清楚地回望学习内容，思考获得，从外显的知识技能、过程方法，到内隐的思想形成、情感价值观的改变等，数学学科素养一路走来，从不脱轨且日渐强盛。系统思维，带领我们从课程目标分解落实到单元目标，又保障我们从一个个课时目标，潜移默化成为螺旋上升的成长目标。

第三节　从单元要素分析视角进行教学设计

钟启泉教授说，单元设计是撬动课堂转型的一个支点，是落实核心素养发展的有效路径。数学单元设计,需要我们把视角更多地投向数学内容的本质、蕴含的思想方法以及学生思维品质的培育,真正实现教学设计与素养目标的有效对接。那么,在小学数学教学中怎样架构学习单元、设计单元学习目标呢?在实践过程中我们形成了以下基本的设计思路和路径。

数学大单元设计需要深入分析几个要素:数学课程标准、教材、学习者与教材之间的关联以及单元对应的数学关键能力和育人目标。在深入研究的基础上,提炼出内部相关联或有共同特点的教学内容,以此分解和构建单元,从整体上确保单元学习目标、学习内容与学习活动的设计契合学生的发展。

一、多元解读教材,寻找单元知识契合点

1. 聚焦关键,把握核心素养高观点

课程标准是核心,是教材的"纲",站在高站位上,把握住高观点,才可以"看得远,做得全"。解读教材我们应从研读课程标准出发,从单元视角整体思考,理解教材的编写意图和教学的重难点,明晰学生需要达成的数学素养,确保教学的方向性和适切性。

比如"分数的初步认识"单元,课程学科核心素养视角下的学习单元架构和目标的设计标准的相应要求是"初步认识分数,发展学生的数感"。相对于整数来说,分数的概念比较抽象,帮助学生建立分数的概念不能脱离生活情境和直观操作的活动,应通过数形结合,从部分到整体的角度来认识分数。

2. 纵向关联,构建单元学习脚手架

(1)高观点把握内容本质。教材中所给出的概念、规则、法则、定律等,都有其自身的内涵,我们要以"高观点"把握教材中的内容本质,以此设计出有深度、有内涵的单元课例。比如分数的定义,张奠宙教授对其有四种分类:份数的定义、商的定义、比的定义和公理化的定义。份数的定义是"分数的初步认识"体系中的定义方式;"商的定义"这个维度是指分数转化为除法之后运算的结果,这是分数最重要的本质,即"分数是一个数",它比自然数更能准确地刻画事物"量"的特性。所以在初步建立分数概念时,不能仅停留在"分数的份数定义"层面,应渗透整体与等分的关系,为感知分数单位和分数计算打好基础。

(2)系统化梳理知识结构。我们应将教学单元放置在整个小学阶段的学习中

进行纵向梳理,梳理该单元内容的前后知识,从结构的整体性、知识的系统性出发剖析教材,把握教学内容之间相关知识、方法和思想的连接点,把握教学的重难点和学生的发展点,为确定单元教学目标提供有效的依据。

以"分数的初步认识"为例,进行纵向梳理,见表 2-11。

表 2-11 "分数的初步认识"知识结构

已经学过的相关内容	本单元主要内容	后续学习的相关内容
整数的认识,表内除法	一个物体(图形)的几分之一,比较两个几分之一的大小,一个物体(图形)的几分之几,比较两个同分母分数的大小,同分母分数的加法和减法	分数的初步认识(二),小数的初步认识,小数的意义和性质,分数的意义和性质

通过纵向梳理分数的知识体系可以知道:"分数的初步认识"是建立在表内除法均分实物经验的基础上的,它是"分数意义"的起始篇章,是对数域的一次扩展,是小数的初步认识以及系统教学分数知识的关键环节。

3. 横向比较,形成单元教学结构网

教材是课程标准观照下的"范例",不同版本的教材对课程标准的诠释视角也不尽相同。从对比中深刻理解教学内容、教学重点,可以从整体上获取多元的单元设计思路,促进学生深度学习。人教版、北师大版和苏教版在"分数的初步认识"单元的内容如下表,见表 2-12。

表 2-12 人教版、北师大版和苏教版"分数的初步认识"单元的内容编排

苏教版	情境	分蛋糕	折、涂正方形	吃巧克力	小猴分桃
	教学内容	认识几分之一,比较几分之一的大小	认识几分之几,比较几分之一的大小	同分母分数加减法	用分数表示整体的几分之几,求整体的几分之几是多少
	模型	圆形模型	正方形模型	实物模型	群模型
人教版	情境	分月饼	分、涂活动	吃西瓜	分、涂活动
	教学内容	认识几分之一,比较几分之一的大小	认识几分之几,比较同分母分数的大小	同分母分数加减法,1减去几分之几	用分数表示整体的几分之几,求整体的几分之几是多少
	模型	圆形模型	线段图模型	实物、图形模型	群模型

续表

	情境	分苹果	涂色	涂一涂、比一比	吃西瓜
北师大版	教学内容	认识几分之一和几分之几（一个物体）	认识几分之一和几分之几（一个整体）	分数大小的比较	同分母分数加减法，1减去几分之几
	模型	圆形模型	群模型	圆形模型、群模型	圆形模型

通过不同版本的教材解读，我们发现：学习一个物体的几分之几后紧接着学习一群物体的几分之几，这样的编排更符合概念建构的顺序，可以更好地突出知识间的联系，帮助学生建立更系统的认知结构。另外，从知识点角度看，应用图形表征分数，借助图形理解分数的大小关系和同分母分数加减法的算理，都有助于学生进一步理解分数的意义。而且生活中单个与多个物体都有被均分的现象，是日常生活中学生经验的直观反映。基于此，把苏教版"分数的初步认识"的内容整合在同一单元中教学更符合学生的学习实际。

二、深度分析学情，发现单元学习生长点

对学生进行预评估，了解学生相关的基础和思维路径、困惑，有助于我们整体把握学生的生长点，帮助学生达到学习的深层次水平。我们可以从"认知起点"与"学习节点"两个维度剖析学生的学习情况。

1. 基于认知起点，理清目标坡度

学生对于所学内容的认知起点有可能高于或低于教材的逻辑起点。比如，在学习"分数的初步认识"时，学生对于"分数的认识"的认知起点在哪儿呢？见表2-13。

表2-13 "分数的认识"的认知起点调研设计

前测题目	调研意图
4个桃子平均分给两只小猴，每只小猴分到多少个？ 2个桃子平均分给两只小猴，每只小猴分到多少个？ 1个桃子平均分给两只小猴，每只小猴分到多少个？ 用数、文字、符号、图形表示你的想法	了解有多少学生已经在生活经验中体会到可以用分数 $\frac{1}{2}$ 来表示"一半"的实际含义

从调研情况看，学生已经掌握整数除法和"平均分"的含义，在解决"1个桃子平均分给两只小猴，每只小猴分到多少个"这个问题时，72.2%的学生画图表示出半个或用文字回答"半个""一半"等；11.1%的学生回答"0.5个"；还有16.7%的学

生未能得到正确答案。在前测结果中，并没有学生采用分数的形式来表达"一半"的含义，由此看出学生在这样的情境中，感受不到分数存在的意义，我们不妨改变问题情境——"1 个桃子平均分给 3 只小猴，每只小猴能得到几个桃子"，让学生真正体验到分数的实际意义。

2. 读懂学习节点，明确目标路径

所谓学习节点就是学生在学习过程中遇到的难点。把握学生的学习节点，可以更有针对性地发展学生的思维，提高学生的能力。例如，在分数意义的学习单元中，学生对于分数的"量"与"率"含义的理解是片面的。对于类似"把一袋 2 千克重的糖果平均分给 5 个小朋友，每人分得这袋糖果的（　），是（　）千克"这样的练习，通常会有部分学生搞不清什么时候表示数量，什么时候表示部分占整体的几分之几，什么时候写单位，什么时候没有单位。反思我们在分数初步认识阶段，过于强调部分与整体的意义，因此有必要在"分数的初步认识"单元拓展关于"量"的分数认识。

第四节　基于学科核心素养设计单元学习目标

一、单元目标设计基本特征

随着时代的发展，现代社会越来越注重培养数学素养。教育部印发的《义务教育数学课程标准（2022 年版）》指出，为了更好地实现课程目标，教育者应把每堂课的教学放在整个数学知识体系中，整体分析数学内容本质和学生认知规律，注重培养学生的数学素养。因此为了适应时代需求，单元学习模式更加受到人们的关注。

基于核心素养导向下对单元设计内涵的理解，围绕小学数学单元设计的结构要素，借鉴系统论、深度学习理论提出核心素养导向下单元目标设计的主要特点如下：

（一）整体性

以核心素养为导向的单元教学，是基于各个单元的教学目标的综合性教学。教师遵循学生的认知规律，按单元合理安排课时，引导学生从头梳理单元内容，使其更好地掌握数学知识。目标设计时要从整体出发对教学目标进行关联思考，思考课时内容间的结合点、内容与数学思想方法间的融合点,还有数学内容所渗透的数学文化和承载的育人价值。因而在单元目标设计时,教师需要从单元整体出发,把握单元脉络,系统教授内容。

1. 系统论下的单元目标的设计具有整体性

系统论,科学名词,是研究系统的结构、特点、行为、动态、原则、规律以及系统间的联系,并对其功能进行数学描述的新兴学科。系统论的基本思想是把研究和处理的对象看作一个整体系统来对待。单元目标的设计就具有很强的整体性。

整体性是数学单元设计的本质特征,也是单元教学的最大优势之所在。教师在系统性思维的指导下依据课程标准进行数学单元设计,从整体的视角把握单元目标与评价标准的确定,以及单元评价与教学计划的制定。例如,在进行单元评价与教学计划制订的时候,需立足横向,同时从纵向整体视角来把握。从横向来看,教师进行目标设计时要关注"学生的学习活动—教师的指导—评价要点"之间的一致性,要充分体现出整体性思路下的"教—学—评"一致性理念的渗透。而从纵向看,单元教学的学习流程可以包含"导入—展开—总结"三个环节,环环相扣、有序推进。

2. 核心素养的发展要求单元目标的设计具有整体关联性

基于核心素养的小学数学大单元教学设计立足于将课程整合理念和教育思想,因此必然存在着整体关联性的特点,主要体现在:

(1) 教学内容的确定和安排的整体关联性。从总体上把握教学内容,保证了知识结构的整体性,有助于学生建立完善的知识网络,这也是区别于传统的课时设计的主要特点。传统的教学设计虽然能够更精准地把握一节课的重难点,教师容易操作,但是容易割裂知识间的联系,遮蔽了"知识的生长样态、思维的生长样态和学习的生长样态"。

(2) 对学生分析的整体性。因为大单元教学设计以建构主义和有意义学习为理论基础,要求从学生学习的视角出发,全面了解和分析学生的知识基础和认知发展水平。

(3) 关注衔接的连贯性。由于教学内容繁杂且学习周期长,就要求大单元教学设计对于不同阶段的衔接自然连贯,使学生不同阶段的学习既相对独立又相互联系。

3. 课例实践体现整体性

教师要将核心素养理念科学地融入教学中，落实到单元教学课堂实践中。教师要摒弃以往的教学理念，根据新一轮基础教育课程改革的要求，应用新的教学理念，适应新时期教学的需要。在设计单元目标时，教师要明确目标，把握整体教学脉络，按照重点编排单元，分类规划单元结构，使其呈现模块化特征。教师按照分层的方式明确单元目标，帮助学生梳理知识，使学生对学习产生兴趣，进而全身心投入课堂学习。

例如"观察物体"的内容在小学阶段共出现两次，分别是在苏教版小学数学二年级上册第七单元和四年级上册第三单元。不同年段的"观察物体"有着不同的新课标要求和教学目标，因而在进行单元目标设计时，需要跨学段了解教学目标，即在二年级的教学中渗透四年级的观察方法和图形思想，在四年级的教学中贯穿二年级观察物体的方法，让学生实现方法上的迁移，体现数学单元教学的一致性和整体性。

观察物体的教学目的在于引导学生观察物体结构，发散思维，以培养学生的想象力，通过想象物体在其他角度的状态来加强对物体的探索。在单元教学下，教师可引导学生参与多维度的感官活动，提高实践观察效果，培养学生的空间观念。同时教师可采取分层教学的方式，基于教材内容，创新课堂教学。

下面就以此内容为例，进行单元目标的设计（表2-14）：

表2-14 观察物体单元目标设计

年段	新课标相关要求	教学目标
二年级	1. 通过实物和模型辨认简单的立体图形和平面图形，能对图形分类，会用简单图形拼图。 2. 在图形认识与测量的过程中，形成初步的空间观念和量感	1. 让学生实际观察比较，初步体会在不同的位置上，观察到的同一个物体的形状是不同的。 2. 能根据看到的不同的形状正确确定正面、左面、右面和背面的观察位置。 3. 让学生在观察的过程中经历探究知识的过程，培养学生的合作意识

续表

年段	新课标相关要求	教学目标
四年级 （3课时）	1. 能根据具体事物、照片或直观图辨认从不同角度观察到的简单物体。 2. 在图形认识与测量的过程中，增强空间观念和量感	1. 学生通过实际观察、比较，初步认识物体的前面、右面和上面，能正确辨认从前面、右面、上面观察到的简单物体的形状，并体会站在不同位置观察长方体或正方体形状的物体。 2. 学生在观察、辨认、想象等活动中，发展数学思考和初步的空间观念。 3. 学生通过观察物体，产生兴趣，逐步形成良好的探究学习的情感和态度
五-六年级	对于简单物体，能辨认不同方向（前面、侧面、上面）的形状图	

依据上述新课程标准和不同年段的教学目标，教师在二年级"观察物体"的单元教学中，可以设计如下学习目标：

① 学生通过实际观察比较，初步体会在不同的位置上，观察到的同一个物体的形状可能是不同的，也可能是相同的。

② 能根据看到的不同的形状正确确定正面、左面、右面和背面的观察位置，并体会站在不同位置观察物体，包括长方体或正方体形状的物体。

③ 学生在观察的过程中经历探究知识的过程，培养合作意识。

教师在四年级"观察物体"的单元教学中，可以设计如下学习目标：

① 学生通过实际观察、比较，回顾在不同位置上观察同一个物体的方法，认识物体的前面、右面和上面，能正确辨认从前面、右面、上面观察到的简单物体的形状，并体会站在不同位置观察长方体或正方体形状的物体。

② 学生在观察、辨认、想象等活动中，发展数学思考和初步的空间观念，能绘制简单立体图形不同观察角度看到的样子。

③ 学生在观察的过程中经历探究知识的过程，培养合作意识。

在单元教学过程中，学生可从差异化的角度思考图形的特性，并基于自身的认知，形成新的知识结构。这样，学生会对知识有更深的理解，巩固现有的知识。在教学过程中,教师需要从多角度给学生启发,让学生从实践中掌握知识点,教师要兼顾学生之间的差异,使学生积极参与学习活动。

（二）逻辑性

基于数学学科的特点,单元目标设计要关注教学目标间的逻辑,要有承前启后的意识,比如系列单元——"数的认识",不管是整数的认识,还是分数、小数的认识都是围绕计数单位展开的,通过认识计数单位来建构数的意义,丰富十进制和位值制的理解,培养学生的数感,其教学目标之间需要体现一定的承接关系。同理,学生的学习目标之间也应该体现承接关系,体现出数学知识之间的逻辑性、结构化。

（三）适切性

建构主义认为人们对新知识所建构的意义源于经验与情境的互动活动。故此,数学单元设计在创设生活情境时要与学生的生活情境相结合,使学生触景生情,有感而发,从而主动积极、全身心投入学习活动中,真正成为学习活动的主体。例如,单元内容与主题的选择中,将"知识本位"的单元内容转化为"活动本位"的单元内容,用数学游戏活动来激发学生的兴趣,让学生真实感受到知识的亲切与自然,促进学生知识的积累与思维的深化。

数学单元学习强调学生把所学知识应用到实际生活情境中去,体现数学知识的生活化,让学生突破对知识的简单识记与机械模仿,使学生在动手操作、独立思考、合作探究的过程中深入体会数学知识的本质。对此,教师在进行单元教学设计时必须注重培养学生的创新、质疑、批判、反思等高阶思维能力,以促进学生对数学单元内容的深入理解,进而实现对数学知识的迁移和应用。

单元学习目标的设计,要"以人为本",立足学生的发展和成长,关注两个维度,一是学生应该获得的知识技能和水平标准,并进行意义建构的目标;二是迁移运用所学内容解决问题的目标,最终上升到模型建构、学科观念等学科素养层面。

单元目标的设计不仅需要教师梳理、明确知识体系,更要以学生的知识基础和发展规律为依据,设计切合学生实际的单元目标。

以苏教版三年级下册"小数的初步认识"单元为例,在设计单元目标前,了解学生对于这一内容的认知起点,见表2-15:

表 2-15 "小数的初步认识"前测单

"小数"知多少
1. 生活中哪里能找到小数？举 2—3 个例子 2. 关于认识"小数"，你已经了解了哪些知识？简单介绍 3. 关于小数，你还想了解哪些知识

通过前测"小数知多少"，发现 100%的学生都能在生活中找到小数，例子主要来源于商品价钱、身高等，91.2%的学生会读小数，认识小数各部分名称，并且能够正确区分一位小数、两位小数，还有 66.6%的学生已经会比较小数的大小了，84.4%的学生想了解小数的计算，以及学习小数有什么作用。根据前测反映出的学生目前的学习水平，教师在进行单元目标设计时，可以将"认识小数各部分名称、小数的读写"这些学习目标放在课前，通过自学了解，课堂上进行简单介绍，或是通过游戏检测学生目标的达成情况，教师进行必要的补充。

二、单元目标设计基本步骤

（一）明确提取路径

1. 自上而下从课程标准中提取

小学数学课程标准以学科核心素养引领着单元目标，在"内容要求"和"学业要求"中非常清晰地给出了明确的单元目标，而单元目标不是一下子达成的，是需要通过一定周期的教学才能完成。从数学课程标准出发，通过对核心素养分解、目标解析，将一个个抽象的目标化为可操作可实施的具体化的目标，将单元目标化为课时目标，将课时目标分解到每个单元任务链的环节之中。

课程标准认为，学生数学学科核心素养水平的达成有阶段性、连续性和整合性等特点。一方面，所制定的教学目标首先要与数学概念抽象水平的螺旋上升保持一致，体现出概念抽象水平的层次性；另一方面，单元教学目标还需要化为儿童的学习目标，要与学生认知发展水平相适应，体现出不同年龄阶段学生概念理解水平的层次性。教学目标是从教师教的层面来考虑的，学习目标是从学生学的层面来考虑的，比如：学生学习这一单元起点在哪里？需要学习到怎样的程度？教师需要给儿童提供怎样的支持？

2. 自下而上从教材内容中提取

可以从单元教学内容中提取单元目标,针对具体内容提出数学学习目标,结合教材编排的逻辑顺序和结构,提炼出相应的数学学习目标,这些目标要体现不同学习阶段应达到的学习结果的层次性,从而彰显出核心素养水平的阶段性。一是单元目标的厘定,单元目标解析应基于教学内容,结合相关教材,着重解析课程标准中的"内容要求""学业要求"相关条目的具体涵义,给出达到要求的具体表现;二是明确核心内容,这一单元数学教材的核心内容作为目标实现的关键支撑,应当予以精确界定;三是核心目标具体化,单元目标解析事实上是以教材为载体,要深入理解课程标准并明确教学评价的过程,让目标可操作可达成;四是确定学习路径,具体操作时可以与单元教学内容解析相对应,确定学生在学完本单元后在"四基""四能"和数学学科核心素养发展等方面获得怎样的结果。

(二)绘制思维地图

所谓思维地图是指学习者对特定主题建构的知识结构的一种视觉化表征,也叫"概念地图"。换言之,思维地图是语义网络的可视化表示方法,是人们将某一领域内的知识元素按其内在关联建立起来的一种可视化语义网络。思维地图以视觉化的形式阐明了在知识领域里学习者是怎样使概念之间产生关联的,并且揭示了知识结构的细节变化。

数学学科核心素养主要包括数学抽象、数学运算、直观想象、逻辑推理、数据分析、数学建模六大要素。为了更好地促进学生的数学学科核心素养,师生在进行单元目标设计时要学会采用思维地图,将小学阶段的知识体系进行勾连,从而更好地发现知识结构之间的联系性。

(三)单元目标的实践表征

基于单元目标的特征,我们要站在更高的角度瞻前顾后,规划学习单元,可以对单元教学内容与课时序列进行有机整合、适度拓展,形成一条有内在联系、螺旋式上升的学习链,构建一个整体性的、结构化的知识模块。单元学习目标的设计与内容的规划可以围绕以下三条主线展开。

1. 以数学概念或核心内容为主线组织的知识类单元

数学核心概念、核心内容是指具有共同学科本质的一类内容,例如小数的认识、自然数的运算、图形的认识和测量等。我们可以用系统论的方法对教材中相关联的内容进行分析、重组、整合,形成相对完整的教学单元。比如,"分数的初步认识"以"分数的意义"这个核心概念为主线,按四个主题重新架构:主题一"分数的初步认识",借助连续、离散两种模型多维度认识分数,同时增加了"认识表示数量的分数",从数量的角度体现分数的度量价值,丰富学生对分数概念的理解,完善分数的认知结构;主题二"分数大小的比较"和主题三"简单的分数计算"借助图形模型,让学生在具体操作中进一步感受分数的意义;主题四"分数的简单应用",在解决实际问题中加深学生对分数意义的理解,积累活动经验,培养数感,发展运算能力。以此构成一个跨学期的知识类单元。

2. 以数学思想方法为主线组织的方法类单元

数学思想方法是数学思想和方法的统一,既有观念层面的也有操作层面的,如数形结合思想、符号化思想、数学建模、归纳推理、分析法、假设法等。方法类单元可以是基于自然单元形成的"大单元",也可以是跨学期的"系列单元",它以凸显数学知识内容中所隐含的数学思想方法和数学学科的本质为魂。这样的单元规划,跳出了知识层面的限制,带有一定的综合性,比如多边形的面积、解决问题的策略和运算律等。

例如四年级"运算律"单元,每一种运算律的学习均需要学生经历"观察—猜想—验证—结论"的数学探究过程,归纳推理的思想始终贯穿这一单元,我们可以按照这个主线构成新的单元教学结构:"加法交换律"和"乘法交换律"本源上具有密切的联系,从属同一概念模型,可以将这两个内容整合为"交换律";鉴于此,"加法结合律"和"乘法结合律"重组为"结合律",并增加"减法和除法的性质",以此构建一个有张力、有联系的数学知识结构。其中"交换律"就是这一单元的种子课,学生在丰富的学习活动中感悟数学思想方法,并能在后续的学习中迁移探索问题的数学方法和数学思维,以此促进数学素养的提升。

再以"减法的性质"一课为例,课例实录:

导入篇·思维结构化

(一)课前谈话,做好铺垫

提问:在前面的几节课中,我们都研究过哪些运算律了呢?

生1：加法交换律、乘法交换律。

生2：加法结合律、乘法结合律。

引导学生思考：哦，我们发现加法有的运算律，乘法也都有，你知道为什么吗？

给学生思考的时间，善于思考的学生率先回答：因为乘法和加法有很深的联系。

追问：那是怎样的联系呢？

生1：二年级时，我们学习的乘法就是通过加法算式来的。

生2：乘法计算是加法计算的高级运算，它们是有联系的。

适时引导：乘法是加法的高级运算，所以加法有的运算律，乘法也都有。

（二）梳理结构，建构模型

提问：还记得我们是怎样一步步发现这些运算律的吗？

生1：我们在解决问题的过程中发现规律，从而提出合理猜想，为了验证猜想，我们举了大量的例子，发现没有一个反例，从而得出了结论。

引出：除了加法和乘法有运算律外，减法和除法也有着一些很重要的性质，今天我们就一起来按照这样的步骤来进行研究。

课堂导入时通过复习梳理，让学生明确本节课的学习目标，即运用已有探究方法研究发现除法和减法的重要性质，并加以应用。这是在"运算律"单元教学模式下，学生积累已有经验、迁移学习方法从而确定的某一节课的学习目标。

3. 以数学学科为主线的跨学科实践类单元

如果说前两个单元更多地关注数学知识的形成和发展，注重数学思想方法和逻辑推理能力的培养，实践类单元目标则指向核心数学思想，通过探究性的、社会性的数学实践引发学生有意义的数学学习。我们可以基于自然单元进行开发或拓展；比如"走进圆的世界"，其中任务二"车轮为什么是圆的"就是基于圆这一单元的拓展，通过数学和科学学科的跨学科整合，深刻理解圆的本质特征以及与摩擦力的大小的相关因素（图2-4）。

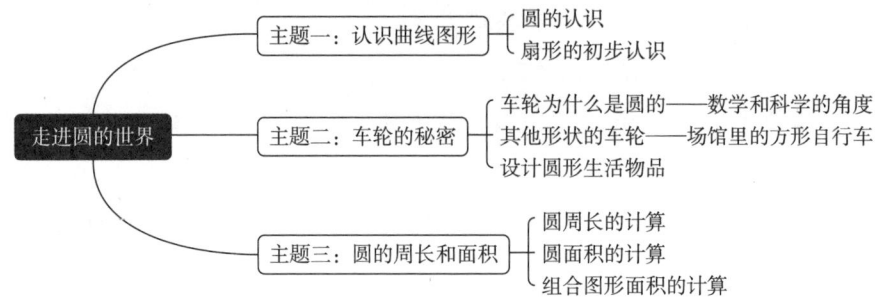

图 2-4　走进圆的世界

在进行"数的认识"教学时,无论是整数、分数还是小数,归根究底是对计数单位之间的理解和应用,这条逻辑线贯穿始终。因而在进行"数"单元学习目标设计时,会凸显其逻辑性的特征(图 2-5)。

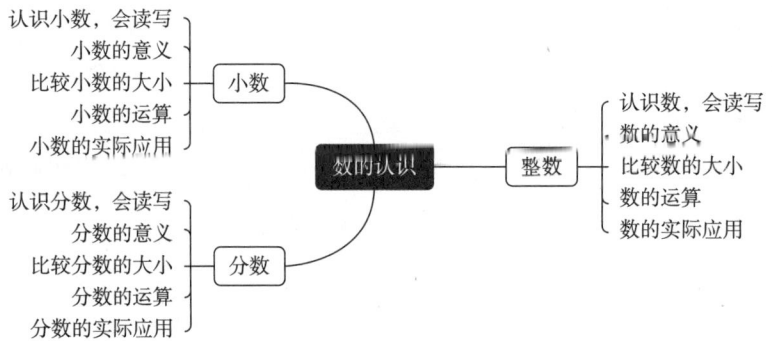

图 2-5　数的认识

第三章
素养导向的小学数学单元学习群内容重组路径

数学单元原指数学教材中某一章节的具体内容,是对外相对独立,对内关联性强、共同特征多、相对完整的"学习单位"。本课题中的数学单元是基于一定的目标或主题,对数学教材中的单元作重组或调整后的教学单位,包括知识单元、方法单元、主题(实践)单元等。

第一节 融与合:数学单元学习群中大观念的厘定与构建
——以"笔算两位数乘两位数"单元为例

"运算能力"是新课标中提出的小学数学学科核心素养之一,素养导向的数学运算整体教学被赋予了更高层次的内涵。"整数乘法"的内容是一个长程设计,而"两位数乘两位数"的笔算乘法在整数乘法中具有承前启后的桥梁作用。用单元整体教学的方式把握两位数乘两位数,就意味着我们在进行数学运算教学时,运算的意义和价值不再仅仅局限在简单的"计算技能"中,而要更加深度理解运算意义、把握运算原理、构建运算秩序、形成运算理解,把握运算内容背后的思想、方法以及结构、原理等。

一、意义性理解:整体构建"笔算乘法"单元主题轴线

两位数乘两位数笔算,是基于二年级的两位数乘一位数的知识,又是学生后续学习多位数乘多位数笔算的起始课,同时和后续学习的两位数乘三位数算理和算法有着相似的结构内理。那么,我们能否将相通的算理进行整合,用单元主题的思维展开教学,让学生在学习笔算乘法时更具整体性思维呢?

1. 把握结构意义，用系统化的思维理解单元

站在单元整体教学视角，两位数乘两位数是儿童在多位数乘一位数之后的知识结构递进。对运算单元的整体把握不应仅仅局限在教材自然单元，需要把这一单元内容放在小学阶段的整体体系中来把握，围绕儿童的数学结构性理解，对教材单元进行梳理或者重组，让笔算单元整体教学更能贴近数学学科本质。

在整数乘法三个年级的长程设计中，二年级的整数乘法立足乘法意义；三年级上册则对两位数、三位数乘一位数的乘法进行初步探索；三年级下册对两位数乘两位数笔算乘法进行一般化方法运算，巩固应用体悟"位值"，体会分与合的思想；四年级的三位数乘两位数的学习与三下的学习有着相似结构，是运算模型的迁移拓展（图3-1）。

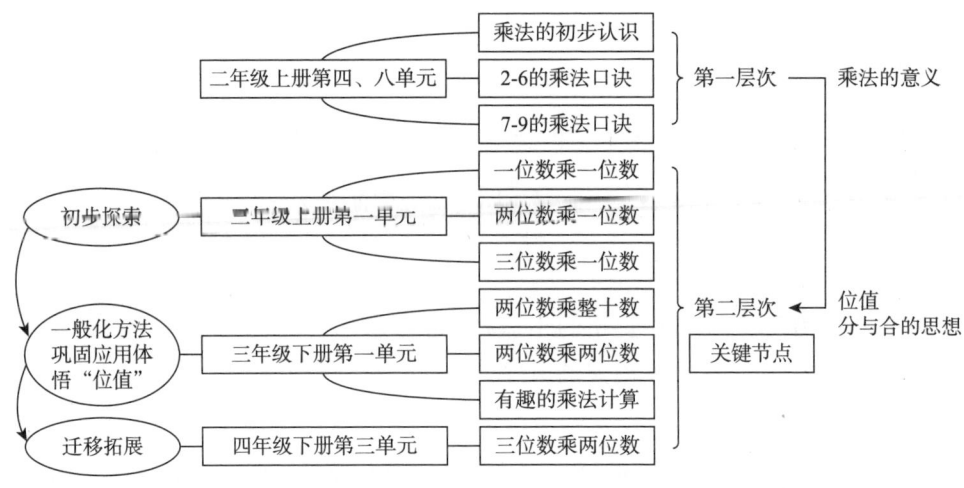

图3-1 运算模型迁移结构图

因此作为教师首先需要有对单元整体规划的眼光，把握这一单元在体系中的价值和意义；从数学核心知识、数学思想以及学科素养的角度重构单元内容，形成素养导向的单元整体框架；分析数学学科核心素养在不同阶段的要求与结构层次，让整数乘法这一主题内容在学段之间形成螺旋上升的结构；梳理教学内容前后之间贯通的脉理，让儿童明晰运算的意义与价值。

2. 关照运算意义，用整体性的眼光梳理内容

第一学段的运算意义着重从加、减、乘、除四则运算的本身意义出发；第二学段以数量关系为核心的问题解决是笔算乘法单元这一学习主题的意义线；三年级笔算单

元中的运算意义源自第一学段的加法模型和乘法模型的基础;经过一、二年级的运算经验的积累,通过加减乘除四则运算意义的理解,体会用笔算解决实际问题的价值。

在整数乘法中,两位数乘整十数对学生来说并不难,学生完全有能力根据三年级上册整十数乘一位数的方法进行迁移。这一单元内容做了相应调整,"两位数乘整十数""两位数乘两位数口算"形成"两位数乘整十数的口算"的基础课;"估算两位数乘两位数"与"两位数乘两位数(不进位)"中生成"两位数乘两位数笔算(不进位)"的种子课;通过相似结构类推形成"两位数乘两位数笔算(进位)"的主干课,让学生利用方法的迁移主动完成四年级上册"三位数乘两位数"的学习形成生长课,从而打通方法之间的联系;并在已有教材编排中将练习和复习的相关内容拓展形成整理课"探究两位数乘法的规律"(图3-2),让学生在研究铺地锦的过程中进一步理解算理,并体会到数学的美感。这样安排的目的是让学生有关联地进行数学学习,从而提升学生对数学学习的整体性把握能力。

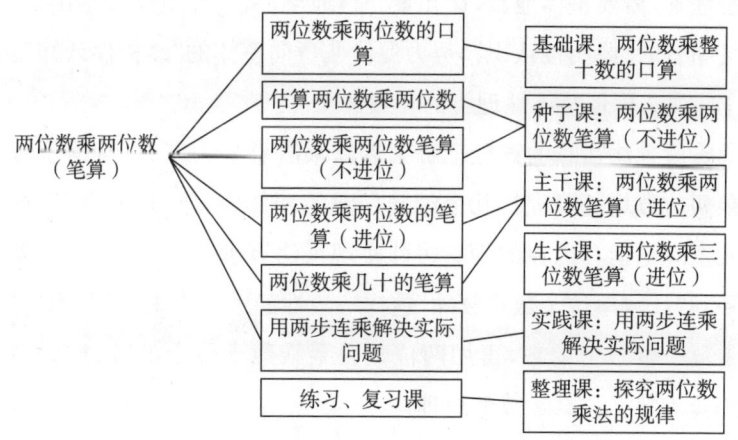

图3-2 "两位数乘两位数"单元教学整体规划

3. 构成模型意义,用概念性的理解形成轴线

两位数乘两位数这一单元的核心目标有两个:一是理解两位数乘两位数的算理。其主要内涵包含四个水平层次:能理解两位数的结构以及乘法算式的意义;能有自己的计算方法并说明理由;能理解不同的方法,并且能够比较不同的方法;能在表征、比较的基础上提炼通法。二是掌握两位数乘两位数竖式记录方法。具体表现为学生能感受情境意义、计算过程与竖式记录的关联,理解竖式中每一步的意

思,建立算法模型。我们设计了侧重于算理理解的两位数乘两位数不进位课程,以及侧重于竖式计算方法的进位课程。两者以情境、方块图、横式、竖式为主线进行贯穿,通过综合运用多种方式,使学生深入理解两位数乘两位数的算理。此外,我们还强调"两位数乘整十数口算"的学习作为学习笔算乘法的重要基础;方块图作为沟通口算与笔算之间的桥梁,帮助学生更好地理解口算乘法的算理,从而为其后续学习提供坚实的支撑。

通过对各个运算意义的本质分析,将单元教学的逻辑起点聚焦于"运算意义"。借助多版本教材对比,把运算意义、结构意义以及模型意义有机结合,形成对笔算单元的整体性理解。

二、结构化认知:厘定"笔算乘法"单元概念内在逻辑

运算意义的教学是一个不断扩充拓展的进阶之旅,基于数和运算意义的乘法算理整体性理解,需要整体地教,让儿童完整地学;从单元整体教学出发,需要重视对运算意义固有的"原始性认识",努力促使儿童向整体的"结构性认知"转变进阶。

1. 横向:乘法算理整体性理解的一致性

在小学阶段乘法运算的算理理解大多以乘法意义为基石,从两位数乘一位数到两位数乘两位数均是以理解几个相同加数的和作为其算理的意义,这样的把握不容易让儿童理解运算内在的理。因此实现乘法算理的整体性理解,需要把乘法的算理统一到"计数单位个数重复加"这样一致性的维度中来,只是围绕"先用两位数乘这个乘数个位数上的数,再用两位数去乘乘数十位上的数,最后把两个积相加",并非解释为什么这么运算的道理。

在横向的分析比较抽象的过程中,需要重视计数单位概念的表征切换,基于数的意义和计数单位十进制关系,以乘法运算形式记录新计数单位产生过程;因此在两位数乘两位数运算的单元整体教学中,要重视每层积几个一(十、百)的理解,在算理上回归到计数单位总个数的理解,

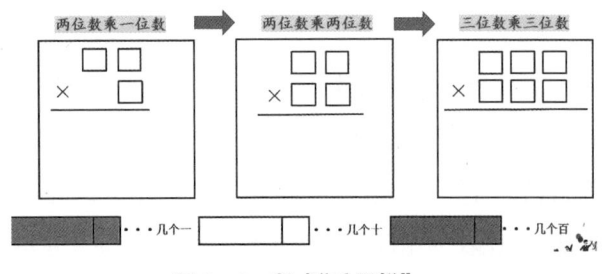

图3-3 竖式"千层糕"

与整数乘法保持整体一致。并且设计了"竖式千层糕"(图3-3)的游戏让学生体会乘法算理整体性理解的一致性。基于乘法运算意义的"计数单位个数重复加"算理，也将贯通到整数乘法、小数乘整数和分数乘整数等学习内容之中。

借助数和运算的意义，从"计数单位乘计数单位产生新的计数单位"这条思路来理解，就能把乘法算理统一到"(新)计数单位个数重复加"的思维中，从而实现乘法算理的整体性理解。

2. 纵向：不同阶段乘法算法结构的相似性

从二年级到四年级的整数乘法学习中，乘法运算结构始终体现着相似性，体现在三个方面：一是算法探索中把未知转化为已知这一思想的相似性。将两位数乘两位数笔算转化为已知的两位数乘一位数、两位数乘整十数的口算，在理解算理的基础上，基本算法是将其中一个因数拆为几十和几；两位数乘三位数，理解从一位数乘法到两位数乘法算理和算法的迁移，用先分后合的思想，把竖式法、表格法、铺地锦、其他方法统一在一起，发展运算能力和推理意识，培养几何直观。二是运算模型的一致性。在情境的选择上，教师需要考虑如何为后面的计算过程和竖式记录提供更好的支持。比如，乘法虽然都是表示几个几的意义，但有以下几种不同的基本模型：① 几个相同的集合；② 在数线上面连续加；③ 点阵模型；④ 面积模型等等。三是算理理解与算法表征的相似性。从两位数乘一位数到两位数乘两位数再到三位数乘两位数的算法有着内在一致性，笔算单元整体教学的指向不仅仅是让儿童掌握知识本身，更重要的是要将关于"笔算乘法"的问题、语言、方法、命题这条逻辑链完整、清晰地展示出来。

三、系统化构建：打通"法理相融"笔算单元学习脉络

运算单元的整体教学，需要帮助学生根据数系的不断扩展以及运算内容、学习阶段的进阶遵从知识学习的本质规律，从更高层次上进行思维与认识水平的必要重构，从而完成对运算意义理解的发展与深化。

1. 整体的教，立"序"明"理"中把握平衡

构建整数乘法的整体结构需找寻算理与算法的平衡，"怎么算"是基础，"为什么这样算"是依据，本节课以"两位数乘两位数笔算乘法"为例，力求在现实的情境中重塑主动迁移对数学研究的重要意义，将算理的明晰、算法的构建融通贯穿全

课,构建学与教的"序",探索算理与算法的"理"。

算理与算法是运算教学中的两个关键要素,二者是相互联系、有机统一的整体,能较好地理解算理和掌握算法是学生具备运算能力的主要表现。通过核心问题的设计以及核心任务的演进,在自主发现中建立笔算乘法的模型,发展数学学科核心素养。表3-1是"两位数乘两位数"单元整体教学设计。

表3-1 "两位数乘两位数"单元整体教学设计

课题	重点目标	核心问题	任务设计	核心素养
两位数乘整十数的口算	能运用乘法的意义和数的组成进行计算,能通过对比分析、类推找出快速计算的办法	1. 12乘10表示什么?结合方块图说一说; 2. 12乘10怎么计算; 3. 说一说你是怎样想的? 4. 两位数乘整十数的计算方法是什么	1. 说一说12×10表示什么; 2. 记录12×10不同的计算方法,并能说清楚道理; 3. 汇报交流,借助方块图讲清楚算理; 4. 练习中提炼计算方法	1. 利用已有的知识经验探究口算算法,培养知识迁移能力; 2. 通过对比分析,优化方法,培养推理能力
两位数乘两位数的笔算	第一层次,借助情境、方块图理解两位数乘两位数的计算,可以先分块求积,再求这些积的和;初步探索竖式记录方法	1. 14×12表示什么?结合方块图说一说; 2. 14×12怎么计算?图上圈一圈、横式列一列,竖式试一试; 3. 这些计算方法有什么相同之处? 4. 两位数乘两位数都可以这样拆吗?横式到竖式如何对应	1. 结合方块图,理解"14×12"的意义; 2. 用横式记录"14×12"的计算方法,并在方块图上表征; 3. 交流不同的算法,抽象算法中的共同点; 4. 横式对应竖式,提炼"14×12"的一般方法	1. 培养学生将新知转化为旧知、解决新问题的能力; 2. 通过方块图的几何直观来理解算理; 3. 通过不同的方块图分解对应不同算法的比较,学会解决问题
	第二层次,探索两位数乘两位数进位乘法的计算方法,理解竖式每一步的含义	1. 横式、方块图、竖式之间有什么联系? 2. 通过比较,你能说一说两位数乘两位数的计算法则吗? 3. 列一列竖式计算,厘清其方法,理解竖式每一步的含义	1. 用竖式计算两位数乘两位数; 2. 结合图式、横式和竖式,理解它们之间的关系; 3. 总结两位数乘两位数笔算的计算法则	在对比多种算法时,感受转化思想,培养学生的分析能力和优化意识,提升运算能力

续表

课题	重点目标	核心问题	任务设计	核心素养
用运算解决问题	在现实情境经历数学化的过程中,学会用综合算式解决两步计算的问题	1. 从问题中你发现有怎样的数量关系？ 2. 你认为需要先求什么,再求什么？ 3. 你会列出综合算式吗	1. 审题指导； 2. 独立解决,回顾反思； 3. 提炼解题策略	1. 图示的展示使学生能更直观、深刻地理解其中的数量关系,培养几何直观； 2. 列出综合算式培养思维的有序性和条理性,提高运算意识和应用能力

运算法则是四则运算的基本程序和方法。运算是基于法则进行的,而法则又要满足运算定律。在单元的整体教学中,始终把直观表征、口算过程和笔算过程进行沟通,从而帮助学生理解算理,明确积的定位。再通过整合两位数乘两位数和三位数乘两位数的竖式,打通方法之间的联系并进行方法的类推,形成完整的整数乘法知识结构。

2. 完整的学,谈"法"说"理"中内化意义

在学习两位数乘两位数的算理和算法中,要想让学生真正理解算理,教师不仅要把握知识内容的来龙去脉,还要知道学生理解的难处在哪里,这样才能有的放矢,使学生思维通透。

（1）"形"到"数"的表征动态化

以"方块图"为模型（图3-4）,数形结合,让学生在动手操作与语言表征中深化意义理解。如让学生借助方块图想一想,怎样分一分呢？请在图中圈一圈、算一算；利用方块图向同伴介绍你的想法,想一想,怎样表达最清晰？无论是让两位数乘两位数的乘法从口算到笔算到估算三者结合,还是不进位到进位的连续推进,都会以方块图为载体,开展不同程度的探究。经过实践反馈,利用方块图来理解乘法的算理是最为有效的方式。

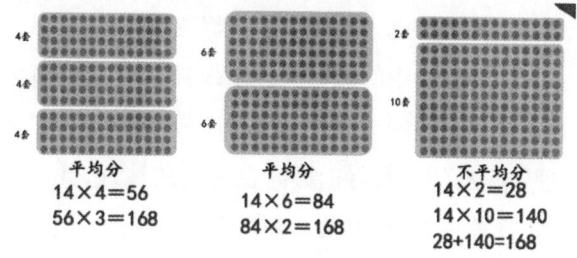

图3-4 "方块图"模型

"会动的方块图"让学生充分体验每一步计算的合理性,设计动态图的演示让

操作活动自然而然地抽象为竖式的数学化过程,整个环节构建了图形表征、算式表征和计算方法之间的联系,利用数形结合实现了算理直观化,让竖式模型的构建寻根而生(图3-5)。

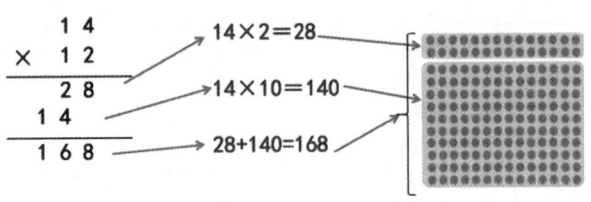

图3-5 14×12各项表征对应图

(2)"图"到"式"的结构联结化

让学生经历从横式到竖式的形成过程;依据算理理解的水平层次促进学生对算理的深度理解,同时做好情境意义、计算过程和竖式记录的关联,做到算理、算法融通,实现算法模型的意义建构(图3-6)。促进学生对算理的理解和算法的建构,在算理、算法的融通上给予学生更多的时间和空间,同时连续课的形式保证学生思维的连贯性与整体性。

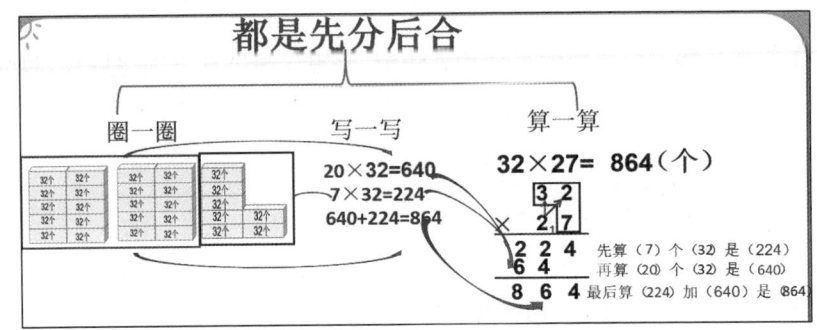

图3-6 情境意义、计算过程和竖式记录关联图

3. 系统的联,知"书"达"理"中迁移结构

计算教学中的理解算理不仅需要学生理解为什么可以这样算,而且要让学生能在众多不同的方法中,通过比较、筛选,找出解决问题的一般方法。知"书"达"理",只有学生获得运算内在一致的算理,并以不变的算理来推导万变的算法,才能实现算理贯通、理法互融。

在教学过程中,教师不仅需重视整数乘法的运算教学,更需在整数、小数、分数的计算教学中,全面关注它们各自内部的"一致性"、"完整性"、"法"与"理"的相融、"序"与"则"的逻辑以及数学过程性与结果性的映照……运算能力是学生核心素养的重要表现。提高运算能力不是简单外显为学生能正确运算,而是强调他们能够理解意义和关系、选择运算策略、发展数学推理能力、形成思维品质、养成科学态度,这是一个完整的素养发展过程。

整个"两位数乘两位数"单元整体教学,把"运算意义"贯穿始终,不断调用与激活学生原有运算经验,用整体的、联系的思维去思考单课教学,让儿童能异中求同,关注对比,深化运算的意义性理解;数形结合,关注多元表征,建立运算内在结构性联结,促进学生有联系、能迁移地学习,让自我形成系统性建构,这是我们追寻的一条有意义的学习路径。

第二节 通与进:数学单元教学中大概念的提取与构造
——以五年级"多边形的面积"单元为例

数学新课程标准实践落地需要有数学单元的视野,单元整体教学不是简单的"大容量"、做"知识集装箱",更需要有单元教学的"大视野",那就是以素养为核心的整体教学;在学生数学学习过程中,要将碎片化的知识统整成网、重构成体,需要"数学大概念"这一主干桥。数学大概念具有内核性,是学科内容的核心和本质,是深层、可迁移、普遍接受的观念;数学大概念具有统摄性,包括数学核心知识、关键概念、数学思想方法、解决问题的基本思路;数学大概念具有迁移性,能深入学科的本质,将相似的知识点加以抽象和凝练,形成相似结构与相似模块,突出学科结构,折射学科本质;数学大概念具有永恒性,并非是一个具体的概念,而是一类概念抽象的集合,能够长期储存于人的大脑认知中。

为了使学生在学科学习中形成主动探究意识,帮助其掌握学习的"通法",推动其理解知识间的相关联系,形成对知识本质的"通透"认识,促进其核心素养的养成,我们尝试以大概念为引领开展单元整体教学设计。本文以小学数学五年级上册"多边形的面积"单元整体教学为例展开阐述:

一、目标"通亮":打开数学学科大概念的"金字塔"

围绕大观念或主题将知识结构化,对"多边形的面积"这一单元内容进行结构化的重组和整合,一方面将"未知转化为已知"这一数学思想贯穿单元始终,另一方面又在每个图形面积本质的理解和把握中,将图形面积的本质即计算面积单位的个数组这一概念性理解凸显,从而形成一个有意义的学习单元,并开展以学生为主体的单元整体教学。

1. 发掘数学单元统摄"大观念"

"大观念"与"大概念"有何区别,又有何联系?"大观念"是"概念的结晶核",具有更抽象、更概括、更凝练的特征,是在概念群的顶层,更好层次体现出概念最本质属性的内容;"大观念"也是"概念的贯通链",它能将各种内在有着共同关联的概念形成联结,形成一个贯通的整体;"大观念"也是"概念的转移膜",在结构性知识与数学学科核心素养之间形成桥梁,深化学生对数学的概念性理解,让"大观念引领下所形成的大概念"能在新的情境下主动迁移运用。

学习小学数学五年级"多边形的面积"单元时,要分析并提炼出具体知识内容背后的大观念(图3-7)。在这四个维度的"多边形的面积"大观念的分析整理中,抓住面积本质之"通",那就是测量该图形所包含的面积单位的个数;抓住探索内理之"通",那就是"将未知转化为已知去解决新问题";把握思维方式之"进",那就是图形之间"要素之进",借助图形要素之间的关系推导出多边形的面积公式;把握"学科素养之进",挖掘"几何直观、推理能力和空间观念"等学科核心素养。

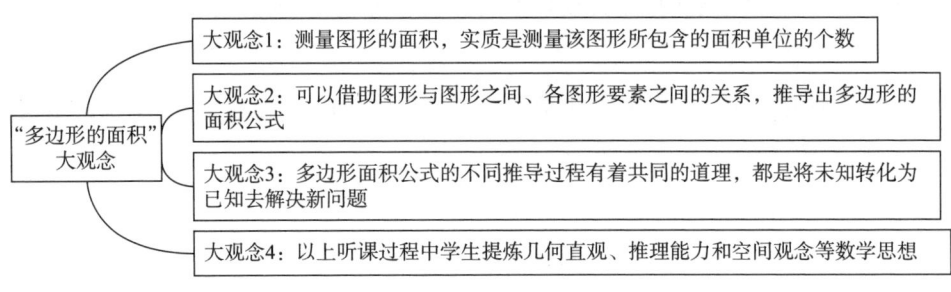

图3-7 "多边形的面积"大观念

2. 双向提炼数学单元"大概念"

数学大概念可以从自上而下以及自下而上两个维度进行双向提炼,分为基础概念、核心概念、单元大概念、学科大概念以及跨学科大概念(图3-8)。自上而下的提炼是采用"标准演绎"的方式,可以从小学数学课程标准、学科核心素养以及核心数学思维、关键的数学思想方法等中提取,从高度概括的"大观念"转化为可以落地、贯通单元始终的"大概念"。那么在"多边形的面积"这一单元的教学中,大概念的本质不是简单的"面积公式的探索与计算",而是着力放在理解面积度量的本质,持续感悟"转化"的思想方法。

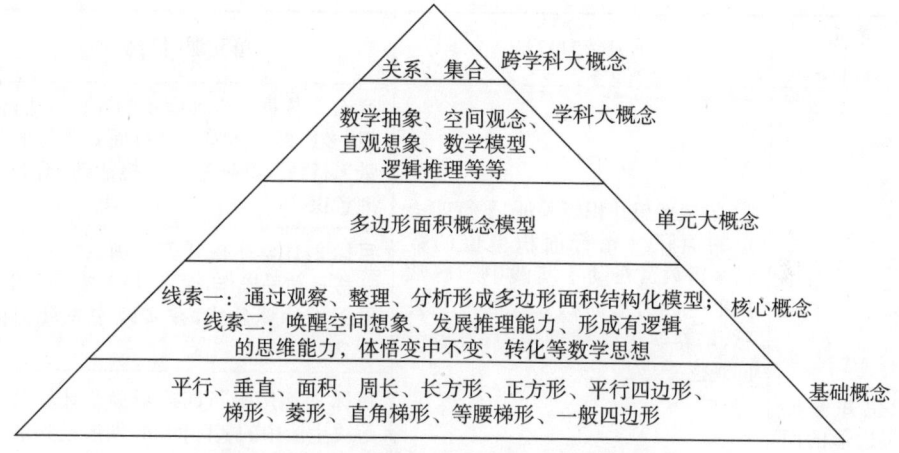

图3-8 "多边形的面积"单元大概念层次金字塔

自下而上的提炼采用"归纳生成"的方式。归纳生成即从单元学习的重点、难点、堵点中产生,在结构性知识运用于生活实际问题中以及事实性知识等抽象概括中产生。在自下而上提炼"多边形面积"大概念的探索中,有两条实践线索:一是通过观察、整理、分析形成多边形面积结构化模型(基础模型、转换模型、通用模型);线索二则是唤醒空间想象能力、发展推理能力、形成有逻辑的思维能力,体悟变中不变、转化等数学思想。从而形成基础概念—核心概念—单元大概念—学科大概念—跨学科大概念这样的金字塔结构,需对每一节课进行具体分析提取出课时大概念后再加入金字塔。

3. 厘定单元整体教学"目标链"

"多边形面积"大概念的金字塔梳理出来之后,需要化为单元的整体教学实践,需要厘定单元整体目标链,即单元总目标—单元具体目标—单元课时目标,基本概念是长方形的面积,知识基础是长方形的面积计算,认知线索是图形内在联系,思维方法是以未知转化为已知。让学生在具体目标的指引下,经历图形转化过程,体会转化前后两个图形底和高的对应关系,面积之间的相等关系或倍比关系;经历操作、观察、推理等活动,推理归纳多边形面积计算公式,渗透转化的数学思想,感受图形之间的联系与转化;能结合新情境运用多边形面积的相关知识解决实际问题。具体形成了以下单元目标链(表3-2):

表3-2 单元目标链

单元总目标	单元学习目标	单元课时目标
猜想并验证"多边形的面积＝每行面积单位的数量×行数",理解并掌握多边形面积计算公式的产生过程,初步培养学生的推理意识,发展空间观念	① 尝试猜想并积极验证"平行四边形的面积＝每行面积单位的数量×行数",在动手实践中理解掌握平行四边形面积公式的来龙去脉,培养学生的推理能力,发展空间观念	目标1:依据长方形面积的计算方法,猜想"多边形的面积＝每行面积单位的数量×行数",开展验证猜想活动,培养推理意识
		目标2:让学生依托剪一剪、拼一拼、移一移等动手操作,探索并归纳平行四边形面积计算公式,在实践中发展空间观念
		目标3:运用平行四边形面积计算公式解决生活中的实际问题,发展迁移能力以及模型思想
	② 猜想并验证"三角形和梯形的面积均为每行面积单位的数量×行数",理解并掌握三角形和梯形面积计算公式的产生过程,提升推理能力,发展空间观念,进一步巩固学习多边形面积计算的一般方法,发展模型意识	目标4:通过学案先学,猜想"三角形和梯形的面积均为每行面积单位的数量×行数",通过小组研讨、动手操作等活动验证结论
		目标5:探索并理解三角形和梯形面积计算公式的过程,在探索中培养推理意识,发展空间观念
		目标6:通过观察、对比,发现平行四边形面积与三角形、梯形面积的本质联系,即"多边形的面积＝每行面积单位的数量×行数",发展空间观念,培养推理意识
	③ 在不同情境中,灵活选择合理的图形面积计算方法解决生活中组合图形、不规则图形面积的实际问题,发展空间观念,体会数学与生活的联系	目标7:能将学习的多边形面积计算的方法运用到新的情境,合理选择适切的方式解决问题
		目标8:根据具体情境,能选择合理的面积标准估测不规则图形的面积

以单元目标为导向,以图形转化为纽带,借助对比、想象、推理的思维活动探索多边形面积计算公式,加深对多边形面积计算公式的理解。

二、 内容"通脉":构造数学大概念系统的"方向盘"

单元整体的知识本身有一个内在的结构顺序,同时儿童学习这一单元的知识也有着自己内生的认知结构顺序,那就是一方面需要寻找系统化、结构性的"教材单元";另一方面也需要以儿童生活经验为基础的"经验单元",以大概念为统摄的知识结构化设计,形成教材内容结构与儿童认知结构的一致性和可持续发展性。

1. 把握学科本质的"核心源"

大概念关照下的单元整体教学,关键在于能寻找到这一单元脉络的"核心源",这一"源"是单元大概念的"魂"。"多边形的面积"是在学生理解面积与面积单位的概念基础上,学习图形的周长与面积,学会用面积单位度量图形的大小;在认识各种图形特征的基础上,进行长方形、正方形面积的探索——平行四边形面积的探索——三角形面积的探索——梯形面积的探索——组合图形面积的探索。从大单元的视野对这些知识结构形成的过程进行梳理,教材内容基本按照"新旧转化——推导公式——生活运用"的路径编排,相同的脉络就是都要经历将"新图形的面积探索"转化为"旧图形的面积转换"的过程,因此我们提炼出把未知转化为已知的转化思想这一"核心源"作为本单元的大概念,这一思想好似一条隐性的线索始终贯穿单元教学,并在不同内容中进阶发展。

2. 联结教学内容的"有机体"

在单元整体教学中,我们需要把握知识内容的来龙去脉,找到这些知识内在的"脉络"与"脉理"。在"多边形的面积"这一单元的教学中,我们深入探讨了图形特征之间的内在联系。通过深入剖析平行四边形的边角关系,我们得以揭示长方形、菱形及正方形等特殊四边形与平行四边形之间的紧密关联。四边形认识是掌握几何研究的一般思路,为后续圆、相似图形等几何内容的学习奠基。这些多边形特征的理解为面积之间的联结提供了线索,因此在这个单元我们新增两课时的准备课,主要从图形的关系以及图形的拼组两个方面着手,目前儿童处在从分析到非形式化的演绎阶段,沟通图形之间的联系能更好地厘定儿童学习此单元的起点。

"多边形的面积"一单元从内容编排来看,主要有平行四边形、三角形、梯形、组合图形面积的计算和不规则图形面积的估计等相应知识点,前三个知识点侧重公式的探究,后两个知识点侧重应用拓展。如何将这一单元与之前学习的长方形、正方形的面积形成有机整体,那就需要让学生依托已有认知经验,在新旧之间沟通联系。在学科核心素养发展方面上承下接,在"多边形的面积"认知历程中,蕴含梳理知识框架所需要的数学抽象素养以及在问题的推算中所需要的逻辑推理素养,真正实现数学育人的价值(图3-9)。

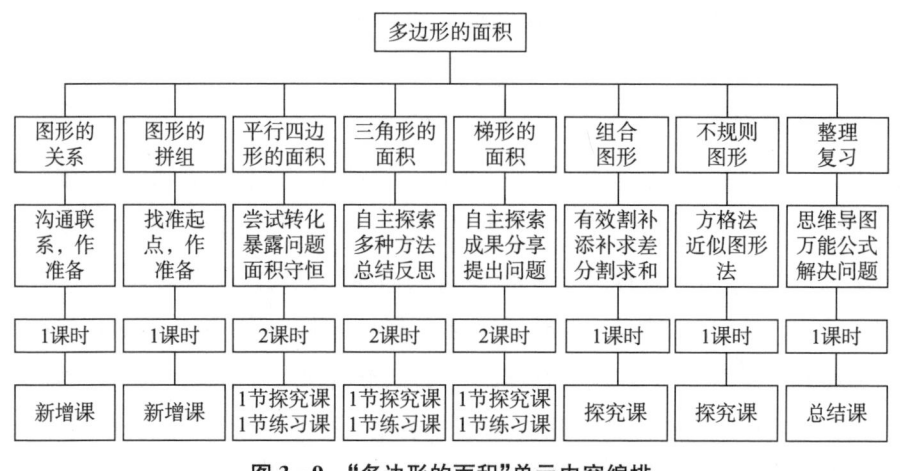

图3-9 "多边形的面积"单元内容编排

3. 统摄教学过程的"贯通链"

数学大概念更注重将数学的概念性理解分解融入每一模块的数学学习中,模块与模块之间因为有着内在本质脉理而形成连贯的整体;体现为知识内在结构的贯通性,在知识体系构建中一般采用"一般到特殊"的思想方法以及思想方法的前后贯通,规律探寻一般采用"特殊到一般"的归纳抽象,从内容、思想、方法等方面培养学生的思维。

多边形面积计算的本质规律究竟是什么呢?东北师大史宁中教授认为,面积度量,其实质就是"计算该图形包含多少个面积单位"。因此我们设计前置课、种子课、主干课和果实课四类课型。前置课通过沟通联系,理解"长方形的面积=每行面积单位的数量×行数"这一内在本质,鼓励大胆猜想积极验证,形成大问题"是不是所有的多边形面积都可以采用每行面积单位的数量×行数来进行解决呢"。通过种子课"平行四边形面积"的探索,到主干课"三角形面积的探索与梯形面积的探索",再沟通各个多边形面积计算内在本质规律,形成多边形面积单元的"通法",即

"多边形的面积=每行面积单位的数量×行数",并加以拓展到组合图形和不规则图形面积的探索中,通过梳理形成通用模型(图3-10)。

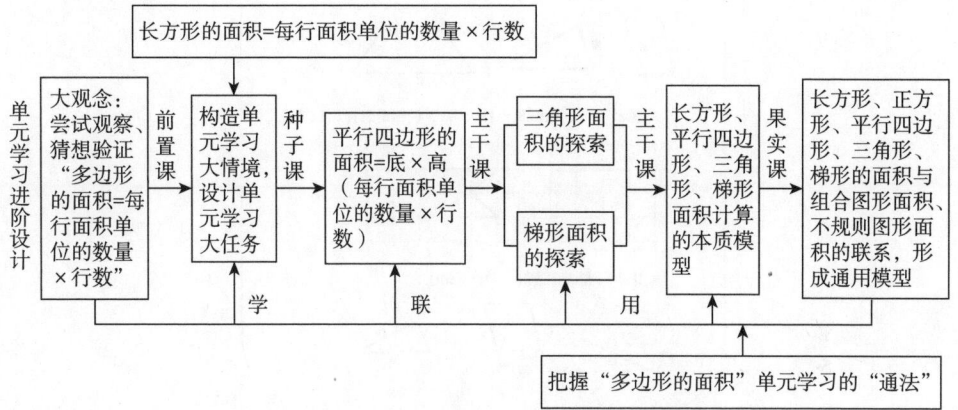

图3-10 "多边形的面积"单元学习的"通法"

三、学习"通透":建构数学大概念语境下的"框架群"

大概念作为一种"认知框架",有助于构建"思维框架"并生成真正的"意义框架"。这种框架具备内在的组织和结构,需要通过核心任务的演进促进数学学习进阶。借助框架或结构,让学生将一个知识、一类知识以及多类知识串线成网,也能将问题解决中相似模块形成思维结构,沟通概念之间的内在联系,能够在一个连续的整体中去理解各个事实、主题、技能、策略和概念的意义。

1. 认知框架:源自学生单元学习起点的确认

通过学生完成"多边形的面积"前测预学单的情况分析发现,90.8%的学生能正确计算长方形的面积,能用数方格的方法比较图形面积的大小;10%的学生错误的原因主要是"面积"与"周长"之间概念混淆不清,导致将周长算成面积;11.2%的学生对平行四边形面积计算缺少"底与高"的对应性观念的理解,表征形式化的概念意象;35.4%的学生在新旧图形之间缺少转化意识,缺乏在新情境中的类比迁移能力,不能将新图形转化为已经学过的图形来加以解决,即不能将新图形(平行四边形、三角形、梯形等)转化为已学的长方形面积进行计算(图3-11)。

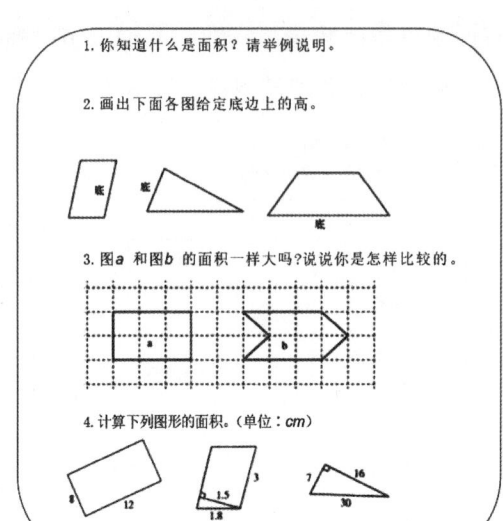

图 3-11 "多边形的面积"前测预学单

首先基于对儿童已有学习的逻辑起点的把脉,在"多边形的面积"单元教学需要根据儿童的认知特点设计认知框架,儿童通常是经过对几何性质的理解来认识几何图像,因此需要借助图形与图形之间、图形的部分与这些部分之间的关联来分析内在的脉络,依托儿童的认知经验来把握图形性质。其次要瞄准儿童的认知难点设计认知框架,儿童的认知难点是如何唤醒儿童转化的思想和经验,让儿童运用转化思想去推导探索新图形面积,同时能将这一种认知框架迁移到其他新的情境图形面积中去探索,积累活动经验,发展空间观念。

2. 思维框架:基于数学单元核心任务的演进

要让儿童形成数学概念性理解,关键在于形成相应的思维框架,而思维框架的设计是基于数学单元教学任务的演进,数学单元学习的任务应该是基于促进儿童数学深入持久理解的"大概念"而设计。"多边形的面积"明确了以"转化思想"为单元的大概念主线,设计与学习迁移的情境具有合理关联性与针对性的教学活动的单元"核心任务",紧扣"度量的本质是度量单位的累加"这一核心和关键,立足儿童已有知识和经验基础,运用"转化思想逻辑推演图"(表3-3),依托转化思想,明晰不同图形在面积推导过程中的方法、思想以及转化的本质,在新旧知识间架设桥梁、建立联结,进行观察、操作、分析、对比、归纳、应用等一系列思维活动。

表 3-3 转化思想逻辑推演图

平面图形	推导方法	教学思想	本质
平行四边形	单位面积度量法、割补法	转化	等积变换
三角形	单位面积度量法、割补法、拼合法		等积、倍积变换
梯形	割补法、拼合法		等积、倍积变换
组合图形	割补法、添补法、拼合法		等积、差积变换

每一个问题的解决都是为完成这一阶段的任务做准备,在多边形面积推导中,让学生经历"渗透转化—尝试转化—主动转化—应用转化"的认知历程,清晰呈现知识获取和认知发展两个层面。虽然都是"转化"贯穿其中作为主线,但是不同图形的面积推导中,"转化"这一大任务的着力点与侧重点也是有所不同的,平行四边形面积推导着力点在感悟、体验转化方法上;三角形面积推导着力点在迁移应用转化方法上;梯形面积的推导着力点在主动应用转化方法上;组合图形面积、不规则图形面积着力点在灵活应用与拓展转化方法上。以"转化"为关键线索设计任务链,形成知识网的前后衔接、方法源的上下贯通、结构的螺旋进阶。

3. 意义框架:素养导向的单元评价设计

单元整体教学设计要承接学生学习路径,系统分析、整体把握数学知识的内在关联性,将教学内容分析、重组、整合成相对完整的教学序列;那么这样的学习路径的意义所在一定是学科核心素养的发展,单元整体教学的"意义框架"指向是否能促进儿童知识的整体性理解与掌握、思想方法的进阶与提升、能力素养的发展与优化;大概念关照下的单元教学需要按照厘定起点、设计任务、演进过程、评价反馈等进程推进,从而贯穿教学的全过程。基于素养导向设计"多边形的面积"单元评价目标单,见表 3-4。

表 3-4 "多边形的面积"单元评价目标单

评价旨向	评价内容	评价类型
知识与技能	1. 是否掌握各个多边形的面积探索方法并加以运用	总结性评价
	2. 是否掌握多边形面积之间的关系,能形成相应结构	
	3. 是否掌握多边形面积计算思路,能否灵活解决实际问题	

续表

评价旨向	评价内容	评价类型
过程与方法	1. 能否运用已有经验开展多边形面积计算的研究学习	诊断性评价
	2. 能否运用方法迁移开展面积的探究活动，形成模型	形成性评价
	3. 能否运用知识、方法解决生活中的问题	形成性评价
情感态度与价值观	1. 感受选择典型策略，关注图形面积转化中的相似结构价值	增值性评价
	2. 运用转化思想解决新的问题，体会其意义	增值性评价

以大概念为视角分析素养指标确定单元评价细目，根据知识与技能、过程与方法、情感态度与价值观三个维度的评价旨向设计评价内容，评价内容从单元内容的目标中分解而来；并在不同的学习阶段围绕不同的目标指向设计了总结性评价、诊断性评价、形成性评价和增值性评价四种方式。

在日常的教学中，儿童数学学习由"薄"变"厚"，即从碎片的知识连成知识体，也需要由"厚"变"通"，把握数学大概念的"主干道"，形成相似结构，让数学的"主干道"通达；大概念就是需要我们对照课程标准的要求，对现有各个单元内容内在的主题脉络进行分析，通过自上而下和自下而上的思维方式与研究方法，双向选择单元大概念，确定关键概念以及学习观念。通过识别核心问题、编写单元目标、设计单元任务、编制单元评价这一系列流程，以"通"为"进"，让数学学科核心素养真正植根于儿童每一天的数学学习中。

第三节　构与造：数学单元学习群中大主题的组织与整合

一、数学单元学习群中"大主题"生成逻辑

1. 基于内容优化走向结构化：从课时到单元，化"碎"为"统"

碎片化学习只能作为辅料甜点。教材中的知识，因为教学时间和学生年龄、认知等多种因素影响，不得不被划分成一个个课时内容，但如果只是停留在见山是见水是水的层面，只见树木、不见森林，不能连点成线，串线成面，由面及体，那么知识更多的是散点的、非条件性的，不易被提取与运用。从整体视角出发，进行系

性大单元数学主题教学,是从知识到认知结构的跨越、从关注知识本体到关注儿童心智成长的转变。

2. 基于课程推进走向综合性:从分化到融合,由"反"到"返"

19世纪单元教学进入中国,20世纪八九十年代兴起,21世纪初日渐式微,近年来大单元教学进行改革,对现有的教材进行重组,或增、或删、或补、或调。分分合合,来来回回,从"反"常识到"返"常识,再到超越常识,卷入更多课程资源。基于儿童立场,融合梯度式的简单到复杂真实情景,更好地拉动教育主体能动从外灌走向内需。

3. 基于学习内需走向生长性:从知识到素养,变"知"为"能"

"课程分化"状态下也存在主题单元教学,内容选择上还限于单学科,学科间、学科单元间存在壁垒。此时,目标的设置上更注重知识的掌握,课时目标间的"链式效应"不明朗,课时目标与课标要求、单元目标之间的线索不清晰,教学评价倾向于结果性、检测性评判。参与主体中教师为先导性主体,学生多为"风筝效应"下的体验性主体,"开放性""再创性"经历不足。而大单元主题教学旨在能以高观点视角、结构化视野架构进阶式的目标链,通过建构任务链、任务群形成更多条件性知识,将惰性知识转化成活性素养。

二、数学单元学习群中"大主题"的组织路径

以核心素养、关键能力等上位性的理念为指导,对单元主题教学产生重大影响,单元不仅仅局限于教材现有固定单元,更多的是以教材为载体,把握教材"对标"所需要学生掌握的核心内容,将核心内容置于大课程背景或学习情境中,以终为始,从结果目标入手,整体系统地将教材中的内容进行重组、调整,形成"大单元"。在本校实践研究中,产生了现成性教材优化、学科生成性研究、多学科独创三大单元主题内容的形成渠道。

1. 现成性教材优化

以本单元知识为原点梳理教材中同一内容或内容关联、形式相似、教学结构相似的内在逻辑关联,发挥教材中知识点的节点效应,从孤立到通联,形成大的概念网络,凸显知识间的本质联系。教的层面做到教得到位:不缺位、不越位;学的层面做到从模仿记忆原有散点线性认知形成的工具性理解走向完整体验整体系统进阶

形成的关系性理解(图3-12)。

【案例1】构建"米"为体系的网络节点图

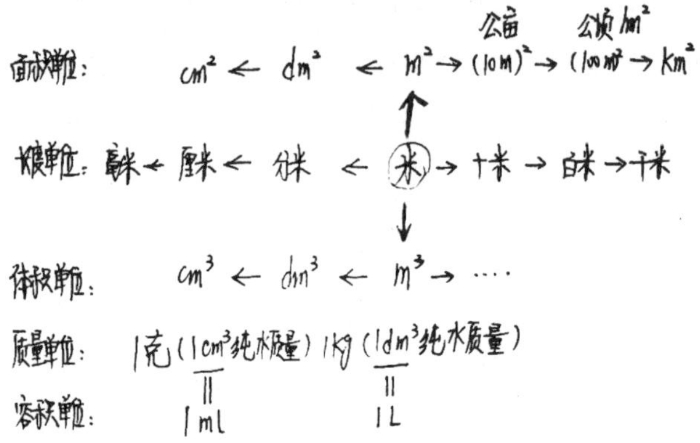

图3-12 长度单位体系的网络节点图

2. 学科生成性研究

此单元主题研究主要来自数学学科内部,以大问题、大任务、大情境为架构,学生在学习的过程中产生系列生成性问题,拓展融合进其他学科知识,借用其他学科知识或思维方式更深入透彻地理解数学学科知识,生长综合素养。

3. 多学科独创性单元主题

在国家课程校本化实施过程中梳理形成,分析把握学习内容特点,学习主体的学段特点、年龄、认知特点,融合多个学科。进行校本化探索与实施,多学科独创性单元主题不是为了综合性地拼盘式学习各科知识,而是通过每一学科外的其他学科更好地深化该学科的体验认识,提高该学科的学习效果。在实施分科课程教与学中,师生脑海中依然有大概念网络和普遍联系的意识。

三、数学单元学习群中"大主题"的实践线索

1. 目标导向:研读大单元内容,确立目标纵贯线

在实践过程中,学校形成了如下单元内容目标纵贯线流程图(图3-13)。

(1) 以知识、经验为主线进行目标的工具分析

首先立足"高站位"先进行整体视角审视,以核心素养和学科关键能力为指向,结合课标进行学段分析,对标找准本单元任务目标,进行教材编排分析:分属什么

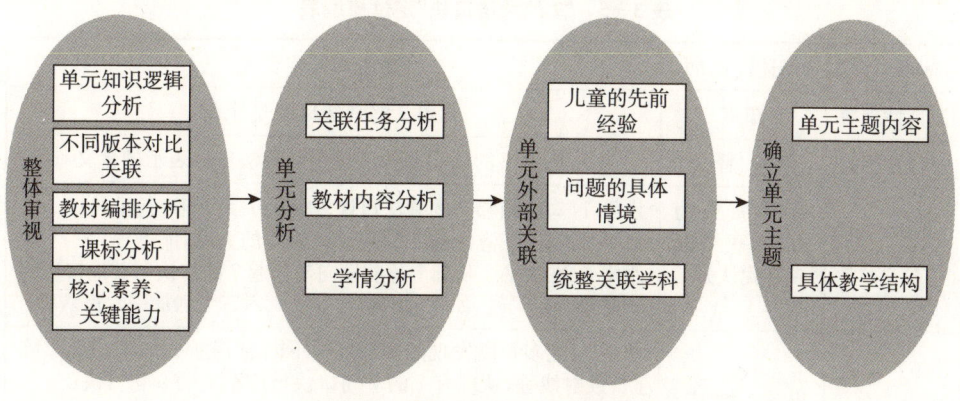

图 3-13 单元目标纵贯线流程图

领域中的什么板块。其次进行不同版本对比关联,选择优化教学载体,读懂教材的前沿后续,从逻辑起点上把握:已经学习了什么,本单元需要学习什么,后续需要学习什么。最后进行具体的单元分析,进行单元外部关联,以整体知识逻辑确定本单元主题教学内容,以具体单元内部逻辑确定本单元的教学结构,以儿童年龄、心理、学科认知及生活经验等特征确定教学切入方式。

(2)"前在—潜在"目标需要分析:设定预期结果及目标达成评估证据

需要是预期状态和当下状态之间的距离,只有尽可能地量化、可视化,才能有效评估目标的达成度。而确定需要的过程就是需要分析。学习中每一个表现形式目标都确定了作为教学结果的行为表现。在确立目标的过程中以人的性能为维度需求分析必不可少。学生在初学知识时期,需要进行适当强化,让知识有效固着,无可厚非,但如果停留在单一层面的训练中,大脑反而会产生疲劳,降低内部需求。

【案例2】如在进行了上述程序后我们对"7的乘法口诀"课时的定位,不仅仅是在原有乘法口诀(一)基础上的结构迁移课,而是把它定位为类模型起始课,模型类同之前1—6。而7的乘法口诀在此基础上需要纵横多元勾连其他口诀,促进学生不同水平下的关系性理解甚而创造性理解(表3-5)。

表 3-5 "7 的乘法口诀"定位模型表

目标理解层次	描述性动词	目标达成具体表现
工具性理解	知道	知道 7 的乘法口诀是什么
解释性理解	解释、释义	能用自己的话(方式)讲述 7 的乘法口诀表示的含义
关系性理解	应用、提升为方法、联结形成自我认知结构	水平1：勾连相邻 7 的乘法口诀之间的关系，能进行推导； 水平2：勾连任意两句 7 的乘法口诀间的关系，能推导； 水平3：在水平 2 基础上还能横向勾连起 7 的口诀与其他口诀间的联系，能推导。如六七四十二等于六六三十六加一六得六等
创造性理解	提高、推广、拓展、移情、自知	水平1：能多角度发现同一情境中不同的 7 的口诀；能借助点阵图、数射线等，从现有 7 的 7 句口诀推广至 7 的 9 句口诀； 水平2：在水平 1 基础上能完善并有序结构化表征推导； 水平3：在推广至七八五十六的过程中纵向发现 8 的乘法口诀，同理在七九六十三中发现 9 的乘法口诀。能用元素关联上升至 8、9 口诀的工具性理解水平

2. 任务设定：架构任务朋友圈，促进目标软着陆

大单元教学设计倡导大问题、大任务、大项目，活动任务作为目标的实施抓手，在现成性教材优化类别和学科生成性研究中常常表现为任务链的方式，不断由浅入深、走向本质、走向深刻。在多学科独创性单元主题中表现为关联的任务群。

(1) 递进性任务链

【案例3】如：在"认识克"的最强人体秤大任务中（表 3-6）

表 3-6 "认识克"递进性任务链

原有教学活动任务	单元主题教学任务
说一说：介绍自带物品的质量； 装一装：选择一个品类，装出规定质量的物品（约 50 克、200 克、500 克、1000 克）； 验一验：你是如何知道自己装对的； 分一分：按之前分装要求，分类摆放； 断一断：检查其他组是否装得准确； 掂一掂：各色不同品类分装的 50 克、200 克、500 克、1000 克； 估一估：无称状态下根据任务卡上规定的质量进行分装； 猜一猜：1 克大约有多重	认识千克与认识克，实施结构化、类模块的递进性任务； 任务 1：成功称装出规定质量的物品（有秤）； 任务 2：根据任务卡规定质量进行分装 pk，比谁又准又快：个人或小组 pk—全班争霸（无秤）； 任务 3：有奖竞猜并画出克的思维导图

① 思维策略的进阶：从教的策略中直观且清晰地领悟平台思维之精髓，以及以少驭多的精致。我们对原有任务进行了精简与开放化处理，确保不同水平的学

生均能通过完成三项任务挑战获得与其能力相匹配的成长与进步。学的策略方面在对比中发现,原有任务指向的是一种执行,而大单元主题教学更重视的是问题解决的过程、思维的提升、策略的进阶,看似3个"简单"任务,但背后隐藏了估计、比较、猜想、推理等丰富的策略。

② 教学方式的进阶:A.学习品质的进阶:原有教学任务中教师很忙,忙着布置任务,忙着调控现场,学生也很忙,就像提线木偶,是外灌式教与学的互动,是被动的动机状态。大单元主题教学任务中的3项,每一项都有层序性的挑战,任务1:虽然并没有什么难度,但新鲜、好玩。任务2:一下子要胜出确实有困难,因此在赛事没有开启之前,偷偷摸摸就想去掂一掂、拎一拎,再回称几下,会自觉地产生一种内需。B.互动方式的进阶:师生互动方面,从原有的教学关系转向为任务决胜的辅助者、工具支持者、后勤服务者、协调者、鼓舞者等角色关系。生生关系中,有竞争又有合作。

(2) 关联性任务群

物以类聚,人以群分。由此俗语可知,能称为"群",是因其任务之间的内在关联与综合。多学科任务需要进行一定统整才能构建成"群"。如:以中秋月饼为主题展开的多学科独创性单元主题课程,见表3-7。

【案例4】

表3-7 多学科独创性单元主题课程

板块	教学过程
数学板块	1—3年级:侦破"月饼案" 1. 阅读自制数学绘本《逃家的月饼》(不同立体形状的月饼:根据留下的图形印记追踪,判断哪款才是逃家的月饼); 2. 低年级可通过操作判断; 3. 中年级根据观察、比较、推理解决。 4—6年级:假如我们开月饼铺子 4. 开业前的各项调查与统计、预算; 5. 设计一个月饼营销方案; 6. 月饼的包装和定价
科学板块	1. 提前两周开始观察并记录月相变化; 2. 动手制作天体运动模型,进行模拟月相变化实验; 3. 全面学习了解光与影的更多现象和知识; 4. STEM策划主题:揭秘嫦娥四号月球车,什么样的轮子能顺利在月球行走

续表

板块	教学过程
美术板块	1. 绘制月相变化图； 2. 科学统整：制作图片动画，了解原理； 3. 承接业务：制作各项活动海报
戏剧板块	1. 初级版：还原或改编、演《嫦娥奔月》《月亮草》等传统经典； 2. 中级版：改编、演《逃家的月饼》等自创校本戏剧； 3. 高级版：围绕主题展开原创作品，每人或编，或导，或演，承担演员及一项幕后场务工作
文史板块	1. 做一个中秋雅集：还原古人中秋过佳节的场景（了解中秋节吃月饼习俗的起源、形成时间和历史发展过程）； 2. 辩论赛：你对韩国端午节、中秋节申遗一事怎么看； 3. 征文赛：笔尖上的月饼
生活健康板块	1. 品鉴月饼：亲自一起品尝，学会识别月饼的品类； 2. 制作月饼：了解月饼成分及配比、制作工艺及程序； 3. 营养健康：了解月饼热量、月饼饮食搭配禁忌与存储方法，观察色泽、形状，选择制作一款适合不同年龄群体的"健康月饼"

① 任务目标的关联：通过真实场景中任务群的实践，其一，实现各个学科各美其美，美上加美，美美与共。其二，感受传统文化的传承与经典、现代的创新和融合。

② 任务板块的关联：板块与板块间并非一般意义上的"拼盘"，而是除去同主题的外壳之外，还有内在的关联。美术板块中月相图的图片动画与科学原理探究息息相关。生活健康板块中月饼饮食搭配禁忌与科学成分间的反应有关联。生活健康板块中制作月饼的成分、配比，与数学板块中的包装与定价是密不可分的，收集到第一手较为精准的尺寸，判断形成月饼的一般制作尺寸，选配省料合理的包装盒，材质、价格、美观度方方面面都需要考虑，因成分不同、原材料不同而核定的价格也会有所不同，还需要考虑适用的消费群体……给予孩子们融合了多个学科，且社会性极强的复杂情境下的数学问题解决实例。类似于此板块间的勾连和交叉不一而足。一个个任务群，将目标、课时、情境、知识内容有机组合成结构化的整体。大视野，着眼于同一主题；大项目，表现在任务群需要孩子们智慧统整，选择多元学习方式才能顺利完成；大问题，体现在并非指向于某一个知识点而是基于年段核心素养和关键能力，"对标"需要学生达成的能级层阶。

3. 教、学、评一致：构建全流程评估磁力场

围绕可视、可测的教学目标，在学习前、中、后进行方式多元、主体多元的评价，

可以有效提升学习效果,同时促进学生更自觉进入学习。

(1) 学前的单元预评估

在学习本单元内容之前,有两个层面,教师层面的预评估即是对教学前的预设,也就是应然状态。学生层面的预评估则是通过学生自我表达画出单元思维脑图,也就是实然状态。通过单元预评估一方面学生能感受到自己在本单元学习中的薄弱所在;另一方面教师在可以更好地了解学生对本单元知识掌握情况的同时,还能掌握学生思维的层次,甚至会有开拓视野的结构性资源产生。

(2) 学中和学后的过程性、形成性评估

过程性评估与大单元主题教学任务同步实施,在过程中运用多元表征,采用多媒体手段有效收集数据信息,结合个人自评、同伴互评、教师点评等方式展开。形成性评估不同于过程性评价,虽然在进行连续反馈跟进,但是在价值取向上是以目标结果为导向,结合既定大单元教学目标,以多元呈现的方式,对学习效果进行柔性评价(表3-8)。如:上述案例4,我们设置了"我为月饼代言",呈现方式可以是文本的、图表的、思维导图的、海报式的、演讲式的,还可以是表演互动式的。当学生通过智能化健康数字平台了解到食用月饼的糖分如此之高,饮食需要适量,对自己进行食品模拟配比后,后台让结果前置,警戒不良饮食,鼓励合理膳食。学生能更好地学会自控,同时当两周减重后学生更能感受自控的能量。

表3-8 数学大单元教学评价表

评价维度	原有教学评价	大单元知识结构教学评价
评价指向	知识性	知识、思维、情感兼顾
评价来源	教材与配套练习	收集、选取、改编、创编
评价关注点	注重完成	反馈互动
评价难度	简单	多数简单,少数较难
评价类别	纸笔练习为主	预评估、形成性与总结性评估相结合

以人为经,以知识为纬,以核心素养关键能力为导向,采用大问题、大任务、大项目的方式展开教与学,对教师和学生都是变革性的挑战,但师生在这样的过程中能更好地提升能力,促进经验的交流与分享、深度学习的发生与生长。

第四节　进与阶：数学单元教学中大任务的设计与实施
——以"四边形的认识"单元为例

在素养导向的数学单元学习的构建中，完成任何活动都有一定的动机，即要达到一定的目的，完成一定的任务，单元大任务具有重要意义。儿童对数学知识的理解是通过一个又一个任务来完成的，设计单元学习任务链，需要建立在课程标准的理解上、在对儿童学习起点的把握上、在对单元核心知识结构的脉络上、在单元目标的设计和把握上。正确认识单元大任务的价值，精准设计单元大任务，通过不同的数学学习任务链的匹配与推进，让儿童参与到一系列有意义有价值的数学学习活动中，并能运用所学知识运用到新的情境中，解决真实的实际问题。下面以"四边形的认识"这一单元主题为例：

一、小学数学单元学习任务链的内涵要素

数学单元学习群的设计立足于发展儿童数学学科核心素养的需要，整合教学内容，以核心知识为明线优化认知结构，以数学思想方法为暗线，以数学学科核心素养为轴线；而纵线贯通需要用一定的方式将单元学习群组织起来，避免学习内容的碎片化、素养培养的割裂化。在单元学习群的组织方式中，无论是大观念的落地、大概念的理解还是大问题的探索，都离不开"大任务"的实施，大观念是通过任务驱动落地到位，大概念也需通过大任务得到深度理解，大问题可以不断转化为大任务。单元学习任务链设计，有着独特的价值内涵。

1. 把握数学单元学习任务链的内涵

围绕数学单元整体教学目标，提炼出核心问题，将数学核心问题转化成具体的、有挑战性的学习任务，才能让儿童的学习序列得以展开。需要把握数学单元学习任务链的系统性、逻辑性、一致性的内涵，从而形成数学学习前后关联、逻辑一致的任务序列。

系统性。数学单元学习群构建中设计的任务链，是指向单元目标的任务集合，这样的任务集合是一个系统。有着系统性的任务链不是一个个任务要素的组合，

而是一个有着"魂"的整体。如四边形的认识的核心之"魂"是"边和角的元素分析",是对空间物体或图形的形状、大小和位置关系的认识。小学对四边形学习分两个阶段:低年级从整体认知;高年级则需要从边、角等元素进行分析。就"边"而言,有数量关系和位置关系,即四边形具有两组对边,边与边可以是平行、垂直等关系;就"角"而言,四边形的内角可以是相等、互补等关系。抓住了"边与角的元素分析"就抓住了四边形教学的"魂",就能够实现有效迁移。

逻辑性。单元学习任务链设计的出发点是让儿童像数学家一样思考或解决问题。指向学科核心素养的数学单元学习群的设计,指向的是数学知识的内在网络、逻辑结构的立体体系、思想方法的综合运用、学科核心素养的发展;而这些目标实现的底层逻辑是数学学习任务链的设计:让儿童像数学家一样思考问题、解决问题,这些需要把数学内容之间内在的结构性以及任务的一致性交织在一起。以逻辑性的整体来呈现数学内容是单元学习任务链的特征之一。

贯通性。"四边形的认识"中,第一学段从图形的整体上认识;第二学段从图形的元素之间、边与边的关系、角的大小关系位置等再一次认识平面图形;从第一学段到第二学段,都需要用单元思维贯通,从整体感知到元素分析,从大小关系到位置关系,从直观水平到描述水平,将"数学大观念"落地,需要将单元整体把握下的任务链,通过连续、不断进阶的学习任何组合,形成系统,发挥任务链的价值,为学科核心素养落地提供支架。

2. 厘定数学单元学习任务链的要素

(1) 单元大任务置身于"概念图谱"中

大单元教学的首要任务是构建单元概念体系,单元大任务的设计需要置身于梳理大概念统摄下的"知识树"结构中,形成概念图谱。因此在"四边形的认识"这一单元整体设计中,设计的学习任务链必须能放在厘清核心知识的内在脉络之中,以数学学科核心素养为导向,以单元"四边形概念"体系为锚点(图 3-14)。

(2) 单元大任务侧重于"表现性任务"

数学单元学习群中构建的任务链更侧重于"表现性学习任务"。表现性学习任务关照的是学科属性与儿童数学学习的个性和多样性;表现性的任务能支持每个儿童学习风格的独特性和差异性;按照不同的学科进行细分,在突出学科属性的同时研究如何帮助儿童进行多样化、个性化的表现。如在"四边形的认识"这一单元

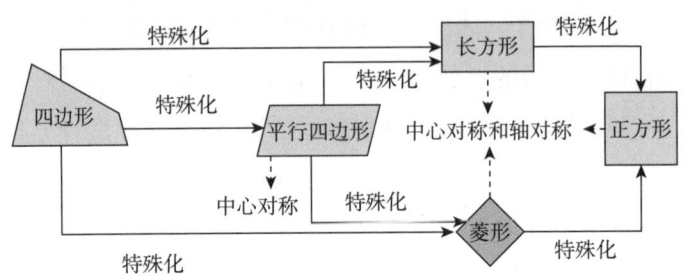

图 3-14 "四边形的认识"核心知识内在脉络

中的"平行四边形和梯形的认识"这一内容中,我们设计了"用图形(长方形、三角形中任选 2 个)"交叠出新的四边形的表现性任务:

任务一:试一试,用两个图形叠一叠,你能够叠出怎样的平面图形?

任务二:叠一叠,每个人任选两个图形重叠在一起,小组能想办法叠加出不同的四边形吗?

任务三:分一分,把你叠出的图形拿出来,小组能将叠加出四边形的情况分分类吗?

任务四:比一比,同一类图形中有什么相同的地方?

任务五:展一展,交流小组合作的情况(每个小组拍照上传平台),列出不同的四边形:长方形、正方形、平行四边形、菱形、梯形、任意四边形等。

任务链的设计紧扣单元学习目标,儿童每完成一个任务都在不断进阶思考、继续探究并将已有经验有效地迁移与应用,逐步深入理解学科(或跨学科)大概念。

(3) 单元大任务核心是"结构性思维"

指向核心素养的单元学习任务链的整体设计、规划和整合中,基于儿童认知发展特征和学习需求构建任务的统一体,其关键核心在于发展儿童的结构性思维。在四边形的认识这一单元学习中,原本教材编排中是把底和高的认识分散在各个图形的认识中,如何能让儿童系统性认识底和高的大概念、形成结构性思维?我们特别把几何图形中比较抽象的"底和高"整合成一课时,从儿童的角度来看,就能更好地把握学习的重点,具有较强的结构性,对帮助全面深入理解图形的特征、"高"的本质具有很高的价值。这些内容构成一个整体,并且内部之间具有由易到难的逻辑关系。在学习过程中,儿童通常会整合和协调使用这些内容来完成单元学习任务,而学习任务链的设计,让儿童对数学学习内容从"碎片化"走向"结构化"(图 3-15)。

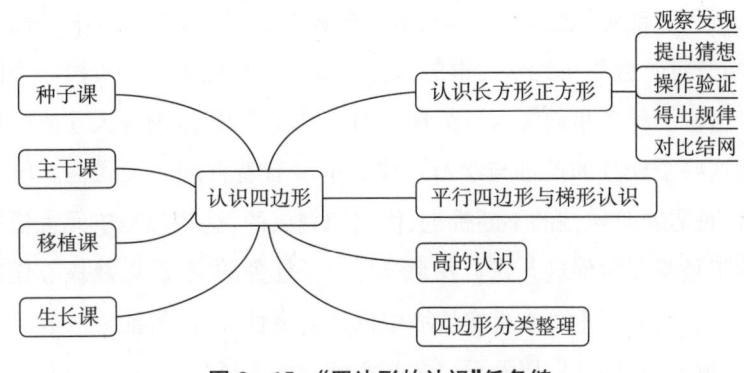

图 3-15 "四边形的认识"任务链

二、小学数学单元学习任务链的类型构建

基于单元整体把握课程内容的核心结构,基于数学大观念、提取数学大概念、设置任务链,通过"少量主题的深度覆盖",促进儿童数学的概念性理解,促进数学迁移能力的发展。

1. 明确数学单元学习任务链的设计原则

数学单元学习任务链的设计紧扣单元目标,既承载着对单元的核心知识的理解,更指向表征与匹配单元核心问题的解决。单元学习任务链是可见的、可评估的,数学单元学习任务链的设计要把握四个原则:

(1) 单元目标与任务链的"一致性"

学习任务指向一定的学习目标,任何单元学习任务的完成,都是建立在单元教学目标达成的前提下,缺少了目标导向的任务是没有方向的。在素养导向的数学单元学习群的任务设计中,学习任务是需要综合运用各种知识、经验以及技能完成的;这样的学习任务必须和学习目标相匹配,成为单元设计的重要组成部分。格兰特·威金斯等在单元设计三阶段(确定预期目标、确定评估证据、设计学习体验与教学)的相关阐述中明确提出:"虽然这三个阶段表明了设计的逻辑,但并不表示在实际操作中必须遵循这样的步骤完成。"从这里可以看出,任务设计的方式、时间不是关键要素,关键的逻辑是单元目标和任务链的一致性,在目标与任务的"互动"中实现一致性考量。

(2) 单元大任务与子任务的"关联性"

单元大任务"确定"之后,要分解、落实到课时子任务,在实践中子任务的实施也需要不断修订。数学单元学习群的大任务设计需要化为一个阶段一个阶段的子任务推进,这些子任务指向深入持久理解的"大概念"设计,围绕大任务中核心问题而设计;而这些子任务的推进与学习迁移的情境有着合理的关联性。单元学习的大任务设计是需要阶段性的不断推进、优化和完成的,这些都是单元大任务的重要组成部分,正是基于对促进儿童自我系统打开子任务的完成,以及核心任务与子任务的前后关联,我们侧重于在真实情境中设计表现性任务,将抽象的数学大概念转化为可以理解的情境问题,以及可以参与实施的任务链。

(3) 单元任务间组合的可"操作性"

数学大单元学习任务镶嵌在儿童的数学学习活动中,活动的设计要指向儿童的操作性,这样的"可操作性"的任务设计包含三个层次:一是动作水平上的操作,学习活动更指向儿童的操作,呈现的是儿童充满兴趣的"动"起来;二是表象水平上的操作,数学学习任务是将儿童的专注力安放在与某一个数学内容相关的一系列有思考、有挑战的问题上,发展动作性思维、形成表象;三是抽象水平上的操作,数学的任务具有挑战性和复杂性,高层次要求的学习任务更加凸显核心问题,需要儿童在已有数学经验中唤起新的思维爬坡,寻找不同数学内容之间或数学与非数学领域之间的联系,在富有挑战性的思维之旅中完成抽象。

(4) 单元学习任务的可"评估性"

数学单元学习核心任务往往侧重于表现性任务,表现性任务的评价能更好突出教学评的一致性;在设计与实施数学单元学习核心任务的过程中,我们注重在真实的情境中引导学生学习新知、探索特征,并抽象出数学模型。这一过程性任务旨在通过外显行为的方式,促进学生的深度学习与全面发展。整个学习过程作为评估的载体和依据,可以随时监测、调整和优化,具有多个维度的学习成果可视化;通过核心任务完成的评估情况,全面了解儿童在不同侧面是否达成了学习目标、理解了大概念。通过单元目标分解为双向细目表,通过指标清单、过程性反馈、反思优化,也是表现性任务的价值体现。

2. 研究数学单元学习任务链的基本类型

在设计单元学习任务时,教师要为儿童提供尽可能多的表现形式与可支持的支架,让儿童自主选择,合作探究。为达到这一目标,教师首先要研究小学数学单元整体教学中常见的任务类型。

(1) 递进式任务链

单元学习任务链的设计能够指向核心任务、回答核心问题、逐步深入理解数学大概念的过程。在递进式任务链的设计中,关键要把握"序",首先是单元核心知识的"序",理清知识之间的关系脉络,形成核心任务和核心知识的一致性;其次是厘清思维方法的"序",针对"四边形的概念",让儿童形成对图形研究的一般性思维结构,培养儿童的数学关键能力;再次要厘清学习活动的"序",以情景、任务以及问题三要素为载体,核心任务通过相应问题的设计引导,来匹配学习的目标设计、单元的内容要求、儿童的认知水平,并贯穿单元学习始终,促进儿童的自主建构。

这里的数学学习任务链由三个学习任务组成(表3-9)。三个学习任务是递进关系,递进式的单元核心学习任务的设计需要在核心问题的引领之下,通过子任务的序列推进,任务链结构的逻辑关系清晰,前一个任务完成形成的结论与经验会运

表3-9 递进式任务链样例

核心任务	一级子任务	情境问题	设计意图
如何找到一个图形对应的底和高	子任务一:认识梯形涵洞的限"高"	问题1:为什么卡车未能通过	递进式任务链设计,是基于单元学习目标,通过设计核心任务,并将核心任务分解为三个子任务,并通过核心问题的引导,循序渐进形成对底和高的意义理解,促进儿童对数学概念的整体构建
		问题2:你能找到限高的线段吗	
		问题3:这样的线段有多少条	
		问题4:如果把梯形横放,你还能找到底和高吗	
	子任务二:如何确定平行四边形花圃的高	问题1:联想:由梯形的高的寻找、识别、建构,让你联想到了哪一类图形的高	
		问题2:你能用刚才的探究经验研究平行四边形的高吗	
		问题3:辨一辨你能找到对应的底和高吗	
	子任务三:各图形的底和高长得一样吗	问题1:你能找出给定图形的底和高吗	
		问题2:对比两个梯形和平行四边形这三个图形的高,你有什么发现	
		问题3:结合你们的发现能不能说一说什么是高	
		问题4:今天再次认识了高,你能联想到以前学过类似的知识吗	

用到下一个学习任务的展开之中,通过以课程标准为导向,通过具有思维进阶性的问题引导,按照一个系统而科学的程序,促进教、学和评价之间的一致。

(2) 并列式任务链

儿童数学学习的核心板块是通过若干学习任务组合而成的,这些学习任务有着内在的脉络,前后连贯形成一个系统。并列式的任务链是在单元大任务的"统摄"下形成的,任务链上的各个任务之间是同步进行的,每单个学习任务都发挥着各自的功能。每个课时子任务与单元大任务都有着紧密的关联,主要有两种表现:一是并列式直接关联,单元大任务围绕核心问题"分解"成一个个课时子任务,子任务的完成总和表示单元大任务的完成;二是内隐式间接关联,任务和任务之间是有着目标主线贯通的任务链式场景,同时单个任务随着场景的变化所获得的知识、经验和思维方式也可以得到有效迁移(表3-10)。

表3-10 并列式任务链样例

序号	内容	核心问题	任务设计
1	相交和垂直	1. 你知道两条直线相交的位置关系是怎样的吗? 2. 互相垂直与相交有怎样的关系? 3. 你能认识垂线并学会画已知直线的垂线吗	任务一:画一画,试着画两条相交的直线; 任务二:说一说,小组里交流比较哪种画法特殊; 任务三:做一做,借助工具过直线上(外)一点到已知直线的垂线
2	平行	1. 你能从哪些方面看出或证明两条直线不相交呢? 2. 你能对照实际图形判断出两条直线是互相平行的吗? 3. 你能用工具画出一组平行线吗	任务一:对比两条直线的位置关系的不同表征图,借助实物(直尺、方格纸等)理解不相交以及平行的内涵意义; 任务二:到生活中寻找平行、验证平行; 任务三:想办法在空白纸上画一组平行线并说明理由

每个数学学习的板块都有着目标的指向以及相应的核心问题引领,核心问题都会对应着一个个相应的任务,这些任务形成了并列的数学学习任务链。每个数学学习模块都有着内部结构,这些结构也呼应着数学单元学习任务链的结构。作为数学单元整体教学而言,需要关照大观念、大问题下的各个学习任务之间的逻辑关系和演进序列。

(3) 混合式任务链

"本质和迁移"是单元学习任务群设计的属性特征,要求儿童能理解知识的本质属性，并能整体把握知识的内在结构，从而促进深度加工，并能迁移运用到新的情境中。因此在任务链设计中，时常会用到混合式任务链。在"四边形的认识"这一单元中，为了促进学生对四边形认识的完整性以及体系性，我们增加了菱形的内容，并设计了四个任务单：

任务一：用小棒拼四边形。通过选择四个合适的小棒拼一拼，你能拼出各种四边形吗？拼出的四边形你都认识吗？哪些研究过了？

任务二：你能借助之前研究长方形、正方形的研究思路和经验研究菱形吗？把你研究发现的特征与方法记录在学习单上；

任务三：在小组里交流分享每个人的研究所得，并将菱形的特征整理成图，对有争议的部分加以标注；

任务四：小组合作分析研究菱形和其他四边形之间的关系。

在数学单元学习混合式任务链中，有并列的，有开放的，有选择的，也有递进的，这些任务根据学习的需要交叠使用，前后相连，层层递进。将菱形置于四边形的大背景中，认识、辨析其与长方形、正方形、平行四边形、梯形的逻辑思维关系，大量的直观感知使儿童头脑中形成了关于菱形基本形状的清晰表象；美妙的图案欣赏为中学学习菱形的定义、性质、判断奠定了坚实基础；菱形特征的探究是对之前图形特征研究经验的迁移与运用，图形的分解和组合学习，也为后续学习与其他平面图形积累活动经验。

三、小学数学单元学习任务链的实践构建

数学单元学习任务链在核心知识探究、核心问题解决中都有着重要价值，是儿童开展数学持续性研究的桥梁；数学单元学习中每个问题的解决都是为完成这一阶段任务做准备。这些任务链从设计到实施需要有相应的实践链条，也需要有相应的脚手架支撑，还需要把握"度"，避免产生链式效应，而让儿童数学技能缺失。

1. 贯通观念、问题、任务设计"三连环"

数学单元学习任务链的设计，一般要从大观念出发，厘定这一单元的核心问题，然后生成相应可操作的系列任务单，把握好这三个环节，也就有了单元整体把握设计学习任务的完整逻辑。

(1) 梳理单元内容领域的大观念

大观念包括核心知识、核心思想、关键能力等等。将大观念分解为每个板块内容的具体观念,每个内容对应的预期目标、具体实施等等,逐步实现观念的落地以及单元实施中素养的进阶,从而形成对这一单元内容的整体把握。如"四边形的认识"这一单元中,我们梳理相应的观念如下:观念1:知识的来龙去脉。通过平行四边形边角的特殊化,有长方形、菱形及正方形等特殊四边形。四边形认识是掌握几何研究的一般思路,为后续圆等几何内容奠基。观念2:思想方法的前后贯通。知识体系构建采用一般到特殊的思想方法,性质规律研究利用归纳法推广到一般;在几何问题解决过程中体验化归思想。观念3:素养发展的上承下接。蕴含梳理知识框架所需要的数学抽象素养以及在问题的推算中所需要的逻辑推理素养,发展空间观念,真正实现数学育人的价值;不断体现在支撑大观念的不同单元的进阶上。

(2) 对应单元学习本质的大问题

单元教学设计与实施是基于单元具体观念的,单元学习任务目标指向单元具体观念,也对应数学单元核心问题。在具体数学学习单元中,儿童形成数学单元具体观念要经过自己的独立思考、合作探究,而思考和探究都要靠人问题引领。因此需要在大观念的引领下设计有价值有意义的"单元核心问题群"。要达成单元教学目标,需要怎样的大问题?大问题如何分解成可以让儿童探索的问题串?需要多少个问题合适?这些问题需要形成富有逻辑的关键问题链。核心问题一方面要紧扣学习内容的核心本质,另一方面要与这一单元的具体观念对接,要将这些关键问题(子问题)设计成具体可以实施的学习任务呈现给儿童。核心问题关照下的单元学习任务不断引领儿童探究学习内容的本质,感悟数学思想方法,建立数学模型,优化思维方式,积累数学活动经验,促进数学的概念性理解。

(3) 设计数学单元学习的大任务

围绕单元具体观念,以及提出的核心问题和分解出的若干个小问题,以"平行四边形和梯形的认识"为例,我们形成各课时对应的学习任务链(表3-11),单元学习任务设计的核心问题与相应的要求可以以列表或提纲或思维导图的方式整理出来,在任务表中,可以看到内容与问题、问题与任务之间的匹配与关联。这些学习任务的要求符合单元或课时的主题,能够确保儿童在相应的时间内完成任务;同时在任务设计中需要做个体、群体等活动的设计,若干活动可以组成一个任务。

表 3-11 "平行四边形和梯形的认识"学习任务链

内容	核心问题	学习任务
平行四边形的认识	1. 平行四边形具有哪些特征,你能研究出来吗? 2. 平行四边形和之前学习过的哪些图形有关系? 3. 你能画出平行四边形的高吗	任务一:小组合作探究平行四边形的特征; 任务二:梳理平行四边形和长方形正方形的关系; 任务三:了解平行四边形在生活中的运用,体会其不稳定性; 任务四:学画平行四边形的高
梯形的认识	1. 梯形具有哪些特征? 2. 你能找出梯形各部分的名称,画出梯形的高吗? 3. 有哪些特殊梯形,你认识吗	任务一:运用工具(点子图、格子图以及直尺、三角板等)画出不一样的梯形; 任务二:和同桌介绍你画出的梯形,并说明理由; 任务三:你觉得梯形可以与哪些图形作比较,有何异同

从一个大观念开始,分解到具体观念,再从具体观念中提炼出单元大问题,并从大问题中细化出具体小问题,匹配相应的学习任务,最终真正到儿童手里的是学习任务单,从而形成基于单元整体把握设计学习任务的演进链。

2. 合力设计单元学习任务的"三联单"

单元学习任务单是教师围绕单元学习目标、学习内容以及儿童认知起点设计,并提供儿童进行自主学习的载体,具有导向性、层次性、差异性、反馈性等特点。学习任务单分为"单元要素设计中的前置学习任务单""课堂教学中的合作学习任务单"和"单元整体评价反思中的后设任务单"等三类。

(1) 课前:前置学习任务单的设计(图 3-16)

儿童的数学学习活动是循序渐进的,前置性学习单的设计关照的是儿童数学学习的起点性确认、情感性联结以及思维性抛锚。可以是以预习新知为主的前置任务单,也可以是以方法迁移为主的前置任务单,可以是以知识构建为主的前置任务单,还可以是以资源整理为主的前置学习任务单,这是一个依托前置任务单为载体,借助各种素材进行旧知还原、独立思考、前置学习的过程。前置学习任务单就是一个支架,也是引导,让儿童在目标引导和任务驱动下自主学习,积极探究,为新知的学习奠定基础。

而教师可以在前置性任务单的反馈中收集儿童数学学习的问题、难点与堵点,通过儿童的前置反馈来调整优化教的内容和教的形式,可以更好地驾驭单元内容的本质,有效提升课堂的效度。要达到这样自主学习的效果,教师就必须根据儿童

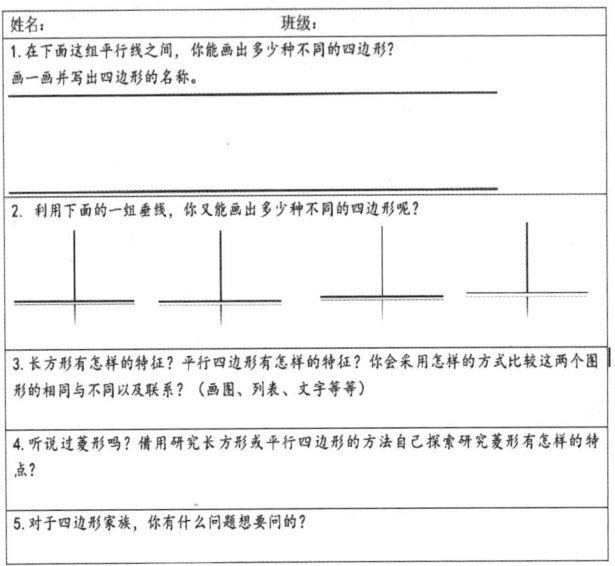

图 3-16 "四边形之家"前学单

的逻辑起点以及内容的内在结构,设计出有一定挑战性的、激发儿童兴趣与参与度、催生儿童的体验感与成功感的前置性学习任务单。

(2)课中:课堂学习任务单的设计

在数学单元学习群的构建中,任务链是基于单元大观念以及大问题这一主线而展开设计的;而作为大观念的教学目标始终处于单元整体教学的核心位置;在"四边形的关系"这一教学中,围绕两个核心问题:哪两个四边形之间是有联系的,你能找到它们的相同与不同吗?哪三个四边形之间是有联系的,你有哪些方式可以表示出它们之间的关系呢?以以目标为旨归的系列问题链为导向,通过任务单构成一个个通向目标的具体步骤(图3-17)。

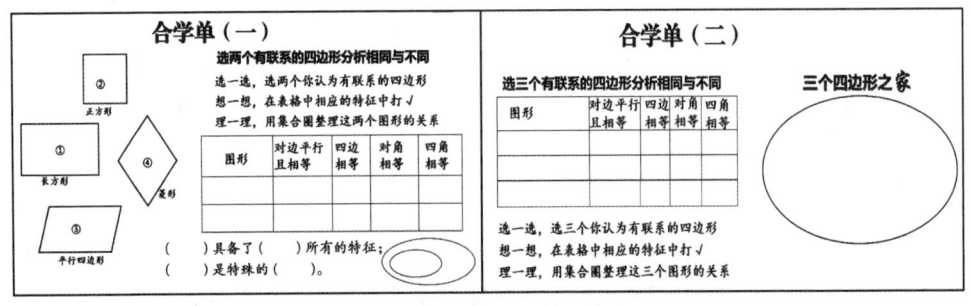

图 3-17 "四边形之家"学习单

通过学习任务单的设计,推进教学进程,能有序地优化教学资源,促进儿童自主展开学习。通过任务链的导航,儿童会有目标、有计划、有步骤地参与系列化的数学学习活动,围绕学习目标,探究核心问题,感悟思想方法,积累数学活动经验,达成预期学习效果。

(3) 课后:评价反思任务单的设计

单元学习任务链的设计从单元主题出发,在国家课程标准指引下展开设计可选择的表现性任务和评价参考,需要在单元中定位任务类型、围绕单元主题和核心问题,将活动分解成任务,设计单元任务链,嵌入各个课时,展开学习过程。任务单具有多样性、层次性和评价性。

一个核心学习任务会包括若干个学习活动,而活动是实施任务的主要路径,教学活动可以转化为互相关联的表现性任务;表现性学习任务的关键表征是将儿童的学习过程展开和学习结果可视化,在儿童完成任务的过程中,任务单的反馈可以让教师实时观测、调查、监控、反馈儿童的学习情况,不断地调整教学,做到"精准的教""匹配的学",根据实际情况调整完善教学内容与方法,见表3-12。

表3-12 "四边形之家"单元评价目标

评价旨向	评价内容	评价类型
知识与技能	1. 是否掌握各个四边形的基本特征并加以表征	总结性评价
	2. 是否掌握四边形之间的关系,能形成相应结构	
	3. 是否掌握四边形的判定思路,能否灵活解决实际问题	
过程与方法	1. 能否运用已有经验开展研究学习	诊断性评价
	2. 能否运用方法迁移开展探究活动	形成性评价
	3. 能否运用知识、方法解决生活中的问题	形成性评价
情感态度与价值观	1. 能否将未知探究转化为已知进行解决	形成性评价
	2. 能否愿意积极形成各种相似结构的联系、沟通与运用	

3. 科学把握单元学习任务的"链效应"

单元学习任务链是一个系统,是一个整体,不是简单要素的叠加。每一个任务链具体化为一系列可操作的流程,形成相对完整的任务设计,成为一个集合。单元学习任务链中,一般后一个学习任务的实施都是建立在前一个任务实施产生的结论的基础上的,所以每一个任务都需要充分展开,尽可能达到预期效果,否则会对后面的任务产生连锁反应,这种影响就是"链条效应"。如混合式数学学习任务链是最复杂的一种数学学习任务链类型,在进行设计的时候首先要做到层次清晰——哪些是并列的、哪些是递进的,而后综合地把握,不宜过长;各种类型的任务在实施时不是孤立的,各任务形成了互相勾连、相辅相成的任务链条。因此在单元学习任务链的设计中,既要把握好单元学习任务的上限,也需要把握好单元学习任务的下限。以递进式数学学习任务链来说,数学学习任务的个数不应太多,要适中,任务太多太过密集会让学生疲于应对,会影响后续任务的效果,容易引起"链条效应"。并列式数学学习任务链设计的时候链条不应该太长,太长前后的连贯性会受到影响,容易将最初的目标搁置,可能会产生较严重的"技能缺失"。

【典型案例1】

有结构的教,促关联的学

——用单元思维设计"认识平行四边形和梯形"的教学

苏教版"三角形、平行四边形和梯形"单元以图形的视角分别教学三角形、平行四边形、梯形,知识点相对较为分散。如果从学生的角度出发,将图形的认识单独作为一课时,底和高作为一课时,就能更好地把握学习的重点,会具有更强的系统性,对帮助学生全面深入理解图形特征、体会"高"的本质有着很高的价值。而从"多边形的面积"这一单元的教材编排中,我们发现这三种图形之间是具有紧密联系的,再者图形的底和高其实都是为面积的学习做铺垫,基于此,考虑可以将这两个单元的内容进行统整,以"三角形、平行四边形和梯形"为出发点,引申出两条路线:一条为"认识"路线,一条则为"测量"路线。

在"认识"路线中,以认识三角形、平行四边形和梯形的特征为起始课,同时也是种子课,通过"点动成线"勾连起三种图形之间的内在联系,让学生在联系中强化各个图形的特征差异。再继续学习三角形的三边关系、内角和等知识。在"测量"路线中,我们以"认识底和高"作为多边形的面积计算的起始课,同时也是种子课,让学生充分认识"高",找到三种图形"高"之间联系的同时,也能清楚地知道"高"的作用,并能将"高"用于后续的面积计算上。

本案例以"认识平行四边形和梯形"为例,从单元整合的角度出发,分析教材、发现问题、重组教学。经实践证明,基于结构化的单元整合使学科知识更具系统性,教学更具结构性,学生的学习可以更有效且富有挑战性。下面截取本节课的部分教学片段,谈几点思考。

片段一:动手操作,交叠感知四边形的形象

师:孩子们,我们先一起来玩个"叠"影重重小游戏,在1号材料袋中有一些像这样半透明的图形。你可以任选两个,像这样交叠在一起,看一看,交叠出了什么图形?动手试一试吧。

课件演示(图3-18):

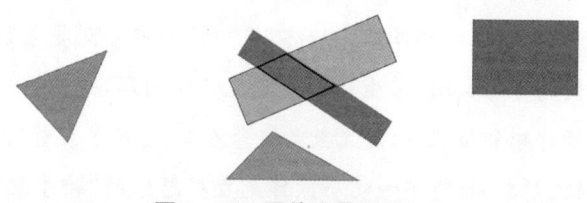

图3-18 图片交叠示例(1)

学生动手操作。

师:大家都交叠出了什么图形呢?谁来向大家介绍一下你用哪两种图形交叠出了什么图形?

生1:我用两个长方形交叠出了平行四边形。

生2:我用两个长方形还是交叠出了长方形。

生3:我用长方形与三角形交叠出了梯形。

生4:我用三角形和三角形交叠出了一般的四边形。

……

师:老师也收集了一些同学的作品,交叠出的图形你们都认识吗?谁能分分类,介绍一下?

课件出示(图3-19):

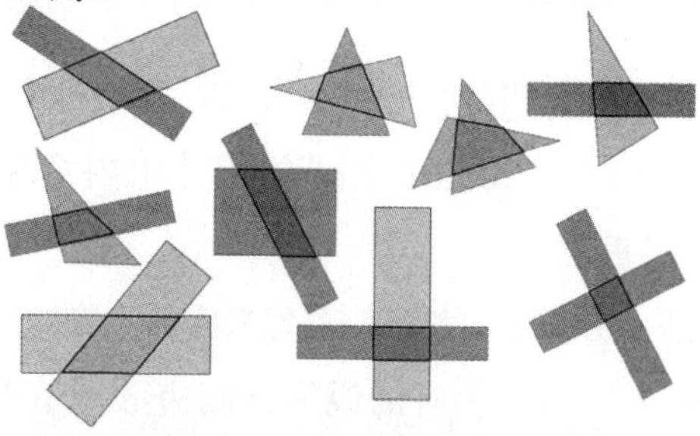

图3-19 图片交叠示例(2)

生:分类介绍交叠出的图形名称。

师:在这些图形中有一些我们已经认识并且研究过了,比如:长方形和正方形。还记得是怎么研究的吗?我们研究了长方形和正方形的什么?

师生一起回顾研究长方形和正方形的过程。

师:还有一些呢,我们还只是认识,需要进一步研究。我们先来研究两个长方形交叠出的平行四边形。平行四边形会有什么特征呢?

【思考】学生对于几何图形的认知热情一直比较高涨,因为他们喜欢动手操作、观察、思考,本节课以操作贯穿始终,用"叠"影重重交叠色带的游戏导入,创设了轻松愉快的学习氛围,学生在玩中发现数学问题,探究的兴趣也油然而生。学生在动手操作中积极探索,建立数学概念表象,运用了大量的直觉思维——归纳、类比、比较、想象、猜想……动手操作是直观思维的"脚手架",是理解核心概念的本质。学生用宽窄不一的透明长方形色带和不同形状的三角形纸片交叠,交叠出的图形中有一部分已经研究过,比如:长方形和正方形。顺势回顾长方形和正方形的研究过程。还有一些图形只是认识,还需要进一步研究。在这样的操作活动中去观察、分析它们的共性特征,此时学生的思维已经被激活,他们在抽象共性特征,概括本质,最后提炼出平行四边形及梯形的定义。

片段二:观察比较,合情推理四边形的特征

课件出示活动要求:

1. 猜一猜:平行四边形可能有哪些特征?

2. 验一验:你准备用哪些办法、工具验证你的猜想?(可以把发现标记在图形上)

3. 说一说:在小组里交流你的方法和发现。

4. 写一写:把你们发现的特征写在磁条上,并贴到黑板上。

(注意:一个特征写一张磁条,重复的特征可以不贴)

学生独立思考操作后,以小组为单位讨论,将小组内发现的平行四边形的特征写在磁条上,并贴在了黑板上。

师:哇,同学们真是太厉害了,发现了这么多特征。在这些特征中,我发现有一个词出现的频率很高——"平行"。有的说平行四边形上下两条边互相平行,有的说平行四边形的左右两条边互相平行,还有的说平行四边形的边是平行的,你们同意这些说法吗?

生1:同意,平行四边形的边都是平行的。

生2:我觉得应该说平行四边形的对边是互相平行的。

师:几组对边呢?数学是一门严谨的学科,谁能说得更规范?

生:平行四边形有两组对边分别平行。

师:我想问一问大家,你们是怎么发现这些特征的?是用什么方法验证的?

生1:我用的是画平行线的方法,像这样平移过去(操作演示)。

生2:我量出了上下两条边这两处的距离是相等的,左右两条边也是,平行线之间的距离处处相等,说明它的两组对边是互相平行的。

生3:因为长方形的对边互相平行,平行四边形的一组对边在长方形的一组对边上,所以平行四边形的这组对边也互相平行。另一组对边同理可得。

师:真是了不起的发现,借助长方形对边平行的特点推理出了平行四边形两组对边分别平行。你们听明白了吗?谁能再来说一说?

【思考】通过课前导入,学生已经对新的课程内容产生了自己的初步认知,对于平行四边形、梯形的形状、界定、概念等,有了一定的理解,此时,通过对学生进行概念上和内容上的进一步引导,使得学生对于新的内容产生了更加强烈的学习欲望和探索欲望,从而能够进入更加深入的观察、比较、推理,对新的课程内容研究更加深入;由此,老师再做进一步的辅助,可以达到对新课程内容的充分理解和消化。学生在发现平行四边形两组对边分别平行的特点时,是根据长方形对边平行的特点推理得到的;而在研究梯形的边的特点时,又可以根据先前的经验,从长方形的对边和三角形两条边的关系推理出,梯形只有一组对边平行。

片段三:模型迁移,顺势沟通四边形的联系

师:有一些图形它也非常特别,先请大家来判断一下,它们是不是平行四边形?

生:是平行四边形,它们满足平行四边形的特征。

师:它们可不是一般的平行四边形,而是一种特殊的平行四边形。

生:我认识它们,它们是菱形。它们的四条边都是相等的。

此时有一部分同学还不太理解,顺势开始研究菱形。

师：考考大家，你能从2号材料袋中找出菱形吗？动手试一试，看看符合我们的猜想吗？

生：符合我们的猜想。菱形除了两组对边分别平行，对角相等，四条边还都相等。

师：所以，我们说菱形是特殊的平行四边形。

师：刚刚我们一起研究了平行四边形，以及特殊的平行四边形（菱形）。回忆一下，我们是怎么研究平行四边形与菱形的？

生说一说，经历了观察、猜想、验证、结论等过程。

【思考】在研究平行四边形之后，顺势研究菱形，沟通了平行四边形和菱形之间的联系，这正是整合视角下的结构化思维模式。而后又理一理：我们一起来回顾一下我们认识平行四边形的过程。我们是怎样研究的？在之后研究梯形时，学生也借助这样的研究方法开展研究，培养了自主学习的能力，也建构起了研究图形的步骤及方法。

在开展板块教学时既要注重联系某知识点与其他相关知识点的横向联系，在探究时又要关注该知识的前置部分与后续延伸，这样才能开展更全面的探究活动。通过这种环环相扣的教学设计，以及互动模式，使得课堂更加系统，也更加鲜活起来。学生对新的知识以及接下来的内容更加感兴趣，这也是大单元视角的教学设计理念。

片段四：相似组块，整体建构四边形的模型

师：我们已经知道梯形的特征了，你能根据已经给出的两条边，画出一个梯形吗？

学生按要求画出梯形，教师巡视，并寻找画出的特殊梯形。

师：老师收集了一些作品，我们一起来看一看。仔细观察，这个梯形有没有特别的地方？

生：它的两条腰是一样长的。

师：你能给它起个名字吗？

生：等腰梯形。

师：了不起的数学家，都会给图形命名了。

师：这两个梯形又特殊在哪？

生:它们是直角梯形。

师:有等腰梯形,也有直角梯形,那有没有等腰直角梯形呢?

变一变:课件演示"梯形→等腰梯形→直角梯形→平行四边形→梯形→三角形"(图3-20)。

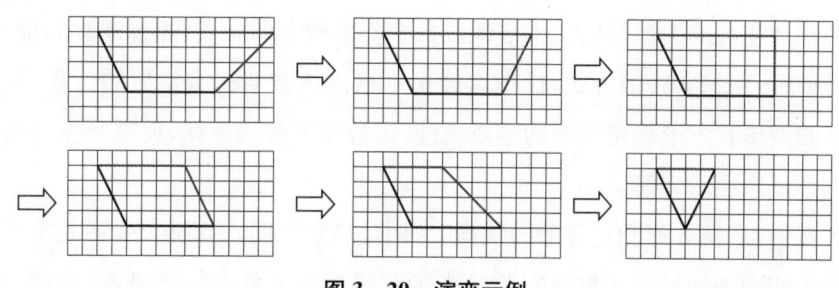

图3-20 演变示例

【思考】根据网格图上给出的两条邻边画一个梯形。学生要依据梯形的本质特征,思考补画的两条边分别要与哪条边平行,与哪条边不平行。同时,老师还鼓励学生画出与众不同的梯形,这更是对学生是否认识梯形本质特征的一次考验。发现特殊:观察刚才画出的梯形,有没有形状比较特殊的?尝试描述:这两个梯形特殊在哪?能给这两个梯形起个特殊的名字吗?推理分析:什么样的梯形是直角梯形?什么样的梯形是等腰梯形?质疑:有没有等腰直角梯形?通过合理想象、画图等方法求证。在演示变换过程中,学生发现,要让图形变成既是等腰又是直角的梯形,那它就成长方形了,所以不存在等腰直角梯形。通过"点动成线"也勾连起梯形、平行四边形、三角形之间的联系,让学生在联系中强化各个图形的特征差异。相信这些经验的积累对他们后续的几何学习一定会有所帮助。

【典型案例2】

经历实验探究,积淀思维经验

——基于单元视野的"长方形和正方形的认识"教学设计与思考

苏教版三年级上册第三单元"长方形和正方形的认识"这一内容是儿童已经对长方形与正方形两个图形有了初步的认识,同时对直角、锐角、钝角等也能区分的基础上展开的学习,这是平面图形认识的关键一课。这一内容学习所形成的思维方式与认知经验,对后续其他平面图形以及长方体与正方体的认识、长方形与正方形周长和面积的学习都将起到重要的作用。

从编排来看这一单元知识点比较零碎,内容抽象,拓展内容多。考虑到学生的年龄正处于从对图形认识的直观感知层面逐步过渡到抽象概括阶段,是发展空间观念和推理能力的关键时期。本节课以数学实验教学的方式,通过观察与猜想、操作与验证、运用与实践的方式,让学生经历了概念探索与思维发展的过程,从而抽象概括归纳出长方形和正方形的本质属性,以数学实验为载体,促进学生对长方形与正方形概念性的理解。

本案例以"长方形和正方形的认识"为例,以数学实验为载体、发展儿童的思维经验为旨归而展开教学。数学实验是为了获得或解决某个数学概念、规律(法则、关系)或问题,借助外在的物质和操作手段,通过量、折、比等一系列学习活动,进行数学探索的学习方式。数学实验将"做""学""思"合一,引导学生进行身心一体的具身认知,具有很好的直观性和探索性;积累学习图形特征的方法,为后续学习其他平面图形积累了基本的活动经验以及积极的思维经验,对学生的数学理解有积极的促进作用。下面截取本节课的部分教学片段,谈几点思考。

片段一:动手操作,唤醒已有认知经验

1. 找一找:在生活中认识长方形和正方形。

师:你能到生活中去找一找,哪些物体的面是长方形的?哪些物体的面是正方形的呢?

生1:桌子的面是长方形的;生2:门的面是长方形的;生3:魔方的面是正方形的……

师:同学们真善于观察!在生活中找到了很多长方形和正方形,老师也找到了一些,这些物体的面又分别是什么形状呢?

课件出示国旗的面、电冰箱的面……

2. 围一围:在操作中感知长方形的特征。

师:生活中有那么多物体的面是长方形,老师给大家准备了长短不一的小棒,请你选择合适的小棒,能不能试着围一个长方形呢?

生:选择合适的小棒与同桌合作围出一个长方形。

3. 比一比：在交流比较中发现长方形边的特征。

师：刚才同学们都试着围出了一个长方形，老师想围一个长方形，你看这些小棒可以吗？说一说你是怎么想的。

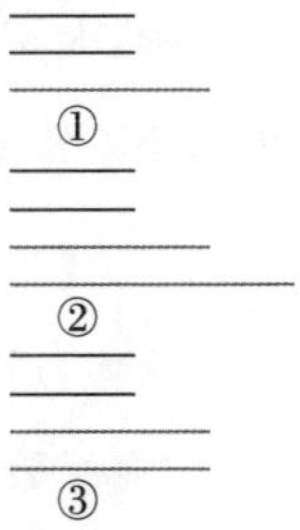

生：我们都知道长方形有4条边，所以需要4根小棒。

师：好，听你的，加上1根，可以了吗？

生：还不可以。

师：为什么还不可以啊？

生：第4根太长了；

师：那添上的这一根小棒应该是怎样的？

生：要变得跟上面那根小棒一样长。

小结：从刚才的实验操作中我们知道，围一个长方形要4条边，而且两组边也是分别相等的（图3-21）。

图3-21 小棒实验图例

4. 辨一辨：在资源分析中厘清长方形角的特征。

师：刚刚我看到有的小朋友是这样围的。（出示图3-22）它围出的是长方形吗？为什么？

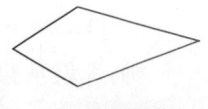

图3-22 出示图例(1)

生：不是，要上下两条一样长……

师：像这样面对面的两条边我们就叫做对边，你看上下是一组对边，左右也是——（生：一组对边。）你们认为长方形的两组对边会是——（生：相等的。）

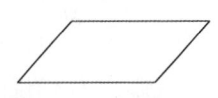

图3-23 出示图例(2)

出示图3-23。这样可以了吗？

生：不可以。

师：看来，光看对边相等还不行。

师：那你能把它调整成长方形？

师：你是怎样调整的？

生：要把它的角调整成直角。（学生投影展示）

师：那现在的图形是长方形了吗？

生：是。

师：通过刚才的活动，你觉得长方形有怎样的特征？

生：我发现长方形有4条边，且两组对边分别相等；有4个角，都是直角。

师：大家从这个图形中有了发现，那是不是所有的长方形都有这样的特点呢，我们还需要做实验来验证。

【思考】学生从已有生活经验出发，去寻找生活中是长方形或者正方形的物体，通过观察、收集长方形或正方形面的图形，联系生活经验，唤醒图形认识"前经验"。通过动手操作类实验，使学生在观察、操作、交流等活动中，获得认识简单的平面图形的直接经验。通过动脑、动手用小棒围一个长方形，在找一找—围一围—比一比—辨一辨的过程中，学生能发现对图形的特征探索需要抓住边和角两个关键要素。在探究过程中边操作边表达，引导学生逐步从对图形的直观感知走向能用语言描述图形特征，使学生初步感知长方形的概念，体会长方形的特征，为接下来的验证埋下伏笔。在直观想象、操作探究中，促进学生把生活经验转化为发展数学实践活动经验，促进数学的理解。

片段二：实验探究，合情验证长方形特征

1. 自主探索，验证边的特征（图3-24）

师：那就从边开始吧！你们感觉对边相等，那怎样来验证它呢？

生：用尺子量一量。

生：折一折。

师：像你们说的那样，选择你喜欢的方式（量、折、比等等）进行验证吧。

师：你是用什么方法验证的？

生：量出来是一样长的。

师：把你的长方形请到投影上，相等吗？

生：相等。

师：还有谁也是量的？量一量的小朋友挥手，你们有不相等的吗？

生：没有。通过测量发现长方形对边相等。

师：大家还有不同方法的吗？请这一位折一折的同学来给大家演示一下。

师：这样折了以后，验证了什么？

生：这两条边一样长。

> 实验一：问题：长方形的边有怎样的特征？
> 实验工具：长方形纸片、直尺、三角尺等。
> 实验步骤：1. 选择一种你喜欢的方式进行验证，可以量一量、折一折、比一比；
> 2. 把你的发现和同桌说一说；
> 3. 最后，把实验结论记录下来。
> 实验结论：长方形有（　）条边，对边（　）。

图3-24　实验一

师:通过动手操作,无论是量一量、折一折,大家得到的实验结论是什么呢?

生:对边相等。

师:我们对于边的猜想是正确的。

2. 经验转换,验证角的特征(图3-25)

师:那角的特征呢?打算怎样验证?利用刚刚的经验,也来做个实验。

师:谁来和大家分享你是怎样验证的?

> 实验二:问题:长方形的角有怎样的特征?
> 实验工具:长方形纸片、三角尺等。
> 实验步骤:1. 选择合适的工具进行验证,可以折一折、比一比;
> 2. 把你的发现和同桌说一说;
> 3. 最后,把实验结论记录下来。
> 实验结论:长方形有( )个角,都是( )。

图3-25 实验二

生1:用三角尺上的直角和这个角比。

师:你是怎么比的?谁上来比一比?我们一起来帮他数一数,比了几次?

生1:演示验证了4次。

师:他比了4次,有没有和他不一样的?

生2:折在一起比2次。

生3:折在一起比1次。

师:现在通过验证了,证明大家的猜想是对的,那么我们现在是不是可以说长方形有4条边,两组对边分别相等;有四个角,都是直角。

师:现在所有长方形都想去参加舞会,你能为这些长方形设计一张名片吗?(图3-26)

```
名字:长方形
来自:四边形家族
特点:_____
```

图3-26 舞会名片示例(1)

【思考】学生经验是在数学活动中产生的,在探究长方形的特征这一环节,通过带领学生经历"感受—猜想—验证—得出结论"的数学实验过程,发展了学生数学合情推理能力。在这一实验探索过程中,学生借助学习材料展开积极探索,经历了看一看、想一想、量一量、比一比、折一折等实验活动,亲身参与到有结构的操作和探索中,发现并验证长方形边与角的特征,其中也伴随着小组的合作、探究、体验与归纳。在实验操作中,概念被逐渐揭示出来。有了这样的学习经验,为接下来学生自主研究正方形的特征做好了铺垫。这种活动经验的习得,最终转化为学生思维层面的经验,即数学思维经验,从长方形边到角的验证过程,就是经验不断累积转换的过程,数学思维作用于验证的学习活动中,使学生的思维经验从点状走向系统,进而发展为数学思维,最终促进儿童对数学概念的本质性理解。

片段三:模型迁移,顺势推理正方形的特征(图 3-28)

师:刚才还有同学围了一个这样的图形,这个是长方形吗?

生:不是,是正方形。

师:看来,正方形与长方形有区别,有着自己的特征。那让我们为也想参加舞会的正方形设计一张名片吧(图 3-27)。

```
名字:正方形
来自:四边形家族
特点:_____
```

图 3-27 舞会名片示例二

师:你认为正方形有什么特点?

生:四边相等,四个直角。

师:这也是我们的感觉吧,接下来我们要干什么?

生:验证

师:是啊,我们也用一个实验来验证。请以四人小组为单位完成实验三。

```
实验二:问题:正方形有什么特征?
实验工具:长方形纸片、直尺、三角尺。
实验步骤:1.用量一量、折一折、比一比的方法
        来验证正方形的特征;
       2.动手做一做,做好可以和同桌说一说;
       3.完成实验结论。
实验结论:正方形有(  )条边,四边(   )
       正方形有(  )个角,都是(   )
```

图 3-28 实验三

师:哪一组愿意给大家介绍一下你们的研究思路?

组1:我们用量和比验证边和角的特点。

组2:我们用折的方法。上下对折让两条边重合,可以证明这一组对边相等;再左右对折让这两条边重合,同时证明这一组对边也相等(如图 3-29)。

图 3-29 对折图例(1)

师:四边都相等吗?

生:不能。

师:是呀,这种折法只能证明正方形对边相等。你觉得还需要证明哪条边和哪条边相等,也就说明四条边都相等了呢?

组3:还得证明上边和左边相等,(展示折法,如图3-30)这样斜着折,上边和左边也相等,四边就相等了。

师:是呀,有了这样的三次对折,现在能说明四边相等了吗?刚才这位同学想出斜着对折是关键!

组4:斜折再斜折,这四条边就重叠在一起,就能看出是不是一样长了。

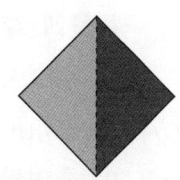

图3-30 对折图例(2)

师:通过验证,现在我们能确定正方形具有哪些特征,一起说一说。

生:四边相等。

师:现在,我们设计的正方形名片(图3-31):

名字:正方形名片
来自:四边形家族
特点:正方形有4条边,每条边都相等;有4个角,都是直角。

图3-31 正方形名片示例

师:通过数学实验,我们一起发现并验证了长方形和正方形的特征,长方形和正方形之间有联系吗?在小组里交流一下。

生:长方形和正方形都有四条边,对边相等,都有四个角,都是直角。

生:我认为正方形具备了长方形所有的特征。

生:我认为长方形是一个大家庭,正方形是这个大家庭中特殊的成员。

【思考】在研究完长方形的特征之后,学生已经经历了特殊到一般的推理,具备了一定的思维经验;在此基础上顺势研究正方形的特征,教师完全放手,让学生借助先前学习长方形特征获得的数学实验方法、积累的思维经验,迁移研究正方形边和角特点。引导学生通过数学实验体会感悟正方形的特征,使学生"想推理";引导学生通过数学实验操作、比较、分析正方形特征的思维方法,使学生"会推理";引导学生通过数学实验发现正方形特征的普遍性,用自己的语言加以表达,使学生"常推理"。在此过程中,儿童尝试探索初步运用合情推理和演绎推理的思维经验,促进了长、正方形特征的探索与其他相关知识点的横向联系;数学实验的设计,让儿童基于操作、迁移与类比,形成由个别到一般的不完全归纳思维,真正理解数学概念、图形的本质意义,发展思维能力,感悟数学思想,积累数学活动经验,学会用数学的思维方式探索问题。

片段四:综合运用,活用特征创造图形

师:刚刚大家认识了长方形和正方形,你们能借助手中的材料(小棒、钉子板、方格纸、三角尺等等),创造出一个长方形和正方形吗?

生:合作探究创造图形。

师:交流展示:对于他们小组的创造你有什么想问的吗?

① 钉子板:用了围的方法。

② 6根小棒:不是说长方形只有4条边吗?你们组为什么用了6根小棒?

生:两根搭在一起还是一条边,还是对边相等。

师:这一组很有创造性,利用多根小棒创造了不一样的长方形。

③ 三角尺:你们为什么选择两个一样的三角尺来拼呢?

生:对边相等。

④ 方格纸:(提供一条边画长方形正方形)

师:明明都是给你们一条边,怎么画出的正方形都是一个样子,而长方形却各不相同呢?

生:因为长方形有两组不一样长的边。

师:你认为确定长方形还要确定另一条边?那还需确定哪条边,请你来指一指。长的边和短的边,这两条边确定了,这个长方形就确定了,是这样吗?

生:是的,当两条边确定后长方形就确定了。

师:我们来看下,(出示一组相邻的两条边)现在你能想象出来吗?

生:一起想象一下图形的样子。

师:当长方形相邻的两条边确定了,这个长方形的大小形状就确定了。数学上,把长边的长叫作长,短边的长叫作宽。这个长方形的长、宽各是多少?

师:那么,你觉得正方形需要确定几条边,就能确定正方形的形状和大小了呢?

生:我们认为正方形因为每条边都相等,只需要确定一条边就可以知道它的形状大小。

师:是呀,正方形的一条边确定了,这个正方形的大小形状就确定了。所以我们只要给正方形的边起一个名称就可以了,正方形每条边的长叫做边长。这个正方形的边长是多少?

【思考】迁移经验与方法,让儿童对图形特征的认识在应用中生成,学生在丰富的材料中创造长方形与正方形,在实验操作中对数学图形进行自我表征,让思维看得见,让建构有支架。通过多种材料让学生动手做一做,让长方形正方形在孩子心中具体化、形象化,固化长方形正方形的概念,深化学生对长方形正方形特征的理解。在最后交流方格纸上画图形时,创造对比冲突,让学生自然感受到长方形的两条边有不同意义,沟通了图形之间的联系。通过创造图形的实践探索,让儿童对图形的认识从空间知觉到空间表象到空间想象到空间观念;深化了长方形邻边的长短确定一个长方形大小、正方形一条边确定正方形大小的特征,长方形长、宽的命名以及正方形边长的命名水到渠成。这也促进了儿童的深度思考,即形成较为严谨的探究思路,使儿童已经积累的探索经验逐步形成脉络,完善自我的思维体系,丰富思维经验。

【典型案例3】

任务驱动下的单元教学:以"复式统计表"为例

执教教师	庄薇	单位	常州市武进区东龙实验小学		
课题	复式统计表				
年级	五年级	学科	小学数学	课时	第 1 教时
一、教材分析					
"复式统计表"隶属"统计与概率"领域,是学生在初步认识单式统计表的基础上进行的学习。教材给学生提供结构完整的复式统计表,只要求学生把数据填写在统计表中,把四张单式统计表合成一张统计表,使学生认识单式统计表和复式统计表的关系,了解复式统计表的结构,并在填表后提出问题,引导学生对统计表进行分析。其后的练习都提供了数据,安排学生填表计算,并对统计表进行分析,其中练习二十第1题还安排学生调查、收集数据,填写统计表,经历统计过程。 如何厘定教材的内在脉络,需要我们有单元整体教学思维,教材理解把握三条线索: 线索一是"为什么学",厘定单元整体教学"大问题"价值线索。从单式到复式,不是简单为了完成制表,值得思考的问题是为何要引入新的统计方法,需求何在? 我们确定大问题线索是"学校体育节如何编排体育赛事",贴近学生生活、符合学生实际,让学生产生认识理解复式统计表的需要。 线索二是"学什么",明确数据分析观念"大观念"的目标线索。感知认识复式统计表的格式、各部分组成是比较容易的,但仅仅把重心放于此无疑是浅层的教学;了解复式统计表的结					

续表

构,对单式和复式进行对比,在结合统计表进行数据分析中体会其价值,并在填表后提出问题,引导学生对统计表进行分析,积累统计活动经验,发展数据分析观念才是旨归。

线索三是"怎么学",构建"统计"大概念教学的实践线索。(1)把握知识的横纵联系,把握单式到复式的进阶需要,把握复式统计表与未来复式统计图的衔接;(2)把握方法的上下贯通,学生经历收集数据、整理数据、描述和分析数据的过程,才真正认识和把握其结构和价值;(3)把握思维方式的前后联结,统计教学的核心是经历统计过程,积累统计经验,培养统计意识,探索复式统计表生成过程,贯通统计学习的整个体系

二、学生分析

把握学生的认知起点。本课学习是建立在学生已掌握了单式统计表的基础上的。学生已经对统计表有了一个初步认识,并且能够对数据进行简单的收集、整理、描述,能够将收集到的数据经过整理后填写表格,体会到统计表的一般特点,有了这些知识基础,可以很好地解决复式统计表的新知建构过程。

把脉学生的思维起点。杜威说:"教育即经验的改造或改组。"经历数据收集、整理、描述、分析的思维过程,了解复式统计表的特点,体会复式统计表和单式统计表的联系与区别,通过分析做出判断,体会数据中蕴涵着信息等解决问题的思维方式,对学生来说具有一定的挑战性。

把向学生的技术起点。三年级起学生就开始进行信息化常态学习,可以非常熟练地进行信息检索、平板互动、基本工具操作,有着生活中对虚拟现实的感知的经验。五年级孩子能借用技术平台积极探索,对AR等技术充满兴趣,具有同伴间有问题能够合作解决、有疑问敢于大胆提出的意识和能力。

【大数据分析】通过如问卷星或是钉钉等软件,让学生智能填表,有效掌握学情,这种调查更加精准。对比历届学生学习复式统计表情况得出分析:很多学生在学习完该课后缺少数据分析观念,原因是课堂强化复式统计表的名称与填表,对数据收集、整理、描述和分析经历感悟还不够深刻,未体会到数据分析的必要性,培养数据分析观念是本课重点

三、教学目标

1. 在具体的统计活动中认识复式统计表,通过信息技术支持,能根据收集、整理的数据填写统计表,并能对统计表中的数据进行简单的分析。

2. 基于生活情境解决问题的需要,依托信息技术融入,让学生经历收集、整理、描述和分析数据的过程,在认识、填写、分析复式统计表的过程中,体会数据中蕴含着丰富的信息,增强数据分析观念,在信息化操作中不断发展师生信息素养。

3. 借用虚拟现实,让学生进一步感受统计与日常生活的联系,增强学数学、用数学的主动性和积极性,感知大数据时代对生活产生的影响

四、教学环境

☐简易多媒体　☑交互式多媒体　☑网络教学环境　☑移动学习　☑一对一教学环境
☐其他

五、信息技术应用特色(应用技术、教学策略、预期效果等)(200字以内)

信息技术在数学学科教学中的应用已从"建设为基"迈向"应用为王"的新阶段:

一是平台支持自主探究学。运用希沃易课堂平台系统,实现资源包推送、学生自主学习、技术使用反馈,看到孩子对复式统计表产生的多元表征。

二是AR技术人机交互学。AR技术增强现实交互,采用裸眼3D技术,让孩子代入角色体验大数据时代一天生活,体会数据分析的价值。

三是微课资源伙伴分享学。将孩子们搜集有关统计表的过程发送到学习空间,使孩子们之间相互交流分享。

四是软件运用虚实混合学。无论是全息投影,还是平台即时反馈,再还是问卷星采集后数据使用,线上线下混合学习,将数据分析观念作为主线贯穿

六、教学设计
主要设计思路如下:

课前游戏感知数据 → 整理数据产生统计需要 → 自主探究构建复式统计表 → 应用生活内化统计观念 → 回顾整理深化统计价值

人机互动　　　　希沃平台整理入表　　　投屏填表对比分析　　　　在线共创表格　　　AR技术支持教学
激发运动兴趣　　数据分析产生冲突　　　自主探索四表合一　　　　经历调查统计分析　　评一致链
　　　　　　　　　　　　　　　　　　　完善复式统计表结构　　　感受数据变化　　　　表到图拓展延伸
　　　　　　　　　　　　　　　　　　　全息分享沟通单复式联系
　　　　　　　　　　　　　　　　　　　依托统计表分析数据

教学过程		教师活动	学生活动	信息技术支持（资源、技术、意图）
课前游戏: 我要上"亚运" 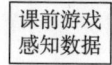		创设"亚运会"虚拟运动场景 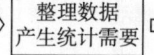	技术支持虚拟运动体验,采集每个儿童运动数据	AR技术虚拟场景让儿童直观体验,激发运动兴趣和对数据的好奇
任务一、整理数据,产生统计需要	1. 谈话引入:森林小学一年一度的体育节即将拉开帷幕啦。那么哪一类球类运动最受大家的欢迎呢? 2. 呈现数据:经过调查、收集得到了这些数据,读一读; 3. 整理数据:用表格整理真是好办法,看看一张统计表有哪几部分组成。 4. 小结指出:这是已认识的单式统计表,能清晰地反映一类数据信息	1. 创设情境。森林小学体育节的场景; 提出大问题:要编制体育节球类运动赛事,该怎么办? 2. 提出任务:提供课前调查统计得到的相应数据; 推送大任务:用平台推送数据,探索哪一种球类运动最受欢迎? 3. 引导整理:你有什么好办法能让数据更清晰,方便比较吗? 4. 回顾统计:回顾单式统计表的各部分组成	主题:我们爱运动 1. 选一选,选出最喜欢的球类运动; 2. 读一读,了解收集得到的数据; 3. 理一理,把其他三类也整理成表; 4. 明一明,理解单式统计表的各部分名称	设情境:通过视频快闪引入体育节的场景。 推资源:希沃易课堂推送资源与任务; 做任务:打开平板,拿出画笔,填写数据,点击提交即时反馈 请同学们打开平板,拿出画笔工具,把数据填写在表格中,填写后点击提交。

续表

教学过程		教师活动	学生活动	信息技术支持（资源、技术、意图）
任务二，自主探究，构建复式统计表	（一）在分析数据中产生复式统计表需要 1. 抢答游戏 通过四个问题的平台抢答，让孩子感受到：1、2两题能迅速答完3、4两题不易回答； 2. 引出课题 几张单式统计表合并成一张表，这就是我们今天要认识的复式统计表	1. 设计抢答赛。利用平台巧设问题，根据表格数据解决相应问题。 2. 激发需要。当一张表不足以反映需要的整体数据时，需要几张单式统计表合并起来	主题： 我是小小统计师 1. 答一答。看表格数据完成连续四问的抢答挑战。 2. 比一比。一张单式统计表不易解决后两个问题，对新知产生探索兴趣	运用希沃易课堂举手反馈功能，在抢答中产生问题。 利用平台记录收集学生的抢答情况，进一步了解学情，并确定教学路径
	（二）经历表格合并过程认识结构优点 1. 独立探索 提供学习单，把四张表合并成一张表。 2. 资源对比 分层呈现投屏比对你都看懂了吗？ 3. 优化完善 （1）着重调整优化表头的组成； （2）认识总计、时间、标题等内容； （3）形成复式统计表完整结构。 4. 分析数据 根据这张表，你获得了哪些信息？ 5. 沟通联系 比较单式统计表和复式统计表，比较其异同与各自优势	1. 资源呈现 教师收集挑选典型性资源分层呈现； 2. 交流对比 同步呈现资源，组织学生分析比较各类统计表的信息； 3. 完善结构 指导学生认识一张完整的统计表的各部分组成，着重指导表头以及总计等内容。 4. 分析思考 原来抢答赛中的两个问题你能解决吗？ 5. 比较异同 指导学生比较两种统计表的相同与不同，以及各自的价值	1. 自我独立探索，形成不同的统计表资源。 2. 分享交流不同的统计表资源，优化自己思路。 3. 认识结构 探索表头、学会总计、探索复式统计表的各部分名称：表头、横栏、竖栏、总计、标题、制表日期等； 4. 解决问题 抢答赛中的两个问题； 自主找表格中的信息	依托易课堂平台拖拽、勾画以及录屏等功能让学生进行自主探索。 在平台提交学生作品。 平台投屏实时反馈投票优选作品；利用信息技术使问题链的具体内容实现可视化，学生能够更加快速地形成逻辑思维链。 利用平台给学生推送微课堂，通过微课堂整体认识复式统计表

第三章 素养导向的小学数学单元学习群内容重组路径 119

续表

教学过程	教师活动	学生活动	信息技术支持（资源、技术、意图）
		5. 对比内化 对比这两种统计表，你有什么想说的	
（三）用复式统计表进行数据分析 1. 提问：你能快速判断哪一类球类运动最受大家欢迎吗？ 2. 看了这些信息，你还有哪些思考？ 小结：收集的数据整理成表分析，可为学校的决策提供依据	指导学生分析数据：如果你是体育赛事组织者，根据这些信息你会怎么做？如果你是学校课程组织者，你又会怎么办	1. 角色代入体育赛事编制者、课程设计组织者进行数据分析； 2. 解决生活中的实际问题	借助一些智能软件点击添加遮罩功能，将部分信息隐藏，凸显需要关注的信息
任务三、应用生活，内化统计观念	1. 体育吉尼斯大赛问题中的统计 问题一：设计从去年的五项比赛项目中优选三项作为保留项目； 问题二：讨论按照我们班统计结果设置全校比赛项目，可以吗？ 2. 老师加入吉尼斯大赛会发生什么变化？ 3. 让我们一起去亚运会看看奖牌榜情况	1. 布置调查统计任务； 2. 设计在线共创表格，指导分小组收集数据； 3. 组织对收集的数据进行分析； 4. 老师加入其中一项观察数据变化； 5. 设计在线搜索的任务	1. 调查本班同学体育吉尼斯大赛选项并做好数据统计； 2. 请分组合作，每人选一项，组长统计填写在线表格； 3. 讨论本版数据是否可以代表全校？ 4. 体会一项数据变化带来其他数据的变化； 5. 在平板搜索引擎上输入亚运会奖牌榜	共享填表，希沃平台投屏展示在线填写表格的场景； 在线平台即时反馈投屏分享，让孩子迅速高效共同经历收集数据—整理数据—描述数据—分析数据的过程，有助于数据观念的培养； 老师加入后平台数据即时变化使学生看到一个数据引发变化； 在线搜索感受到大数据时代复式统计表的价值

续表

教学过程		教师活动	学生活动	信息技术支持（资源、技术、意图）
任务四、回顾整理，深化统计价值	1. 今天我们经历了怎样的统计过程？ 2. 如果给今天认真学习的自己打分，你会如何评价自己。 3. 课后拓展：走进大数据时代生活的一天	1. 回顾收集数据、整理数据、描述数据和分析数据的统计过程； 2. 设计教学评一致链条，生成复式统计表； 引领学生体验人工智能时代不断生成的大数据	1. 回顾反思； 2. 根据学习实际结合目标进行自我评价； 感知大数据时代生活中的数据无处不在	用问卷星答题卡投票，信息技术一键生成全班自我评价的复式统计表以及延展复式统计图，实现思考结果数据化，及学习效度的可视化；AR虚拟现实，通过裸眼3D角色课后自主带入大数据时代生活的一天

第四章
小学数学单元学习群的教学策略构建

以落实立德树人根本任务为宗旨,坚持遵循教育教学规律,促进儿童学会学习、学会思维;坚持以改进教与学的方式,改变课堂教学形态,回归数学学科育人价值为目标,促进学生全面而有个性地发展,提升学生核心素养。

第一节 以核心知识为主线的单元教学策略

一、内容优化:形成整体关联的知识体系

儿童的数学学习通常是由简单到复杂、由单点到结构、由具体到抽象的过程。因此,小学数学教学应关注学生对数学知识整体结构的理解,引领学生经历自主探索知识元素的有机联结过程,实现同一领域、同一单元知识之间的融会贯通。教师在教学中创构具有关联性、序列化的结构知识,引导学生参与观察、思考、验证等过程性探究活动。

1. 数学核心知识的内涵价值

怀特海说过,一切教育的核心问题,是让知识永葆活力和防止知识呆滞腐化。数学知识是思维加工的基本材料,是计算和推理的基本工具,是表达和交流的基础语言,是数学素养形成的载体。发展学生的核心素养离不开知识的学习,否则,培育学生的核心素养就会沦为空谈。对个人而言,知识和能力并不是完全成正比例关系,因为浅表性、碎片化、不会活用的知识无助于能力的提升。事实上,通过数学知识的学习,学生的能力、品格、价值观都会烙上数学的印记,这个过程其实就是核心素养逐渐形成的过程。因此,我们应对数学知识的思想价值、学科本质、整体

结构、生发过程进行分析,从课程知识体系中遴选出具有基础性、关键性、全局性、统摄性和生长性的核心知识,以此为载体落实核心素养的培育。

数学核心知识具有强大的生发和迁移功能,具有内在逻辑的连贯性、本质内涵的同一性、思想方法的一致性。我们要厘清核心知识与正确价值观、必备品格、关键能力的关系,通过知识教学发展学生的核心素养。核心知识具有基础性、生发性,其教学有利于学生逻辑推理能力、知识迁移运用能力的提高,更有助于学生探究发现、直观想象、合情推理能力的发展。

小学数学核心知识是指小学数学课程中那些处于基础、中心和关键地位,适用和迁移范围广,具有根基性、统摄性和生长性的数学知识。这些核心知识在知识体系和发展中具有内在逻辑的连贯性和本质内涵的一致性,具有很强的生发、吸附、统摄、解释和应用功能。从知识整体看,小学数学核心知识是一些基本思想和基本方法;从知识领域看,小学数学核心知识是小学数学四大领域中的一些基本概念、基本原理和基本关系;从知识序列看,小学数学核心知识是一些在发生发展线索上处于起点、节点和拐点位置的知识;从知识的某个段落看,小学数学核心知识也可以是一些不可或缺的基本问题。其中,关于知识整体的数学核心知识,一般是隐性的知识,学生看不见却时时能感受到,在学习过程中经常用到;其他类型的核心知识大多是显性的、"点"的知识,常常在教材中直接呈现,是学习隐性核心知识的有形载体,是教材编排的重要支撑性材料。

比如,数的意义、运算的意义、运算的性质,就是小学数学课程中的一些核心知识,因为根据它们可以得出运算方法,理解算理,发现运算的规律,并解决简单的实际问题。关于数的认识、数的运算等方面的具体教学内容,则借助核心知识本质及其内隐的数学思想、数学方法渐次展开,在思考方式、学习路径等方面与核心知识具有连贯性、一致性。整数、小数的认识和计算都遵循十进位值制记数法的两个极其重要的计数原理,一个是"满十进一",另一个是"位值原则"。透彻理解和掌握这两个原理,学生就可以在迁移中学习小学数学课程"数与代数"领域中体量巨大的具体内容,打通整数四则运算与小数四则运算之间的联系,形成"联系"的观点以及结构化的知识体系和思考方式,提升自主建构知识的能力。

2. 基于单元内容的教材梳理

数学是一门逻辑性、系统性很强的学科。小学数学教材通常也是按照内容的逻辑结构循序渐进地编排的，即根据学生的年龄特征和认知规律，将数学内容进行整体规划，合理分配到不同年段、不同册次中，从而确立了教材自身的逻辑性和整体性，达成了每个部分知识目标的阶段性和连续性。

目前，小学数学教学主要采用"一课一备""一课一教"的组织形式。这种以课时为单位的教学活动，虽然能让学生掌握一个个知识点，但往往"只见树木不见森林"，忽视单元内容之间的整体联系，同时也忽视单元整体教学的设计和实施，难以实现学生对数学本质的系统化理解和对数学思维方法的整体感悟，难以使他们形成具有整体性、发展性的数学认知结构。因此，教师既要正确把握教材中每个知识块的编排特点以及蕴含的数学思想方法，把教材读"厚"；也要深刻领会小学数学全套教材的整体内容结构和编排脉络，把教材读"薄"。

例如，分数是小学数学的一个核心概念，它比整数概念更为抽象，学生也更难理解。苏教版教材把这一内容编排在两个年级、三个不同的单元中，从低到高螺旋上升（具体安排见表4-1）。从纵向看，虽然都是分数的认识，并且在编排上都结合生活实例和具体操作来理解，但其抽象程度渐次提升，学生对分数的理解也是逐步深入。从横向看，即使是同一单元，教材编排的内容也是渐进的，从认识几分之一、几分之几，到简单的分数计算、用分数解决实际问题等。我们不难发现，学生对分数的认识，不仅需要紧密联系现实生活，也需要通过前后知识的整体建构，才能逐渐提升。

表4-1 苏教版"分数"内容编排结构及主要区别

年级	教材内容	主要区别
三年级上册	认识一个物体或一个图形的几分之一和几分之几，比较两个几分之一或两个同分母分数的大小，简单的同分母分数的加、减法	认识一个物体或一个图形的几分之一和几分之几
三年级下册	认识由几个物体组成的整体的几分之一和几分之几，求一个整体的几分之一或几分之几是多少	认识多个物体组成的整体的几分之一和几分之几
五年级下册	分数的意义和分数单位，分数与除法的关系，求一个数是另一个数的几分之几，真分数与假分数，把假分数化成整数或带分数，分数与小数互化	以单个物体或多个物体作为单位"1"的分数认识

其实，小学数学教师不仅要系统研读小学数学教材，也要了解初中数学教材，这样才有利于做好中、小学数学教学的衔接。比如，小学阶段"确定位置"的教材编

排,我们可以清楚地梳理出两条基本线索。第一条是从第一学段用"几和第几""第几排第几个"等具体直观的方式确定物体的位置,到第二学段用"数对"这一相对抽象的方式确定物体的位置,这为中学阶段学习"平面直角坐标系"奠定了基础;第二条则是由第一学段的"认识上、下、前、后、左、右""认识东、南、西、北"开始,到"认识东南、东北、西南、西北",进而再到第二学段"根据方向和距离确定位置",这条线索未来指向的是中学阶段的"极坐标系"。这样以高观点视角、系统性思维的方式研读"确定位置",就可以通透地理解教学内容,把握所教内容的数学本质。

3. 聚焦概念联接的内容整合

"重视以学科大概念为核心,使学科内容结构化",这是当前教学改革的热点,也是促进学科核心素养落地的有效路径。大概念居于学科的中心位置,集中体现了学科结构和学科本质。大概念虽然只是相对的概念,其可以是某一学科的大概念,也可以是某一单元的大概念,但其仍然起着提纲挈领的重要作用。大概念就如同一个文件夹,提供了归档无限小概念的有序结构或合理框架。有限的大概念之间相互联结,共同构成了学科的连贯整体,使学科不再被视为一套断断续续的概念、原则、事实和方法。大概念并非指学科中某一具体的概念或定理、法则等,而是指向这些具体知识背后的更为本质、更为核心的概念或思想,是居于学科知识体系之中的"核"。大概念能统摄整合单元教学内容,并使单元教学过程相互联系并具有一致性。从这一角度看,大概念类似于布鲁纳和奥苏贝尔所说的学科结构,即一些对该学科内容具有更强包容性、概括性与解释力的统一概念。因此大概念具有核心性、统摄性、可迁移性等特征。

单元学习群要基于学生核心素养的培养目标,结合数学知识自身的逻辑结构和学生的认知结构,对教材内容进行整体分析,通过适当整合、适时调整、整体优化使知识内部深度关联,且与学生认知经验深度契合,以便于他们形成思维结构,促进认知和思维的同步发展。笔者调查发现,部分教师把单元整体教学中的"单元"简单理解为教材中的自然单元。其实,这里的"单元"不仅是知识单元,更应被理解为学习单元,它有三个基本特征:一是完整性,即单元内容各要素形成一个有机整体,从而发挥整体效应;二是关联性,即构成整体的各部分之间有着内在的逻辑联系,而且都聚焦同一个主题;三是生长性,即单元的各要素及内容目标明确,都指向学生核心素养的培育。

例如，苏教版教材二年级上册"乘法口诀"的教学中，教材把1～6的乘法口诀编排在第三单元，把7～9的乘法口诀编排在第六单元，且这两个单元的内容结构基本一致。在教学前，通过调查了解到，绝大部分学生已经会背诵乘法口诀表，只不过大多数学生仅停留于乘法口诀的记忆，对乘法口诀的含义和内在联系并不十分清楚。如果按照教材亦步亦趋地组织教学，进行相同模式的机械重复，学生学习数学的主动性和兴趣就会大打折扣。因此，尝试对这部分教材内容进行重组改造（表4-2）。与教材的编排相比，这里改变了逐课时教学乘法口诀的做法，主要通过种子研究课、整合巩固课、实践运用课、综合拓展课，使学生经历乘法口诀的理解、巩固、运用和拓展过程。实践表明，这样的设计更贴合学生的学习基础和学习需求。

表4-2 "乘法口诀"单元内容重组结构表

原课时内容	重组后的内容	重组后的课型	重组后的学习目标
1～4的乘法口诀	1～4的乘法口诀	种子研究课	经历乘法口诀的编制过程，理解乘法口诀的含义，感受乘法口诀的特点，初步掌握乘法口诀的编制方法
5的乘法口诀	5～6的乘法口诀	整合巩固课	进一步理解乘法口诀的含义，能根据乘法意义和乘法算式独立编制乘法口诀
6的乘法口诀			
7的乘法口诀	7～9的乘法口诀	实践运用课	运用乘法口诀的编制方法和经验，自主编制口诀，解释口诀的含义，运用口诀进行相关的乘法运算
8的乘法口诀			
9的乘法口诀			
乘法口诀表	乘法口诀中的秘密	综合拓展课	探索乘法口诀中的规律和特点，在观察、比较和交流中发展数学思维

再如，苏教版五下"圆"单元的学习，是从对直线图形的研究过渡到对曲线图形的研究，这对学生而言是一种跨越和挑战。通过本单元的学习，学生不仅要掌握圆的一些基础知识，还要感悟"化曲为直""等积变换""极限"等数学思想方法。在对单元内容和学情进行整体分析的基础上，教师可以对本单元的学习内容进行整合与重构，围绕圆的特征、圆的测量、圆的应用这三大核心内容展开教学。

二、结构优化：构建纵横融通的认知体系

结构化学习是指学生在已有认知结构的基础上，以学科知识学习为载体，自主经历个性化认知过程并自觉建构整体关联的一种学习方式与方法。结构化学习指导能有效提高教师专业化教学水平，科学提升教学的品质与效益。因此，教师要以整体把握数学教材为立足点，强调对知识本质的深刻理解和核心要素的动态关联，改变课堂教与学的原有方式，探索有助于小学数学结构化教学深度发生的实践路径。

1. 关联策略

美国教育心理学家和教育家布鲁纳曾经这样说过："获得的知识，若没有一个完满的结构把它们连在一起，那是一种多半会被遗忘的知识。"布鲁纳还说："学习结构，就是学习事物是怎样相互关联的。"数学整体性知识的认知包括研究知识的源流、研究知识的表征、研究知识的序列、研究知识的关联等等。只有从关联的视角来研究知识，知识才能被深刻地理解。

关联的知识是数学学科的基本载体、媒介，是数学课程最为核心的内容。学生的数学学习首先就是知识学习。知识是相关联的，是一个有机的整体，但在教材中却是以散点形态呈现的。作为教师，首先就是将散落在教材中的知识串接起来，串珠成链、集腋成裘、聚沙成塔。只有基于知识关联的课程论视角，才能引导学生形成对知识的整体性认知。

"关联"学习，即有关联地学。整体关联视角下的数学教学能让零散的知识系统化、孤立的知识结构化，有助于学生对相同或相似的知识进行融合与迁移。教学时，教师要运用整体关联的思想去理解教材的编排意图，串联和延伸课程内容，将知识之间的纵横联系沟通起来，促进学生对知识理解从"散点状"到"链条式"再到"结构化"的演变，进而体会知识之间的联系，拓宽数学视野，发展数学思维，完善思维结构。数学本身是一门系统科学，学习数学离不开系统思维。但由于缺乏大观念、大概念支撑，教师在教学过程中往往是"掐头去尾烧中段"，这种点状、散点式的教学会导致学生"知其然而不知其所以然"。因此，数学教学既要关注数学学科本质，又要关注学科内部、学科之间的联系，引导学生形成横向融合、纵向衔接的学科认知结构体系。

比如"异分母分数加减法"（苏教版五年级下册）这部分内容，在教学中教师要有意识地引导学生关联整数加减法、小数加减法，才能让学生对异分母分数相加减的"化异为同"的通分形成更为深刻的理解。从知识的关联视角来看，无论是异分母分数相加减的通分还是整数加减法的数位对齐、小数加减法的小数点对齐，都有着内在的一致性。这个一致性就是"计数单位相同才能直接相加减"。当学生对数学知识的关联性有了一定的把握，就自然会对整体性的数学知识形成一种理解上的"高观点"，形成一种数学学习的"大视角"。

再如，苏教版教材三年级上册"整十、整百数乘一位数口算"的教学内容，在教学时，要把算理的理解作为本节课的重点，通过几何直观的方式帮助学生深度理解计算背后的原理。可以结合小棒图帮助学生认识到 20×3 就是 2 个十乘 3，因为 2 个一乘 3 等于 6 个一，所以 2 个十乘 3 等于 6 个十，也就是 60。同样的道理，200×3 就是 2 个百乘 3，结果是 6 个百，也就是 600。在此基础上，让学生观察黑板上得到的一组式子，引导他们观察发现：虽然算式不同，但都可以先算 2×3，再根据计数单位是一、十还是百，决定要不要添 0，添几个 0。最后，引导学生说说由这些算式还能想到哪些算式，把他们的思维进一步拓展到 2 个千乘 3 得 6 个千、2 个万乘 3 得 6 个万……显然，学生具有这样的思维结构，后续在学习小数乘法时便会自觉迁移。即如，计算 0.2×3 时，自然想到 2 个十分之一乘 3 得 6 个十分之一，也就是 0.6；0.02×3 是 2 个百分之一乘 3 得 6 个百分之一，也就是 0.06……在"大概念"的统领下，通过对算理的深度挖掘，瞻前顾后，切实把握知识内核，明确计算的本质就是计数单位个数的计算，将前后打通、上下关联，有助于学生形成关于相关计算的"通性通法"。与此相类似，小数加、减法中的"小数点对齐"与整数加、减法中的"相同数位对齐"也要关联沟通，因为二者的实质都是相同计数单位的数才能直接相加、减。小数乘、除法计算中积和商的小数点定位都是为了确定相关结果中所包含的计数单位的个数，也可以结合几何直观帮助学生加以理解。

2. 连续策略

北京教育学院的刘加霞教授认为，"学生的数学基本活动经验是学生在经历数学活动过程中获得的对数学的体验和认知"。结构化教学，要致力于将学生的已有认知经验、正在形成的认知经验以及将要获得的认知经验勾连起来，从而让自身的数学学习成为认知经验的延续、拓展、扩展的过程。

"连续"学习,即有衔接地学。数学知识并不是凭空想象出来的,数学知识的习得既要遵循学生的认知规律,也要连续学生的活动经验及情感经验,具体体现为知识内容的深刻理解、学习方法的深入掌握及情感态度价值观的有效培养。教学时,教师要全面地分析教材整体结构,并从连续的视角进行目标把握、内容衔接与经验改造,唤醒学生已有的学习方法与认知经验,进而用以探索新知识,帮助学生切实地领会所学的新知识,促进学生自身经验的成长。

　　美国著名教育家杜威说过:"学生的数学学习就是经验的重组或改造。"学生的经验是连续性的,不仅具有时间绵延的连续,更具有空间广延的连续。从某种意义上说,学生的数学学习是基于学生经验的,是在学生的经验之中的,并且是为了学生的经验生长的。通过数学学习,学生的连续性经验能得以不断地延续、延伸、拓展。

　　因此,在数学教学中,教师要追溯学生的已有知识经验,要研究数学教学让学生形成哪些基本活动经验,着眼于学生哪些经验的发展,等等。关照学生数学学习的连续性经验,才能让数学教学切入学生的最近发展区。比如教学"角的度量"(苏教版四年级上册)这部分内容,教师就可以还原"量角器的产生"过程,从而将"结果数学"转变为"过程数学",将"陈述性数学"转变为"创造性数学"。在教学前,笔者了解到学生已经积累了相关的经验,比如"角的认识"中"角的大小与两条边的长短无关,与两条边张开的大小有关"的认知经验,比如"认识厘米"中测量物体长度时"探究测量对象中包含多少个长度单位"的探究经验,等等。有了这些经验的支撑,学生在学习"角的度量"时,就能循着这样的顺序而展开积极的探索:首先建构"1°"小角,建立"1°"小角的大小的表象;其次将"1°"小角拼接起来,从而建构量角器的雏形;再次给量角器的雏形标注刻度,并且用自制的量角器来测量角的大小。在量角器的制造中,有学生制成了半圆形,有学生制成了圆形;有学生做成了单向的刻度,有学生制成了双向的刻度。经过小组协商、深入研讨,学生发现了双向刻度的半圆形量角器较之于单向刻度的、圆形的量角器更科学、更简约、更便捷。在这个过程中,学生不仅能认识到数学知识的本质,更能夯实、巩固数学基本活动经验。这样的基本活动经验对于学生学习长方形的面积、长方体的体积都有积极的作用。

　　3. 循环策略

　　"循环"学习,即通透地学。学生的学习是一个循序渐进、螺旋上升的周期性过程。追求"思维通透"的教学,除了要让学生掌握必要的知识与技能,更要让学生在综合学习中不断迁移应用数学思维,进而学会用数学思维思考现实世界。学生通过循环学习能告别浅层、点状的零散知识,逐步完成对知识框架的深度构建、学习方法的联结归纳和数学思想的融会贯通,实现知识结构、思维结构的不断完善及素养结构的循环上升。

从课程论的视角来看,结构化学习中的"循环"有循序渐进、螺旋上升、逐层递进的意思。基于对数学知识的关联以及学生认知经验、活动经验的连续性的把握,教师在数学教学中要展开结构化教学。如果说,知识的关联、经验的连续是结构化教学的条件依据,那么这种基于循环的过程化教学实践过程就是结构化教学的基本实践样态。结构化的数学教学不仅能让学生获得数学知识的结构性,更能让学生获得更丰富的数学思想方法、情意态度、文化精神。

基于循环的结构化教学,能让学生的数学理解走向深刻,能让学生的文化认知走向全面,能让学生的数学审美走向开阔。比如小学阶段的"分数的认识"教学,由于分数概念比较抽象,学生理解分数的本真性的概念比较困难,所以苏教版教材中是分阶段进行编排的。遵循循序递进的原则,对分数的认识应当分阶段展开。以苏教版教材为例,在三年级上册学习"一个物体、一个图形的几分之一或几分之几";在三年级下册学习"由许多物体组成的整体的几分之一或几分之几";而到了五年级就"引导学生建立'单位1'的概念,引导学生掌握'求一个数是另一个数的几分之几'";六年级则侧重于引导学生掌握"求一个数的几分之几是多少";等等。这个过程是循序渐进的。教学中,必须始终突出分数的意义,突出分数分子、分母的意义。自始至终,都要让学生认识到分数的大小与平均分的份数和表示的份数有关。通过循序渐进的教学,引导学生对分数形成本质性、整体性、系统性、结构性的认知。

三、 路径优化:构建素养导向的教学体系

核心素养是学生通过本学科学习之后逐步养成的必备品格和关键能力,是学科育人价值的集中体现。学生核心素养所具有的整体性决定了数学教学应该强化联系性。这就需要单元整体教学从传统的"知识立意"走向"素养立意"。小学数学单元学习群要摆脱单一的课时视角,精心提炼核心问题,设计核心任务,从而有效

地开展学习活动,更好地实现数学的育人价值。

1. 追根溯源,挖掘核心"知识点"

课时是数学学习的基本单位,是知识的基本元素,学习是基于一个又一个的课时日积月累的过程。基于课时的结构化教学中,教师需要将知识点放置于单元整体之中,使学生用整体的知识结构、思想方法来理解知识点,把握知识的本质要素,凸显意义建构,为知识关联建立认知通道。这些本质要素正如一颗颗具备可持续生长力的知识种子,在整个知识大厦建立过程中起着奠基的作用。

在教学"小数的初步认识"单元之前,学生已经学习了"万以内数的认识""分数的初步认识"等知识。教学时,教师需要结合具体的生活情境,借助直观操作引导学生逐步把握小数的概念本质,实现对数系认识的又一次扩展,促进数感的培养。初步认识并不意味着只是浮于表面地让学生知道"零点几就是十分之几",而是需要教师立足小数的整体结构,组织学生在直观操作中感知、了解"一位小数的结构",探寻小数与整数、分数的内在联系,这些才是本单元教学的关键所在,而"小数的大小比较""简单的小数加减法"都是围绕"一位小数的结构"这一核心内容展开的。本单元知识的学习也将为后续学习"小数的意义和性质""分数的意义和性质"等内容打下基础。

教材先以"测量身高"场景为学习情境,激活学生的已有经验,让学生体会到:当测量的结果不能用整数表示时,需要创造一个新的数来表示,初步领会小数的含义与特点;再以"米与分米"和"元与角"两组常用的计量单位知识作为学习小数的形象支撑,让学生在对比、思考中深入理解"分母是 10 的分数可以用一位小数表示"这一核心知识点,体会并抽象概括小数与分数之间的关系。结合上述分析与思考可以有序架构"认识小数"课时知识结构。设计关键问题"一位小数与分母是 10 的分数有着怎样的关系"等展开操作与讨论,通过语言、符号等方式将知识进行表征与内化,让学生在纵向梳理中理解小数的本质属性,在此基础上将小数和整数、分数进行横向关联,凸显一位小数的结构要素。

基于以上分析,"认识小数"这节课的教学,一方面要激活学生对数的结构的已有认知,帮助学生理解小数及小数单位的含义,为后续建立小数的知识结构积累感性经验;另一方面要借助直观教学让学生深刻体会到小数是因生活需要而产生的,促使学生在体验、辨析与感悟中明晰小数的结构表象,为小数的概念形成及结构内化做好铺垫。

再如,"长方形、正方形面积的计算"这一内容涉及的概念有这样三组:面积和周长、面积单位和长度单位、面积计算公式和周长计算公式。这两种图形的三组概念,与实际情境结合,本身就比较复杂。皮亚杰把用这种长度乘宽度求面积的能力划分为智慧水平或"运算"水平,这种发展水平要到十一二岁才能出现。因此,要让三年级的学生真正理解面积公式并非易事。教学中,教师可以运用方格图载体,突出面积测量本质,让学生充分经历用面积单位度量长方形、正方形面积的过程,避免过早地进入形式化计算阶段,借助"选方格、摆方格、算方格、说方格"等活动体现具象到抽象的过程,充分体悟最原始、最简单的度量面积的方法——"面积=每行单位面积的个数×行数",建立面积测量和计算的基本模型,为后面学习平面图形的面积计算作铺垫。

2. 分级定位,形成整体"知识链"

众所周知,每门学科的概念、原理和规律都是有内在联系的,这种内在的本质联系构成了这门学科的知识结构。美国认知教育心理学家奥苏贝尔指出:"无论我们选教什么学科,务必使学生理解该学科的基本结构。"知识视角的单元整体教学,就是将碎片化知识连成线、结成网,让学生整体掌握学习内容和学习进程,构建完整的思维体系与认知结构。在教学中,应充分考虑知识本身的"序"和学生认知的"序",既要做到位,又不能盲目越位,要分层次、分阶段渐进式地展开。

数学知识并不是零散的、碎片式的、杂乱无章的信息,而是有逻辑、有结构、有体系的知识。知识结构化更是学生以整体视角对所学知识系统地进行梳理,形成清晰的知识脉络结构,在知识的整体与布局、本质与现象的联系中掌握并理解知识结构的动态过程。所以,知识结构化是结构化学习的重要前提,学生在经历知识结构化过程中,不断得到经验的改造、知识本质的理解、数学技能的提升、学习方法的启迪、数学思想的浸润、情感的体验和精神的洗礼,最终促进心智的发展和数学素养的生长。

一是要重视知识的纵向贯通。纵向贯通相当于知识"瞻前顾后",是上位知识与下位知识的关系,体现知识的生长与延伸。比如教学苏教版小学数学四年级下册"认识多位数"时,要把各个阶段认数的知识联系起来思考。学生从一年级开始学习认数,分别经历了认识10以内的数、认识11—20各数、认识100以内的数、认识万以内的数，再到四年级认识多位数，其实每次认数的提升都是数位的不断扩充和计数单位的不断变化，而数的组成、十进制规律、数位和计数单位的对应关系都是一样的。学生把前后知识梳理清楚了，就会发现知识之间的逻辑体系，从而形成稳定的结构化知识。

二是要重视知识的横向关联。横向关联相当于知识的"左顾右盼"，就是把不同类型的处于并列关系的知识联结起来，形成知识链。这样有助于学生理解知识之间的相互关系，感受知识的整体结构。比如教学苏教版小学数学是五年级下册"异分母分数加减法"时，教师一定要引导学生分析异分母分数加减法和整数加减法、小数加减法之间的联系，引导学生发现无论是整数加减法的个位对齐还是小数加减法的小数点对齐，其目的都是使得相同数位对齐，因为计数单位不同不能直接相加减。迁移到分数也一样，通分的目的是统一计数单位（分数单位）。这样的学习，才会让学生横向关联知识，学得更清晰，思维更加深入。

三是要重视纵横融通的整体教学。纵横融通就是知识的"纵横交错"，数学概念很多时候并不是单向联系的，而是立体式系统关联的。教学时，我们要充分重视知识的来龙去脉和纵横关系，帮助学生建立完整的、立体式知识结构。比如教学苏教版小学数学五年级下册"分数的基本性质"时，既要引导学生从分数的意义进入，通过分一分、折一折、想一想等活动感受一类分数的特殊关系：分母和分子都不相等，但是分数的大小是相等的，让学生发现这些分数的分子和分母存在着相等的"倍数关系"，归纳出分数的基本性质，还要引导学生把分数的基本性质和除法中的商不变规律、比的基本性质联系起来思考，寻找不同知识之间的内在关联，获得经验的生长。

3. 结构教学，建构概念"知识块"

结构是指系统内各组成要素之间相互联系、相互作用的方式，是系统具有整体性、层次性和功能性的前提。在教学活动中有三种结构：一是知识结构，即知识本身的逻辑体系；二是认识结构，即学生在认识活动中的心理过程；三是认知结构，即学生头脑里的知识结构。

学生认知结构化是学生基于自身经验（包括生活经验、学习经验、活动经验等）进行知识的同化和顺应，不断建构知识体系，从而完善自身认知结构的过程。认知结构化是将学科知识结构嵌入学生已有经验中，重新建构意义并解决问题，逐步把学生获得的学习经验转化为认知结构的动态过程。认知心理学强调：当学习对象与学习者的经验、经历发生共振，感知到的信息与脑中已有信息发生实质性的联系，促进原来认知结构发生实质性的改变，形成新的认知结构，在新的环境中主动应用已有经验解决实际问题，并日趋完善教学时，学习就悄然发生。

结构化教学是一种将知识内容进行整体关联的教学方法，可以帮助学生串联散点知识，发展结构化思维，形成整体性、系统性的认知结构。结构化教学既强调教学的整体性，又强调知识的关联性，着力在经验积累、思维融通、素养提升中促进学生的深度学习。结构化教学要求教师能全面地把握教材的动态结构，重视教材的横向关联、纵向沟通及纵横交融，懂得透过现象看清问题的本质。促进学生结构化学习需要教师做好以下两点：一是在学生产生认知冲突时，要适时地引导学生进行多元表征，探寻问题的解决思路及价值归属；二是在教学重难点的过程中，要有意识地帮助学生找到知识的关联点，关注学生对知识的本质理解。因此，教师要基于对教材学习素材的抽象及学生学习经验的改造，梳理数学知识的脉络，明确教材内容的逻辑结构，同时关注学生的理解与表达，引领学生参与基于结构化理解的多元表征学习，进而实现对知识意义的建构与思维结构的完善。

小学数学结构化教学是指教师在充分理解小学数学知识整体结构的基础上，从学生已有的数学知识、经验出发，助推学生在学习活动中完成个性化、层次化的思维结构转化，进而促进学生的意义理解和素养提升。

一是要重视学生的认知经验的激活。学生的已有认知经验为新知识的探究提供了逻辑生长点，因此，要基于学生的认知起点，开展丰富多彩的表征活动，丰富学生对于新旧知识连接点的理解，把新知纳入学生已有知识体系中去，实现学生认知结构的进一步提升与完善。比如，教学苏教版小学数学五年级上册"认识负数"时，学习伊始，让学生说一说在生活中有没有遇到过负数，再组织大家通过画一画、写一写、说一说的方式把自己理解的负数表示出来。这样的教学就是充分尊重学生的认知基础，他们的前经验就是负数概念学习的开始，基于学生的个性化理解再组织讨论、交流、归纳、统一，负数的概念建构就水到渠成了。

二是要重视学习材料的结构关联。皮亚杰的认知发展理论认为：学生的认知结构建构过程，就是同化与顺应之间不断平衡的动态过程。要想使学生顺利完成知识的回忆、再认识，与旧结构发生联系，教师提供给学生的学习材料就要具有逻辑的意义,学习内容要和学生的已有认知基础之间存在实质性关联。比如,教学苏教版小学数学五年级上册"小数的意义"时,可以组织学生从生活、分数和整数三个方面展开研究。首先是引入生活中的小数。学生在生活中其实已经大量接触到小数,也能大致了解小数的大小,但是不知道小数表示的意义,从生活经验去理解小数的意义更加符合学生的认知规律。其次是根据十进分数与小数的关系理解小数:十分之几就是一位小数,百分之几就是两位小数,千分之几就是三位小数……小数和分数一样也是"均分"出来的。最后是理解小数与整数的关联,从小数点向左"满十进一"得到个、十、百、千等计数单位,向右则是不断均分,分别得到十分之一、百分之一、千分之一等计数单位。整数、小数部分都是十进制,基于位值上的理解本质是一致的。这样的结构关联才能让学生对小数的理解自然、深刻、有意义。

三是要重视学生经验的迁移与循环。学生学习的价值在于迁移应用,也就是学生经历探究、反思、辩论、汇报等一系列实践活动体验,积累活动经验,促进心智发展,并实现在新情境中自觉迁移应用、循环上升。比如,教学苏教版小学数学五年级下册"因数和倍数"时,学生通过2、3、5的倍数的特征探索,经历了合情推理和演绎推理,建立了丰富的规律探究的经验。但是,学生的学习远没有结束,而是可以利用这些经验自觉迁移到4、7、9、11……倍数的特征研究,之后再和2、3、5的倍数特征进行对比,寻找这些规律之间的联系和区别,获得经验的生长和心智的完善。

总之,学科知识结构化主要是指建立学科知识的整体结构和知识间的逻辑关系,这是一种从静态结构走向动态建构的过程,学生在这个过程中不断理清知识的来龙去脉,感受知识的关联,进而理解知识的本质。结构化教学要求教师在找准学生现实经验起点与教材核心知识的基础上精心设计教学任务,以唤醒学生的主体意识,并围绕课时核心内容组织学生开展数学探究活动,引导学生进行深入且有意义的学习,切实理解核心概念。教师要在认真研读教材、明确教学目标及深入分析学情的基础上,思考以下三个问题:"教材前后知识的联系是怎样的?""上述知识的关键联结点对本节课的学习有什么帮助?""结合知识结构该怎样设计课堂教学内容?"因此,教师不仅要站在知识体系的角度俯视教材,还要站在学生的角度研读教材,清楚学生已有的知识逻辑结构,找准数学知识的生长点,让深度学习基于学生已有经验真实发生。

【典型案例】

"线与角"单元整体教学的实践与思考

单元整体教学是将具有结构关联的知识作为一个系统,以单元视角整体把握知识内容,打破课时的壁垒,理清知识之间的联系,引导学生建立整体性、结构性的知识体系,进而建构促进意义理解和自主迁移的教学。下面以北师大版四年级上册"线与角"单元的整体教学为例,探讨基于理解的单元整体教学内容的重构与实施。

一、整体把握,厘清知识结构

数学课程内容的组织环环相扣,内在逻辑联系十分紧密,前面知识是后面知识学习的基础,后面知识是前面知识的发展和延伸。因此,教学前教师要站在系统高度认识知识之间的关联性。

首先,梳理小学阶段关于"线"知识的内在结构(图4-1)。

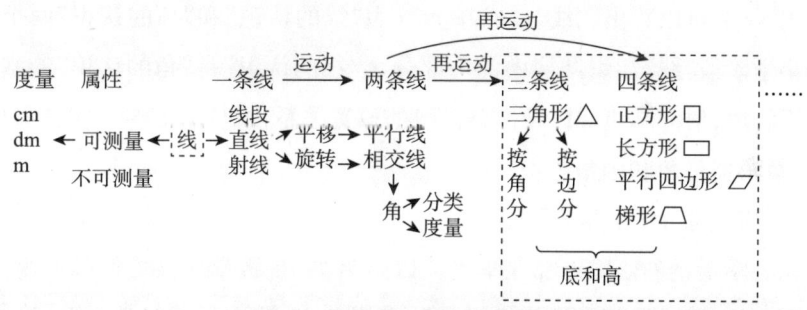

图4-1 "线"知识的内在结构

从图4-1可以看出,对线的认识有两个方向:一个是根据线的特征,分为直线、射线和线段;另一个是根据线的属性,分为可测量和不可测量,可测量需要用长度单位进行度量。一条线发生运动一般有平移和旋转两种方式,平移会带来另一条互相平行的线,旋转会带来另一条相交的线,所以平行和相交表示的是两条线的位置关系。两条线相交时就会形成角,因此角也可以看作是由一条射线绕顶点旋转而成的图形,所以角的大小与角的边的长短无关,只与角的两条边之间张口的大小有关。又因为角有大小,所以出现了角的分类和度量。在两条线相交的基础上,如果其中的一条线继续旋转,就出现了第三条线,此时就构成了一个封闭的图形,这是真正的"形"的开始。因此,"三角形的认识"这节课要重点认识三角形是一个"形"。三条边封闭之后产生了边和角,所以三角形就从边和角两个角度进行研究。一条线经过平移和旋转可以发展成两条线、三条线,还可以是四条线,如平行四边形就是把一条线旋转得到一组邻边,再把这组邻边分别平移得到。在三角形、四边形之间还有一个很重要的知识,那就是底和高。

其次,梳理四年级上册"线与角"单元的内容编排(图4-2)。

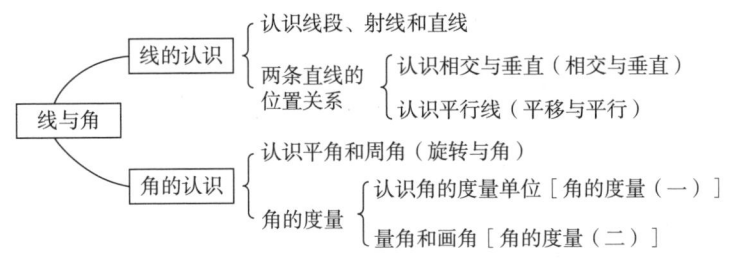

图4-2　四年级上册"线与角"单元内容编排

从图4-2可以看出,"线与角"单元分为"线的认识"和"角的认识"两个板块,是整个小学阶段"线"知识结构中的一部分。"线的认识"是"角的认识"的基础,先系统认识线段、射线和直线以及两条直线的位置关系,再从动态的角度进一步认识角,会用量角器量角和画角。

二、学情分析,揭示学习困难

一切教学活动的落脚点都在学生,"以生为本"是教学应该遵循的原则。只有坚持学生立场,通过分析学情找准学生的学习起点,确定单元教学主题,设定单元教学目标,重组单元教学内容,形成整体教学规划,才能促进学生实现深度学习。在本单元的教学中,学生在学习角的度量时最容易出现错误。有的教师让学生从认识量角器入手,了解量角器的由来,知道量角器的各个部分,再教给学生量角的方法;有的教师引导学生总结出"两重合一看"的量角要诀,即点重合、边重合、看刻度。尽管学生经历了反复训练,但掌握效果还是不理想,或者经过一段时间之后又不会了。

为此,在对"角的度量"按照教材编排进行常态教学后,我们将学生的作业情况进行了统计分析。

1. 作业题目

量一量(图 4-3)。

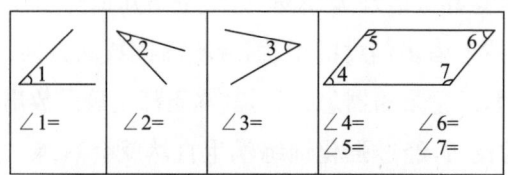

图 4-3 四年级上册"角的认识"练习题

2. 统计分析

我们对学生的答题情况进行了统计,重点统计学生量角的错误率,如表 4-3。

表 4-3 角测量的错误率统计表

角	∠1	∠2	∠3	∠4	∠5	∠6	∠7
错误率	8.9%	26.7%	28.9%	17.8%	40.0%	33.3%	27.8%

针对出现错误率较高的∠3、∠5 和∠6,我们通过对学生进行访谈发现,学生量角时出现困难主要有两个方面的原因:(1)不知道怎么摆放量角器;(2)读数时,内圈与外圈的刻度容易混淆。

针对学生的学习困难,我们进行了深入思考:

(1) 学生为什么不知道怎么摆放量角器

学生不知道怎么摆放量角器是因为不理解量角器量角的原理。正因为量角器上面有大大小小的角才成为量角的工具。如果学生能够"看到"量角器上的这些角,自然能感悟到量角器量角的原理:量角器上的角与被测角重合,量到几度就是几度角。因此,如何让学生主动、深刻地理解量角器量角的原理是"角的认识"的教学重点。然而按照教材编排进行常态教学不能使学生真正地思考这一关键问题,此时对教材内容进行结构重组就成为迫切的需要。测量长度用直尺,因为直尺上有小的长度,原理是以线量线;测量面积用面积单位,因为它们都是一个个小的面,原理是以面量面。那么测量角的大小是不是也应该"以角量角"?

(2) 学生为什么会将内圈与外圈的刻度读错

学生经常将量角器内圈与外圈的刻度读错,一方面是由于平时见到的角的一条边多是水平方向且角的开口向右或向左,形成了思维定式;另一方面是由于量角器的构造与使用方法较复杂,很多教师在教学中直接告诉学生起始边对准哪条0刻度线就读哪一圈,而学生并不理解原因,导致在读数的时候总是弄错方向,将内圈与外圈的刻度读错。其实道理显而易见,学生不知道量角器上本质体现的都是角,就很容易受量角器上诸多刻度的干扰,弄不清读数的方向。因此,只要真正理解量角器量角的原理,无论量角器怎么放,其本质都是只需数出被测角中包含几个1°即可。至于读数的技巧,经过强化训练学生自然就会熟练。量角器内圈和外圈的刻度本是为了方便学生读数,现在却成了学生量角时的"拦路虎",我们是不是该反思为什么会这样?

三、合理优化,重组教学结构

基于以上对本单元教学内容结构和学生学习困难的分析,我们尝试重组单元教学内容的逻辑顺序,进行结构化的单元整体教学。

1. 本单元的哪些内容可以整合

在"线的认识"板块中,"认识直线、射线和线段"是起始课,认识线的属性和特征需要精耕细作,不能整合。而"相交与垂直""平移与平行"都是基于两条直线的位置关系,它们内容相近、结构相似,为了便于学生整体、系统地学习,我们可以将这两个内容进行整合,促使知识的联系更加紧密。

在"角的认识"板块中,"旋转与角"是认识角的关键课,需要单独进行教学。而"角的度量"把角的度量本质与认识量角器、量角和画角割裂开,弱化了知识之间的联系。其实"量"不是一个孤立的技巧,角的度量的本质与量角器的认识、量角和画角紧密相连,有着内在统一的结构,对其进行整合有利于促进学生的深度理解。

2. "角的度量"作为难点应如何整合

我们从分析角的度量本质入手,寻找角的度量与已有知识经验的联结点,从而帮助学生理解量角器的形成原理,掌握量角器量角的方法。

(1)"角的度量"的本质理解

量角的本质是"重合"。在量角器上能找到很多不同度数的角,把量角器上的角和所要量的角重合,就可以得出角的度数。要理解角的度量的本质,需要充分了解量角器的形成过程。之前,学生已经会比较角的大小,把不同的角"重合":对点、对边、看边,而比较角的大小的经验正蕴含着量角的方法,同时将多个不同的角"重合"就形成量角器的雏形。量角器其实是众多1°角的累加,更是各个不同度数角的重合,学生明白这个道理后,量角的困难就会迎刃而解。

(2)"角的度量"的整合思路

"角的度量"教材安排了2课时,第1课时认识统一度量单位的必要性和角的度量单位,第2课时认识量角器、量角和画角。对于体会"统一单位的必要性",学生在学习长度和面积的度量时已有了充分的认知体验,不需要过多进行重复性体验,可以弱化处理。因此,对"角的度量"进行整合后,第1课时着重让学生了解量角器产生的过程,理解量角器形成的原理和量角的本质;第2课时利用双圈量角器进一步量角和画角。

基于以上分析,重新整合后形成"线与角"单元整体教学的框架,并与整合前对比,见表4-4。

表4-4 "线与角"单元整合前与整合后框架对比

整合前		整合后	
教学内容	课时	教学内容	课时
线的认识	1	线的认识	1
相交与垂直	1	相交(垂直)与平行	1
平移与平行	1	画垂线与平行线	1
旋转与角	1	旋转与角	1
角的度量(一)	1	认识量角器(单圈)和量角	1
角的度量(二)	1	用双圈量角器量角和画角练习	1
练习	1	练习	1

这样的单元整合,指向学生的深度理解,通过"唤醒经验—改造经验—提升经验—内化知识",促使学生在量角中理解量角器形成的原理,明晰量角方法背后的本质。这样的单元整合,聚焦教学难点分层推进、突破,真正实现结构化教学。

四、理解为先,设计关键课时

在具体课时教学中,我们着重考虑两个方面:一是设计具有结构性的学习素材,二是设计并实施具有挑战性的活动任务,以此促进学生在深度理解的基础上实现对知识的迁移。下面重点阐述本单元的关键课"角的度量"第1课时的整合与实践。

1. 教学目标

(1)认识量角器和角的度量单位;

(2) 掌握用量角器量角的方法，初步学会量角；

(3) 体验量角的本质是将量角器上的角与所要量的角重合，从而得出角的度数。

2. 教学实践

环节一：复习引入，唤起经验

课件出示（图4-4）：

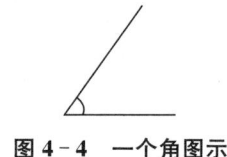

图4-4 一个角图示

提问：关于角，我们已经学习了哪些知识？

学生回答。

小结：大家已经学了许多有关角的知识，角是由两条有公共端点的射线组成的图形。这两条射线叫做角的边，它们的公共端点叫做角的顶点。

教师拿出活动角提问：你能把这个角变大吗？有什么办法？

预设：可以把两条边张开，或者一条边不动，一条边张开。

教师操作将角变大。

小结：看来角的大小与角两条边之间张开口的大小有关。

课件出示（图4-5）：

图4-5 三个角图示

提问：哪个角大？哪个角小？

引导：当没办法直接观察比较角的大小时，怎么办？

学生上台演示用重合法比较角的大小。

小结：当没办法直接观察比较角的大小时，可以用重合法比较，即顶点重合，一条边重合，看另一条边的位置。

【设计意图】本环节的目的在于唤醒学生在二年级时习得的关于角的经验,包括对角各部分名称的认知经验,以及角的大小比较方法的经验:对点、对边、看边。

环节二:理解原理,改造经验

(1) 将四个角重合

课件出示(图4-6):

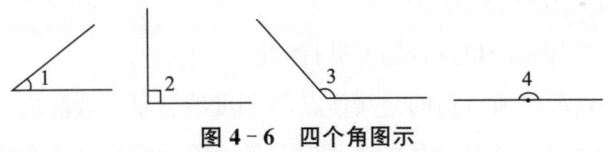

图4-6　四个角图示

提问:这里有四个大小不同的角,你能把这四个角重合吗?谁来试一试?

学生上台操作重合(图4-7)。

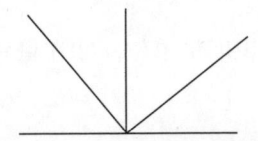

图4-7　四个角重叠示意图

追问:现在你能看出来∠1在哪里吗?∠2呢?

引导:当我们把四个角重合在一起时,原来的8条边只剩下5条边,还有3条边去哪了?原来的4个顶点,现在只剩1个顶点,另外3个顶点去哪了?

预设:变成了公共顶点和重合的边。

提问:现在又有第五个角,有谁能把它放到刚才四个角重合的图里去(图4-8)?

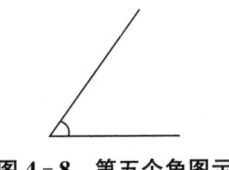

图4-8　第五个角图示

(2) 认识量角器

课件演示将更多的角重合,形成单圈量角器的雏形(图4-9)。

图 4-9　多个角重叠示意图

学生观察,认识量角器的结构。

(3) 对量角器与多个角重合的图进行沟通

小结：中心点就是所有角的公共顶点,0 刻度线就是重合的边。

【设计意图】本环节将比较角的大小时一条边重合的经验改造成对量角器形成原理的认识,使学生明确公共顶点就是中心点,重合边就是 0 刻度线,看另一条边就是看刻度线。

(4) 找角

① 在量角器上找 1°角,认识度量单位。② 在量角器上找、描 35°角,讨论：怎么找 35°角最简便？

环节三：尝试量角,提升经验

(1) 实际操作量角

课件出示(图 4-10)：

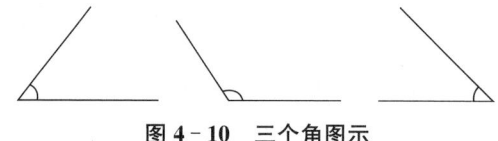

图 4-10　三个角图示

学生尝试量角,再全班反馈,重点讨论怎么度量第三个角。

(2) 总结量角方法

提问：我们量第三个角时有点麻烦,要么转动作业纸,要么转动量角器,不管怎么做,都是怎么量的？

引导：前面我们比较角的大小是怎么做的？量角的时候又是怎么做的？有什么相同之处吗？

小结：度量角的方法和比较角的大小的方法是一样的,都是对点、对边、看边

(刻度)。

【设计意图】本环节引导学生通过对比较角的大小的方法和用量角器量角的方法进行对比,沟通方法之间的联系,提炼度量的本质,帮助学生初步掌握量角的技能。

环节四:对比反思,内化知识

提问:外面卖的量角器和特制的量角器比,有什么不一样?

预设:外面卖的量角器有两层刻度。

追问:为什么要有内外两个读数圈?

【设计意图】本环节引导学生通过对比把经验内化为对工具的理解,明确双圈量角器的必要性。

"角的度量"的教学基于经验改造,指向深度理解,通过结构化的素材和任务设计,使学生真正理解知识的本质,实现整体化知识建构。实践证明,实施整合教学后,学生的作业正确率有明显的提高。

总之,基于理解的单元整体教学要对教学内容进行恰当的重组,精准地促进知识结构与学生认知结构的有机融合,促使学生建构对知识的完整认知,让学生的学习能力、学科思维、情感态度得到综合发展,不断地实现核心素养的阶段目标。

第二节 以数学思想为主线的单元教学策略

一、理念认同:以数学思想彰显单元教学的育人价值

1. 数学思想的内涵及其基本特征

(1)数学思想的内涵

数学思想是指现实世界的空间形式和数量关系反映到人们的意识之中,经过思维活动而产生的结果。它是对数学事实与理论经过概括后产生的本质认识,基本数学思想则是体现或应该体现于基础数学中的具有奠基性、总结性和最广泛的数学思想,它们含有传统数学思想的精华和现代数学思想的基本特征,并且是历史地发展着的。近年来,数学思想受到教育界的广泛关注,从 2011 年我国颁布《义务

教育数学课程标准》(2011年版),再到2022年《义务教育数学课程标准》(2022年版)[以下简称《标准》(2022年版)]的调整发布,数学思想的地位越发突出,研究的专家也越来越多。史宁中教授指出,"数学基本思想主要是指数学抽象的思想、数学推理的思想和数学模型的思想"。每个基本思想再派生出其他下位思想,如数形结合思想、转化思想、分类思想、符号化思想、类比推理思想、函数思想等。

(2) 数学思想与数学知识、数学方法的关系

数学思想与数学知识、数学方法在数学学科体系中有着密切的联系,它们相互依存,相互促进,缺一不可。数学思想是对数学知识和方法的本质认识和抽象概括,是数学知识的精髓和灵魂,而数学知识是数学思想的具体表现和载体,数学方法是解决数学问题的具体手段和程序。

数学思想是在一定的数学知识基础上形成的,是对数学知识和方法的进一步升华和提炼。数学思想离不开数学具体知识,丰富的数学知识蕴含着丰富的数学思想,是数学思想方法产生发展的土壤。同时,数学思想是对数学本质的认识和深刻揭示,对数学自身的认识和研究以及数学以外的其他领域的研究产生着极大的影响。数学知识是数学思想的基础和来源,数学思想又是数学知识的高度概括和升华。

数学思想是数学方法的指导思想和理论基础,数学方法则是数学思想的具体体现和实践工具。数学思想强调对数学基本概念、基本原理和基本方法的深刻理解和领悟,以及对数学知识体系的结构和内在逻辑的掌握。这些基本思想方法是数学知识体系的核心和灵魂,是贯穿整个数学学科的基础理论,为解决实际问题提供了指导和思路。数学方法则是为了实践数学思想而采用的具体手段和程序。每种数学方法都有其特定的思想背景和应用范围,每种数学思想又都可以通过特定的方法得以体现和实践。数学方法的存在使得数学思想能够被应用到实际问题的解决中,同时也使得数学知识得以不断丰富和发展。

在数学学习和研究中,只有深入理解和领悟数学思想,才能更好地理解和应用数学知识,掌握数学的本质和精髓。同时,只有掌握了一定的数学方法,才能更好地解决实际问题,将数学知识和实际问题有机地联系起来。

(3) 数学思想的基本特征

① 抽象性

数学思想具有高度的抽象性。数学是一门研究数量、结构、变化和空间等概念

的学科,其概念和原理往往需要进行抽象化的处理。数学思想往往需要借助抽象思维的方式来进行推导和归纳,将具体的数学问题转化为抽象的数学模型,从而获得更深刻的认识和理解。

此外,数学思想还常常需要对问题进行形式化处理,将问题转化为一些符号和公式的集合。这些符号和公式常常是抽象的,需要借助一定的经验和知识才能理解和应用。

② 导向性

数学思想具有导向性,它是研究数学和解决数学问题的指导思想,是数学思维的策略。数学思想的导向性表现在它既是数学产生和发展的根源,又是建立数学体系的基础,还是解决具体问题的"向导"。比如极限思想是微积分理论的基础,又是解决许多数学问题的重要指导。而在解决具体问题中,数学思想往往起主导的作用,尤其是它对产生一个好"念头"、一种好"思路"、一种好"猜想"提供了方向。当然,数学思想在指示解题的方向时,还为数学方法的具体实施留有应变的余地。

③ 统摄性

数学思想具有统摄性,它对于具体的数学知识和方法具有巨大的凝聚力,它是联系知识的纽带,具有举一纲而万目张的作用。这意味着数学思想能够提供一个统一的、普遍适用的思考方式,帮助人们理解和解决各种问题。

④ 推理性

数学思想具有推理性。数学是一个逻辑严密的学科,它的许多结论都是通过推理得出的。数学思想可以提供一种逻辑推理的方式,让人们根据已有的知识和前提条件,推导出新的结论和解决问题的方法。

数学思想的推理性可以帮助人们更好地理解和掌握数学知识,同时也可以帮助人们更好地分析和解决问题。通过数学思想的推理性,我们可以更好地理解数学中的各种概念、定理和公式是如何推导出来的,从而更好地掌握数学知识。

⑤ 模型性

数学思想也具有模型性。在数学中,模型是一种抽象的描述方式,用来表示现实世界中的某些特定对象或现象。数学模型可以用来描述和解决各种问题,例如代数方程、函数、概率模型等。通过建立数学模型,我们可以将现实世界中的问题转化为数学问题,然后利用数学方法和工具来解决问题。

数学思想的模型性还可以帮助人们更好地组织和整理数据。在数据分析和统计学中,数学模型可以用来描述数据的分布和关系,帮助我们更好地理解和解释数据。

2. 数学思想的育人价值及其学段要求

(1) 数学思想的育人价值

学科研究,深化儿童对数学学科的进一步研究。数学思想是数学学科体系中的重要组成部分,对于数学学科的研究具有重要的推动作用。通过对数学思想的研究和应用,可以进一步深化数学学科的研究,拓展数学学科的边界和内涵。

思维拓宽,促进儿童数学思维向深度发展。数学思想是一种思维方式和工具,通过学习和应用数学思想,可以培养人们的数学思维能力和逻辑思维能力,提高人们的思维素质和综合素质。

问题解决,提高儿童解决实际问题的能力。数学思想在实际生活中有着广泛的应用,通过数学思想和数学模型的应用,可以帮助人们解决许多实际问题,提高人们的生活水平和质量。

技术发展,开启儿童对科技领域的探索。数学是科学技术的基础和工具,数学思想在科学技术中有着广泛的应用。通过数学思想和数学模型的应用,可以帮助人们更好地理解和解决科学技术问题,推动科技的发展和创新。

文化传承,激活儿童的价值认同感。数学思想是一种文化传统和文化遗产,通过学习和应用数学思想,可以传承和弘扬中华民族优秀文化传统和精髓,促进文化的交流和发展。

(2) 数学思想在小学学段的要求

在新课改的环境里,现阶段的小学数学教育的主要任务之一就是推动数学思想在课堂上的融入,共同提升学生的关键能力素质,这对于现代孩子的综合素质培养有着极其深远的影响,不仅能够让他们更好地应对学业挑战,同时这也是他们自我成长所需的关键品质。所以,在小学校园内,我们需要找到一种合适的策略来调整数学知识点讲解与数学思想融合的方式,实现两者间的和谐共生,这样可以让孩子们在掌握基础知识的过程中领悟到数学理念,累积他们的思维经验,从而有针对性地推进"四基""四能"的发展,深化对基础知识的深度认识并提升学习技巧的能力。

3. 数学思想的类型及其主要表现

数学思想的类型很多,根据专家学者的研究可以分成以下三种基本思想:

(1) 抽象思想

抽象思想是一种将复杂现象或事物转化为简单模型或概念的过程,通过简化复杂问题来发现和理解事物的本质特征。在这一基本思想中,还包含了符号化思想、分类思想、集合思想、对应思想、变中找不变思想等。抽象思想在小学数学及教学过程中无处不在,几何、代数、概率等领域均会用到抽象概括,例如《标准》(2022年版)中新增的加法模型,就是把现实问题抽象的过程,得到"分量+分量=总量"这一抽象模型,通过数学方法求解得出结论。

(2) 推理思想

推理思想是一种基于已知事实或命题,通过逻辑推导得出新结论的思维活动。这一思想中包含归纳思想、类比推理、演绎推理、化归思想、数形结合思想等。小学阶段,推理思想被广泛应用于规律探索、理解算理、解决问题、公式推导等方面。例如在执教笔算两位数乘两位数时,利用数形结合思想,把长方形分割成 4 个小长方形,来理解笔算中每一步所表示的意义。

(3) 模型思想

模型思想是一种对现实世界或现象的简化描述,通过数学语言将其转化为可计算的数学模型,其中包括简化思想、方程思想、函数思想等。在小学数学中,运算律的教学就是典型的运用模型思想。用数学模型思想统领运算律单元的教学,让学生经历数学建模的过程,掌握数学建模的思想方法,发展数学核心素养。

二、 思维进阶:以数学思想牵引单元教学的实施策略

在单元教学中,一方面,教师需要转变传统教学理念,认识到数学思想方法渗透对于学生学习的重要性,并在教学过程中逐步完成数学思想方法的渗透任务。这意味着教师应以培养学生主动参与、自主探究问题的能力为目标,给予学生一定的自主学习空间和时间。另一方面,教师要合理规划策略,掌握渗透的最佳时间,这就需要全面熟悉和钻研教材,挖掘教材中可以进行数学思想、方法渗透的各种因素。同时,要根据学生的年龄特征、知识掌握程度、认知能力、理解能力和可接受程度,由浅入深、由易到难地分层次地贯彻数学思想的教学。

1. 链接目标：挖掘数学思想的"联结点"

根据《标准》(2022年版)的教学建议，制定单元目标要体现核心素养，处理好核心素养与"四基""四能"的关系。不同于课时教学目标，单元教学目标是单元整体视角下的，具有整体性、阶段性的结构化目标。

在目标制定之前首先需要深入钻研教材，了解数学思想方法在各阶段、各章节中的分布、地位和作用，挖掘隐含其中的思想方法，并系统地将其融入教学过程。同时，对适合用数学思想为主线的单元内容要有一个整体思考，可以提出这样几个问题：本单元的内容教学是否蕴含相同的数学思想？这一思想在第一节课的教学中能否起到引领的教学价值？

数学思想是逐步在潜移默化中掌握的，在设计以数学思想为主线的单元教学目标时，也应该是系统的、递进式的，应当遵循"全面考虑—整体设计—逐步实施"这样的过程。要从学生深度学习和长远发展的角度出发，与"四基""四能"有机结合，能够实现学生素养在教学活动中的发展，达到学科育人的价值和目标。学生通过对本单元的学习，除掌握数学基础知识、基本技能，积累基本活动经验以外，还能感悟数学基本思想，能运用数学思想研究问题、解决问题，并且在这个过程中培养相应的核心素养。

例如，在运算律的教学中，可设计以模型思想为主线的单元教学，并制定单元教学目标。

基于教材的横向、纵向对比，在教学"运算律"这一单元时，至少要理清楚两个问题。一是加法交换律和乘法交换律这么简单，有什么可以教的呢？它作为一个单元的起始课时，承载着怎样的教学意义？二是学习运算律只是为了简算吗？在教学中，怎样凸显运算律的核心价值？通过对这两个问题的解读，可以把单元的教学目标设定为：

（1）经历"观察发现—提出猜想—举例验证—得出结论"的知识形成过程，理解加法交换律和乘法交换律的意义，培养学生自主探究、提出问题的能力，积累活动基本经验，发展合情推理能力，初步感知模型思想。

（2）类比交换律的探究过程，利用已有的活动经验，通过合作探究加法结合律和乘法结合律，理解其意义，提高归纳概括能力，逐步建立模型思想。

（3）能应用运算律进行简便计算，感受计算方法多样化，提高运算能力。

(4) 在问题探索的过程中,逐步养成善于猜想、敢于质疑、举例验证的数学思维习惯,发展建模思想,提升学科素养。

单元教学的目标是在对单元整体内容的思考和把握的基础上制定的,还需要根据课时内容来达成数学思想的进阶。将单元目标分散到各个课时,制定更为具体、可操作性更强的课时教学目标,从数学思想的角度,课时目标要达成从"渗透—感悟—理解—运用"的阶段性目标。

2. 经历过程:渗透数学思想的"生长点"

(1) 在知识的形成过程中激活数学思想

《标准》(2022年版)中提出要实施促进学生发展的教学活动,学生的学习是一个主动的过程,更应该是一个完整的知识形成和应用的过程。在教学过程中教师应当重视知识的形成过程,让学生在学习过程中亲身体验数学思想方法的应用。特别是概念的理解,概念不仅是知识的基础,也是抽象思维的基础。良好的知识结构是学生获得数学思想的基础,只有理清知识与知识之间的联系,才能更好地利用数学思想进行学习、解决问题。在学生经历知识的形成过程中,可以根据单元内容选择教学策略,如:

① 基于真实生活的"大情境"

数学源于生活,《标准》(2022年版)中特别强调创设真实情境,基于学生已有的数学经验、熟悉的生活环境等,创设符合学生经验、年龄特征和认知结构的情境。创设真实的教学情境可以帮助学生更好地理解数学知识,感悟数学思想。

利用生活场景,感悟数学思想。联系学生的实际生活经验,将数学问题与生活情境相结合。例如,在设计以新课标新增的加法模型和原有的乘法模型为主要内容的单元教学时,通过创设购物、乘车等生活情境,让学生在参与真实的生活场景中感悟模型思想。

利用实物教具,发展数学思想。利用实物教具,可以将抽象的数学问题具体化、形象化。例如,设计以类比推理思想为主线的多边形的内角和探究单元,可以让学生观察和操作各种多边形,通过直观感受推理出多边形内角和规律。

利用多媒体技术,拓宽数学思想。多媒体技术可以打开人所不能及的思维,有助于突破思维的瓶颈。例如,计算单元可以设计以数形结合思想为主线的单元教学,通过数形结合的方式帮助学生理解算理。

通过利用生活经验、实物教具、多媒体技术等方式,可以让学生更加直观、形象地认识数学问题,提高他们的学习兴趣和参与度,从而更好地掌握数学知识,感悟数学思想的应用价值。

② 基于启发诱导的"问题串"

对数学思想的渗透,离不开具有启发诱导性的问题。在真实的情境中,合理地设计具有启发性的问题,或者鼓励学生提出有价值的问题,可以引发学生认知冲突,激发学生学习动机,促进学生积极探究。

利用已有知识进行启发。利用学生已经掌握的知识点或者经验,设计一些与之相关的问题,引导学生通过类比、迁移等方式思考新的问题。例如,在设计规律知识探索的单元,可以围绕活动经验的迁移,感悟归纳思想,比如在教授"商不变的规律"一课时,让学生经历"观察发现—提出猜想—举例验证—得出结论"的过程,在本课之后可以继续探索"商的变化规律""积不变的规律""积的变化规律"等,就可以设计"上节课我们是怎样研究商不变规律的?"这样的问题,一方面回忆知识的形成过程和活动经验,另一方面也能迁移方法,感受归纳思想。

设计渐进性问题串。对于一些较为复杂的问题,可以将其分解成一系列的小问题,通过让学生回答这些小问题,逐步引导他们解决问题。这种渐进性的问题串不仅可以帮助学生逐步深入思考,提高他们的思维能力和解决问题的能力,还能促进数学思想的渗透,让学生感受数学思想的价值。

联系实际进行启发。将数学问题与实际生活联系起来,设计一些实际问题,让学生通过解决这些问题来理解数学概念的实际应用。例如,可以设计一些与生活、购物等相关的实际问题,让学生通过解决这些问题来理解数学概念和数学思想在生活中的应用。

设计挑战性问题串。设计一些挑战性问题,让学生通过思考这些问题来拓展自己的思维。这些问题的难度应该适中,既不能过于简单,也不能过于复杂。

设计启发诱导性的问题串是单元教学中一个非常重要的环节。通过运用多种方式设计问题串,引导学生思考和解决问题,可以帮助学生更好地理解和掌握数学知识,感悟数学思想,提高数学能力和数学素养。

③ 基于素养发展的"大任务"

在单元教学中,设计让学生经历数学观察、数学思考、概括归纳、迁移运用等学习过程的学习任务，有助于学生获得感悟、理解数学思想，明白其运用价值，更有助于发展学生的核心素养。

设计问题解决任务。让学生面对一个实际问题，例如，测量一个操场的周长或计算一个多边形面积等，通过实际操作、信息收集、数据分析、问题解决等过程，培养学生的问题解决能力、数学思维能力和创新意识等素养。

设计数学探究任务。针对某个数学问题或数学规律，设计探究任务，例如，探究分数的基本性质、小数的基本性质、探究圆的周长和面积等，通过自主探究、合作学习等方式，引导学生运用数学知识进行探究，培养学生的探究能力和科学精神等素养。

设计数学建模任务。让学生通过实际问题的数学建模，例如，通过建立方程或函数模型解决实际问题等，培养学生的数学建模能力、数学应用能力和科学精神等素养。

设计数学文化活动。通过数学文化故事、数学游戏、数学趣味活动等形式，让学生了解数学的历史、数学家的故事、数学的美学价值等，培养学生的文化和科学精神等素养。

通过设计不同类型的学习任务，可以培养学生的不同素养和能力。在任务活动中，学生可以积极参与、自主探究、合作学习，从而促进自身素养的不断提升。同时，教师需要认真组织、引导和评价任务活动，确保任务活动的有效性和可操作性，让学生能在活动中真正经历知识的形成过程，体会数学思想所带来的学习价值，感受数学的乐趣和美好。

（2）在知识的应用过程中生长数学思想

强调数学应用，拓展数学思想方法，教师需要强调数学的应用价值，通过实际问题和数学模型的建立，拓展数学思想方法的应用范围。例如，可以通过解决实际问题、开展数学建模活动等方式，让学生了解数学在各个领域应用的价值。

强化数学建模思想。在解决实际问题时，让学生学会如何将问题转化为数学模型。通过这种方式，学生可以更好地理解数学与实际生活的联系，提高数学建模能力。

注重归纳和类比思想。归纳和类比是数学学习中常用的思想方法。通过归纳和类比，学生可以发现数学规律、理解数学知识之间的联系。在知识的应用过程中,让学生运用归纳和类比的方法进行思考和解决问题。

强调数形结合思想。数形结合是将抽象的数学问题与图形、图像结合起来思考的方法。通过数形结合,可以帮助学生更好地理解数学问题的本质,提高解决问题的能力。

提倡多种方法解决问题。在解决实际问题时,让学生尝试用不同的方法解决问题。这样可以培养学生的发散思维和创新意识,提高灵活解决问题的能力。

知识的应用过程是培养、锻炼、检验学生对数学思想的应用和理解的有效途径。通过强化数学建模思想、注重归纳和类比思想、强调数形结合思想等方法,可以帮助学生更好地理解和应用数学知识,明晰数学思想的用途,提高数学素养和解决问题的能力。

3. 重视反思:找准数学思想的"支撑点"

在单元教学的环节设计中,应当加强学生反思能力的培养,让学生对自己的思考过程进行反思和总结。通过反思总结,不仅可以提高学生数学表达、概括归纳的能力,还可以让学生更好地体会数学思想在教学环节或课堂教学中的应用。

概念、定理和公式的小结。在小结概念、定理和公式时,可以重点强调其证明思路和方法,以及如何应用这些概念、定理和公式解决实际问题。同时,可以引导学生思考其内涵和外延,发现其中的数学思想。

解题过程的小结。在解题过程中,可以强调解题的思路和方法,以及如何运用数学思想进行问题的分析和解决。同时,可以引导学生反思解题过程中所用的数学思想和方法,提高解题能力和数学素养。

课堂小结。在每节课的小结中,可以回顾本节课所学的知识和方法,强调重点和难点。同时,可以引导学生思考本节课所学内容与实际生活的联系,发现其中的数学思想和意义。

单元复习的小结。在单元复习时,可以将本单元所学的数学知识和方法进行归纳和总结,让学生形成知识网络和思维框架,整体感知数学思想。

重视课堂教学中的反思,归纳总结知识与方法的同时,还可以提炼数学思想的运用,通过强调数学思想和方法的重要性,可以引导学生积极思考、主动探究,培养良好的学习习惯和思维方式。

三、学习再造：以多元课型呈现单元教学的基本样态

以单元思维设计教学不同于课时教学设计，从教材的视角，是分段式实施的解读与思考；从教师的角度，是对单元内容进行整体性设计的探索与研究；从儿童学习的角度，是促进学生结构化认知的方式与策略，形成内容的结构化、知识的结构化。单元教学设计更具有整体性，能更好地把握课时与课时之间的联系，打通它们之间的脉络，打破原有零散的知识点，形成结构化的知识网络，串联起相关联的知识体系。

以苏教版数学五年级上册"多边形的面积"单元为例，通过对教材原自然单元的整体分析（表4-5），不难发现其中所蕴含的数学思想是"转化思想"，化不规则为规则，化未知为已知来探索数学知识。系统分析每一课时的内容，"认识公顷"和"认识平方千米"与其他内容不同，属于"认识"一类，而其他课时属于"测量"一类，单位的认识可以作为面积测量的工具，所以在授课时可以把单位的认识前置，一方面可以链接三年级学习面积单位经验，另一方面在后续学习面积时也能更好地得到进一步的认识，所以对单元进行整体的思考和分析之后，对课时进行了一定的调整（表4-6）。

表4-5 "多边形的面积"单元课时安排

课时内容	课时数
平行四边形的面积	1课时
三角形的面积	1课时
梯形的面积	1课时
认识公顷	1课时
认识平方千米	1课时
组合图形的面积	1课时
不规则图形的面积	1课时
整理与练习	2课时
校园绿地面积	1课时

表4-6 "多边形的面积"单元课型安排

课型		课时内容	课时数
认识	前置课	认识公顷	1课时
		认识平方千米	1课时
测量	种子课	平行四边形的面积	1课时
	生长课	三角形的面积	1课时
		梯形的面积	1课时
		组合图形的面积	1课时
	拓展课	不规则图形的面积	1课时
		多边形面积再推导	1课时
		校园绿地面积	1课时
	整理课	整理与复习	1课时

在"测量"部分,"转化思想"贯穿其中,成为这一部分的主线,利用种子课"平行四边形的面积"渗透转化思想,在老师的指导下能够借助这一思想推导出平行四边形的面积,一节课在每个孩子的大脑中种下数学思想——转化的种子。紧接着的三节生长课:"三角形的面积""梯形的面积""组合图形的面积"更多地让学生自己用转化的思想推导出面积公式和求面积的方法,在这个过程中真正习得这一思想,让转化的种子得到生长。拓展课侧重对转化思想的运用,除了教材原有的"不规则图形的面积"、实践课"校园绿地面积",增加了一节"多边形面积再推导",这些拓展课在运用转化思想的同时,也能提高学生的操作能力、合作能力以及思维能力,特别是"多边形面积再推导",拓宽了学生思维的边界,也能进一步让学生体会转化思想的价值和数学的无穷奥秘。当然在单元教学的内容中,贯穿主线的转化思想并不是唯一的,在这条主线以外还会融合其他的数学思想,比如还会涉及变中找不变思想、演绎推理思想等。

1. 种子课:搭建有效的思维支架

种子课是一种以培养学生创新思维、自主探究能力为主的教学模式,核心目标是调动学生的积极性和高效性。如果将某一知识系统作为一棵树,那么种子课就是这棵树的起点,即需要充分理透脉络的关键课程,通常安排在单元的起点。种子课是可供迁移、可供生长的关键课,是可供其他类型课程借鉴的具有启发性、多样性的教学模式。

本单元"平行四边形的面积"作为种子课,可以在以下几个教学过程中渗透转化思想。

片段一:启发式导入

出示(图 4-11):

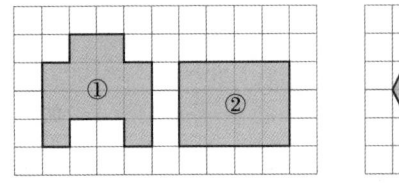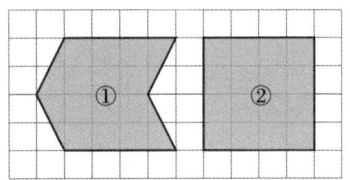

图 4-11 两组不规则面积图

提问:仔细观察以上两组图片,每组图形的面积相等吗?想一想你准备怎样比较？再和你的同桌交流。

学生：(1) 数方格；

(2) 先分割再平移。

小结：通过分割、平移，我们把不规则的图形转化成了规则的图形，把未知转化成了已知，更方便我们比较或者计算面积。

通过这样一种启发式导入的方式，一方面可以利用方格图回忆以往的经验，可以数方格来判断；另一方面①号和②号对比图可以引导学生进行分割、平移，不难发现①号图形均可转化为②号。在这个过程中教师通过问题、小结等已经开始渗透转化思想，启发学生体会出转化思想有助于解决问题。

片段二：动手操作

出示(图4-12)：

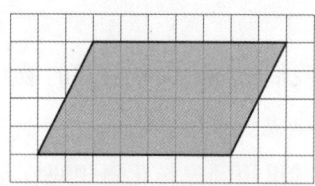

图4-12　平行四边形图

提问：平行四边形的面积作为今天我们要学习的内容，你有什么办法得到它的面积吗？

学生：可以转化为我们已经学过的图形。

引导：你能把它转化成我们学过的长方形吗？请同学们拿出课前准备的平行四边形，听一听活动要求。

想一想：你准备怎样把平行四边形转化成长方形？

做一做：先尝试画一画，再剪一剪，并把你的想法记录下来。

说一说：与你的同桌交流你的做法。

展示学生作品。

交流：两位同学都把平行四边形转化成了长方形，比较这两种转化方法，它们有什么相同和不同的地方？

学生：都是沿着高把平行四边形分成两个部分，通过平移转化成了长方形；不同的地方是一个分成了三角形和梯形，另一个分成了两个梯形。

追问：在这个转化过程中，图形的面积有没有发生改变呢？

学生：面积是不变的。

小结：观察的真仔细，不管是分成三角形还是梯形，我们都可以沿着高把平行四边形分成两个部分，转化成长方形，长方形的面积就是平行四边形的面积。

当这一环节的第一个问题学生给出了"可以转化为我们已经学过的图形"这样的回答，我们就可以判断转化思想已经开始植入学生的思维之中。学生通过动手操作真实的感受转化思想所带来的价值。整个过程中提到的最高频率的词就是"转化"，除此以外在追问的过程中也融入了变中找不变的思想。

片段三：回顾反思

回顾：通过今天的学习，我们是怎样推导出平行四边形的面积计算公式的？你能把整个过程在脑海中再经历一遍吗？

学生边想边描述。

追问：你觉得今天帮助我们推导出面积公式的最大功臣是什么？

学生：把平行四边形转化成长方形。

追问：在以前的学习中哪里用到过转化思想吗？

举例：笔算两位数乘两位数时转化为两位数乘一位数和两位数乘整十数；研究三角形内角和时把3个内角转化成平角；多边形内角和的探究把多边形转化成几个三角形来研究；等等。

总结：是的，转化的思想在数学的学习中有着很大的作用，明天的学习我们还会继续用到这一思想，有信心挑战吗？

在回顾反思的部分，通过再次回忆面积的推导过程，帮助学生进一步强化转化思想，通过"在以前的学习中哪里用到过转化思想吗？"这一问题让学生感受转化思想在数学学习中应用的广泛程度，同时也感受到转化思想对于帮助解决问题的价值。

对于种子课的教学，思想的浸润尤为重要。在这一案例中，从启发式的导入开始渗透转化思想，通过动手操作体会转化思想，再到最后的回顾总结再次感受转化思想的价值。不管是活动设计，还是小结与反思，教师的设计都把转化思想放在了首位，真正地把转化思想的种子埋在了学生的思维之中，等待着发芽生长。

2. 生长课：构建有形的思维结构

生长课是在"种子课"基础上，运用在"种子课"中习得的知识经验，化未知为已知，化陌生为熟悉，化复杂为简单，能迁移学习的课。它以自主探究式学习方法为主，以长出知识、长出能力、长出品格为目标。

有了种子课"平行四边形的面积"对转化思想的浸润之后，"三角形的面积""梯形的面积"以及"组合图形的面积"这三节生长课可以把更多的探究过程交还给学生，通过这三节课真正习得转化思想，能够自主运用转化思想解决问题。

片段一：复习导入（"三角形的面积"）

谈话：上节课我们一起推导出了平行四边形的面积公式，还记得我们是怎样推导出的吗（图4-13）？

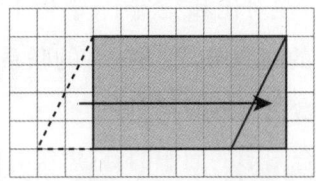

图4-13 推导平行四边形面积公式

学生回顾利用转化思想推导平行四边形面积公式的过程。

小结：看来我们已经知道了把未知转化为已知，可以帮我们解决现有问题，今天这节课，就继续通过转化思想来推导三角形的面积公式。

简短的复习导入环节，帮助孩子回顾平行四边形的面积推导过程，同时也把转化思想继续带进这节课的教学中，通过让学生根据上节课的经验自主探索，逐渐深入对转化思想的认识，提高对转化思想的运用能力。

片段二：联一联（"梯形的面积"）

提问：对比以上三种图形的面积推导过程（图4-14），它们之间有什么相同和不同的地方？和你的同桌交流一下。

相同：都是把未知图形转化为已知图形来进行推导。

不同：转化的方式不同，平行四边形是通过分割、平移，所以面积没有变，而三角形和梯形都是用两个完全相同的图形拼成平行四边形，面积变成了原来的2倍，所以它们的公式都要除以2。

通过三个图形面积推导过程的对比，强化学生对转化思想的认知，三者都体现

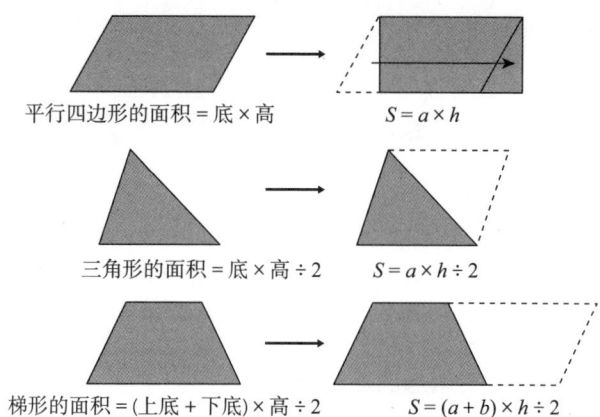

图4-14 不同图形的面积推导图

了把未知转化为已知的过程,在对比和交流中,学生不仅习得了思想,还更好地利用这一思想串联起知识之间的结构网,打通三者的联系。

片段三:归纳方法("组合图形的面积")

回顾:我们是怎样求组合图形的面积的?(思维导图逐步生成图4-15)

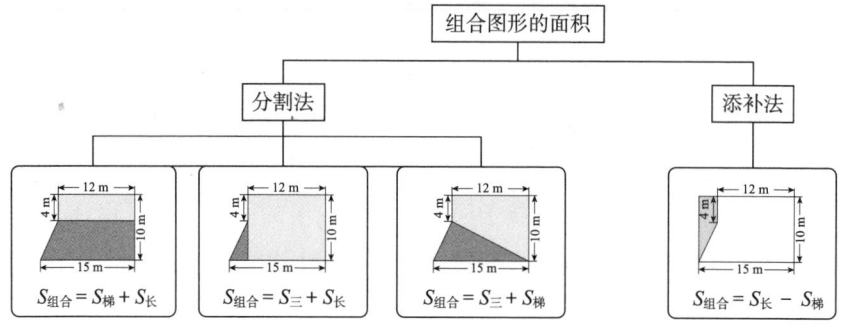

图4-15 求组合图形的面积方法图例

学生:用分割法和添补法把组合图形转化成两个或两个以上我们学过的基本图形。

追问:这两种方法有什么相同和不同的地方?

相同:都是把组合图形转化成基本图形。

不同:分割法是求几个基本图形的面积之和,而添补法是求基本图形的面积差。

小结:两种方法都用到了转化思想,但是在转化的过程中我们还要注意其中的区别。

三节生长课紧紧围绕本单元转化思想的主线,通过复习导入、自主探究、对比联系、方法归纳等方式,激活了转化思想的"生长点"。通过这三节课的学习,学生已经对转化思想有了进一步的感受和运用,学习有法,思考有路,化无形为有形,构建出了有形的思维结构。

3. 拓展课:拓展有链的思维网络

拓展课是教师在实施国家课程的过程中,为了更好地提升学生的学科素养,在现有教材的基础上,基于单元核心数学思想,寻找与单元内容相关的数学史、与教材不同的探究方法等资源,自主开发的教学内容,其目的是提升学生对数学思想的应用能力,对数学知识的探究兴趣,对数学价值的认同感。

本单元的拓展课从两个角度展开,一方面侧重于生活实践,体现运用价值;另一方面侧重推导方法的多样性,体现思维价值。以"多边形面积再推导"为例。

片段一:启发式导入

出示:

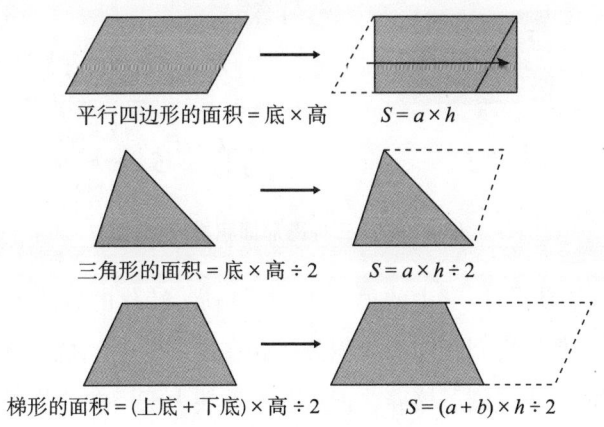

图 4-16 三种图形的面积推导图(1)

回顾:回顾三种图形的面积推导过程,想一想我们是怎样推导的?

学生交流同时出示推导过程动画图(图 4-16)。

提问:除了这样的推导方式,还有没有其他转化的方法呢?同桌相互交流。

学生提问:三角形和梯形我们用了两个,能不能像平行四边形一样只用一个就转化成其他图形呢？

小结：多有想法的问题，这样的方法能不能实现呢？今天这节课我们就继续探索其他的推导过程。

数学家高斯说过："在数学的领域里，我们找不到最后的真理，只能不断地追求更深的了解。"这样的导入方式打开了学生的思维，数学的教学不是单一的方法传授，而应该是多样化的呈现，思维不是固化的存在，而是可以向深处不断延伸、向边界不断拓展的。

片段二：动手操作

谈话：老师给大家提供了 3 种图形，每个小组选择一个喜欢的图形，一起来探究其他的推导方式。一起看活动要求。

想一想：还可以怎样转化成我们已知的图形？

试一试：小组先研讨，再各成员分别尝试着剪一剪、拼一拼。

说一说：成功的同学可以和你的组员分享一下你的经验。

展示（图 4-17）：

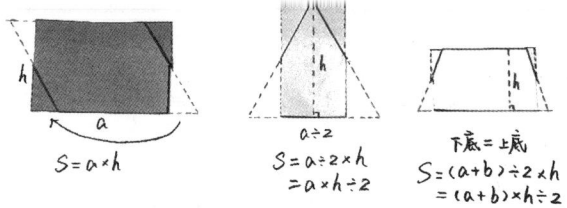

图 4-17 三种图形面积推导(2)

通过这样的活动设计，学生的思维得到了拓展，转化的方法不是局限的，转化的方式多样，但是都能得到相同的面积公式。在这节课中，学生的转化思想得到了实践，同时推理能力也得到了培养。把这些素养能力汇集在一节课中，为学生的思维培养串起了有形有法有路径的结构网络。

【典型案例】

"运算律"单元学习群的课型

基于教材的分析和思考，为了让学生比较全面地掌握运算律的背景、本质和适用范围,凸显运算律是运算中具有普遍意义的规律,让学生从更广阔的视角来理解运算律,合理应用运算律进行简便计算,对单元内容进行了重组(表4-7),分为加法交换律和乘法交换律、加法结合律和乘法结合律、减法的性质和除法的性质、乘法分配律、运算律和性质的运用。通过组合相似类型规律的学习,让学生进一步理解运算的意义,理解算理,建构模型。

表4-7 "运算律"单元结构重组框架

课型	课时内容	课时数
种子课	加法交换律和乘法交换律	1课时
生长课	加法结合律和乘法结合律	1课时
	乘法分配律	1课时
拓展课	减法的性质和除法的性质	1课时
	运算律和性质的运用	1课时

纵观重组后的教学设计,基本遵循"问题情境—建立模型—求解验证—实际应用"的学习过程。而正是在这样的数学建模过程中,学生逐步理解了运算律的本质,感受了模型建构的一般程序,发展了数学运算、猜想、合情推理和归纳总结等能力,培养了数学探究意识、符号意识和模型思想。运算律的教学应有效促进模型思想的发展,提升学生的核心素养。

种子课之"交换律"

一、聚焦生活,初步感受"交换"

谈话:我们每个人在教室里都有自己的位置,每隔两周老师就会进行位置的调换,瞧,小军和小红也换了位置,谁能来说一说他们是怎么样换座位的? 在生活中,有着许多交换现象,在数学中,我们也存在着交换。今天,就让我们走进数学里的"交换"吧。

二、聚焦经验,建构交换律模型

(一)加法交换律

1. 交换中的改变

提问:我们从最简单点的两个数字开始,1、2你能组成怎样的两位数?

追问：这两个数字什么变了？紧跟着，什么也发生了变化？

指出：是的，我们可以说位置变了，结果（大小）也变了。

2. 交换中的不变

谈话：看来以前的经验告诉我们，数字的位置变了，结果也会随之改变。那有没有可能位置变了，结果不变呢？

提问：想一想，这有可能是真的吗？还是用这两个数字，有没有可能位置变了，结果不变呢？

引入：1+2=3 2+1=3 这两个算式结果相同，所以我们也可以写成1+2=2+1这样的等式。

小结：看来，位置变了，结果不变有可能是真的。

3. 活动探究规律

活动：像这样的等式，你也能举例写一写吗？请同学们在学习单上再写出三组这样的等式，并观察你写的等式，写一写你的发现。

呈现资源。

交流：这些等式有加数是整数的，也有加数是小数的，还有加数是分数的，他们举的例子都对吗，你比较欣赏谁的？

提问：仔细观察这些等式，你有什么发现吗？

追问：刚才我们在举例的过程中，有没有同学写到加数位置交换，结果变化的呢？那像这样的等式写得完吗？你能用你喜欢的方式表示出上面所有的等式吗？

预设交流：甲数+乙数=乙数+甲数

$$\triangle+\bigcirc=\bigcirc+\triangle$$

$$a+b=b+a$$

……

明确：同学们真厉害，想到了这么多种方法来表示交换两个加数的位置，和不变这个规律，在数学中，我们通常用字母 a、b 表示这两个加数，这个规律就可以写为 $a+b=b+a$。这就是我们今天要研究的"加法交换律"。

4. 回顾探究过程

提问：回顾我们刚刚的学习过程，我们是怎样来研究加法交换律的？

指出：列式观察—举例验证—得出规律。

(二) 迁移运用

问题：在加法中交换两个加数的位置，和不变，那么在减法、乘法、除法运算中交换两个数的位置，结果会不会也不变呢？你们想不想去研究？你打算怎样研究？

活动：我研究的是（　　　　）交换律

我的研究过程：

我的发现：

小组交流。

预设 1：减法中没有交换律，我们通过举例，发现……

预设 2：除法中也没有交换律，虽然 6÷6＝1，交换位置后商不变，但这只是个特例，12÷6＝2，6÷12 就不等于 2 了，所以我们认为除法里不存在交换律。

预设 3：我们小组研究的是乘法中有没有交换律，我们举出了不同的例子，发现交换两个乘数的位置，积不变。

追问：有谁也是研究乘法交换律的，你们通过举例发现有反例吗？

看来乘法中也有交换律，我们一起来看一下（聚焦两组同学的学习单），谁再来说一说？（交换两个乘数的位置，积不变）这就是我们今天学习的第二个规律：乘法的交换律（完善板书），如果也用字母 a、b 来表示这两个乘数，乘法交换律可以写成：$a \times b = b \times a$

三、聚焦规律，提升模型运用

1. 其实，在我们以前的学习过程中就用过交换律呢，有谁知道吗？（或者引出，我们在进行加法验算时用到了加法交换律，乘法的验算时用到了乘法交换律）

2. 教材部分练习

3. 通过今天的学习，你有哪些收获？

拓展延伸：20－8－6，20－6－8；60÷2÷3，60÷3÷2

观察这两组算式，你发现什么变化了，结果又会怎样呢？你可以利用这节课学习的方法继续去研究。

（这一环节的设计意图：举的例子可以和下一节课有个衔接，除了举例验证，还可以用减法的性质和交换律来说明为什么结果也不变）

生长课之"结合律"

一、创设情境,导入新课

上节课我们学习了加法交换律,知道了两个加数交换位置,和不变。那么加法运算中还有没有其他规律性的知识?这些知识又有什么作用呢?这节课我们继续学习。

【设计意图】从加法交换律入手,带着疑问进入课堂,引发思考,强调了由旧知入新知、举一反三的作用。

二、合作学习,探究新知

(一)探究一

1. 由题入手,引出猜想

出示:(4+8)+6、4+(8+6),学生计算得数。

比较两算式的异同。

提问:再看这一题,19+62+38 和 19+(62+38),得数会相同吗?(相同)

引导:我们来猜猜刚才的两个例子说明了什么?

教师适当引导,用文字概括出结合律。

小结:猜想是从准备题中归纳出来的,是否正确,还有待于我们去验证它。

2. 验证猜想,形成规律

指出:要验证我们的猜想是否正确,可以通过计算其他算式来证明。

女生完成:3024+(73+6)　(13+8)+5

男生完成:(3024+73)+6　　13+(8+5)

汇报答案:得数相同,符合猜想。

谈话:上述两题符合猜想,可能是偶然。请同学们自己来动手,找一找符合猜想的式子。

学生自由举例,小组交流结果。汇报结果,找到许多算式符合猜想。

引导:能证明猜想正确,还有我们身边的一些生活实例(课件出示)。

出示:果园里有桃 30 个,梨 40 个,苹果 50 个,一共有多少个?

进一步启发:以上几个加法算式,每个算式有什么相同点和不同点?各表示什么意义呢?

学生讨论交流。

提问：你们能根据这三个等式的运算顺序和计算结果，说出它们的计算规律吗？

先独立思考后小组讨论，再全班交流。

小结：在加法中，三个数相加，先把前面两个数相加，再与第三个数相加，或者先把后两个数相加，再与第一个数相加，它们的和不变。

3. 得出结论，板书课题

指出：这个计算规律在加法中叫"加法结合律"（板书）。

提问：这样的计算规律，你们能用自己喜欢的方式表示出来吗？

预设：（甲数＋乙数）＋丙数＝甲数＋（乙数＋丙数）

（▲＋○）＋☆＝▲＋（○＋☆）

$(a+b)+c=a+(b+c)$

提问：同学们思考一下，加法结合律在计算中有什么作用？

预设：三个数相加，先加其中的两个数，可以凑成整十、整百……使计算简便。

小结：运用加法结合律，能使计算既简便又正确。

【设计意图】这一环节中安排了三个层次：首先学生在观察等式、初步感知等式特征的基础上模仿写等式，在模仿中逐步明确特征；然后在观察比较中概括特征，引发学生由几个例子的共同特征联想到是否具有普遍性，从而得到猜想：是不是所有的三个数相加，都具有这样的特征；最后通过学生大量的举例，验证猜想，得出规律。

（二）探究二

1. 引用结论，猜想迁移

提问：加法有结合律这样的运算规律，那么在其他的运算中是否也存在着这样的计算规律呢？请同学们以小组为单位，进行合作探究。

2. 分组自主选择进行验证

3. 小组汇报交流

（1）乘法中的结合律

得出：在乘法中，三个数相乘，先把前面两个数相乘，再与第三个数相乘；或者先把后两个数相乘，再与第一个数相乘，它们的积不变。

指出：这个计算规律在乘法中叫"乘法结合律"（板书）。

用自己喜欢的方式表示出来（符号、字母）。

（2）减法中的结合律（减法的性质）

得出：在减法中，一个数连续地减两个数，就等于减去这两个数的和，差不变。减法的这种性质规律，我们也可以给它起名什么？

用自己喜欢的方式表示出来（符号、字母）。

（3）除法中的结合律（除法的性质）

得出：在除法中，一个数连续除以两个数，就等于除以这两个数的积，商不变。除法的这种性质规律，我们也可以给它起名什么？（除法的结合律，不否定学生）

用自己喜欢的方式表示出来（符号、字母）。

小结：同学们能够举一反三，从加法的结合律一下又类推出了其他三种运算的结合律。

【设计意图】这一环节中是本课最重点的环节，不仅思维上有层次的爬坡，而且很好地体现了数学大单元的整合。学生由加法交换律到乘法交换律的学习很容易由加法结合律迁移到乘法的结合律，但是再到减法和除法的性质就有点理解上的异同了，因为这两个是逆向的运算。这里不突出强调减法的性质和除法的性质。

引导：同样能证明猜想正确的，还有我们身边的一些生活实例。

① 星河实小有 6 个年级，每个年级 12 个班，平均每个班级 35 人，全校一共有多少名学生？

② 一本书 350 页，第一天看完 65 页，第二天看完 35 页，还剩下多少页没有看？

③ 王老师买了 5 副羽毛球拍，一共花了 330 元，每支羽毛球拍多少钱？

每题至少列出两种不同的算式。

提问：以上几组算式，每组算式有什么相同点和不同点？各表示什么意义呢？

4. 得出总结。

小结：结合律不仅存在于加法运算中，在其他的运算中也存在。但在减法和除法计算时，改变了计算顺序，运算符号可能也会随之改变，之后我们还会继续研究。

(三) 探究三

1. 思维升级，拓展延伸

谈话：刚刚我们验证了加减乘除四种运算的结合律。这种改变运算顺序结果不变的规律在连加连乘连减连除的计算中都存在！那么，在加减或者乘除同级混合运算中还存在吗？

再次进行小组合作探究学习，完成合学单。

小组汇报交流。

(1) 加减混合算式中的结合律

$(a+b)-c=a+(b-c)$

(2) 减加混合算式中的结合律

$(a-b)+c=a-(b-c)$

(3) 乘除混合算式中的结合律

$(a\times b)\div c=a\times(b\div c)$

(4) 除乘混合算式中的结合律

$(a\div b)\times c=a\div(b\div c)$

2. 小结

【设计意图】这个提升层次的探究环节作为拓展延伸部分，对于四年级的学生来说难度有点大。但觉得还是可以尝试一下，一是让整节课的探究性学习活动更有层次，让思维也有一个线性的持续上升；二是对整个结合律知识点的一个完善和延伸。

三、课堂总结

1. 分类整理

刚刚我们一起探究了结合律在几种算式中的存在规律。并用字母表示出了，你能把这几个字母表示的结合律进行分类吗？

小组讨论后尝试。

2. 回顾反思这节课我们一起研究了什么？我们是怎么展开学习的？你有什么收获？

生长课之"乘法分配律"

一、创设情境,感悟模型

(一) 解决问题:情境1(物)(图4-18)

图4-18 情境1(物)

1. 列出算式,建立联系

出示问题:四、五年级一共要领多少根跳绳?

提问:你能列出综合算式吗?

学生列出两种综合算式,分别说说想法。

引导:感受"合成一个整体算""分开算,再相加",口算结果。

提问:这两道算式可以用=(等号)连接吗?

指出:(板书=)它们计算结果(相同)。

提问:不计算,你能说明其中的道理吗?

预设:(6+4)×24、6×24 + 4×24 都表示求 10 个 24 是多少。

明确:用乘法的意义解释也很清楚。

2. 左右比较,感知联系

提问:观察等号两边的式子[(6+4)×24=6×24 + 4×24],它们有什么联系?

学生交流。

相同:数相同(6,4,24),计算结果相同,都有+、×。

不同:运算顺序不同,数的个数不同,算式结构不同。

提问：仔细观察，右边式子和左边式子怎么得来的？

预设：把左边式子括号里的 6 和 4 分别和 24 相乘，再相加。

小结：你表达得真清楚，6+4 的和乘 24，可以写成 6 和 4 分别和 24 相乘再相加，结果不变。

（二）解决问题：情境 2(图形)（图 4-19）

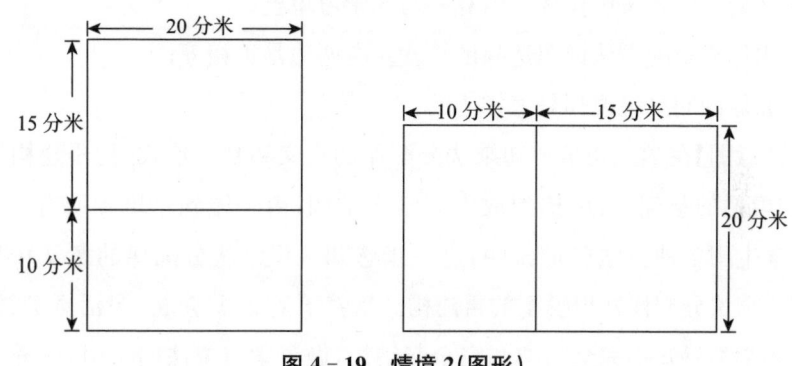

图 4-19　情境 2(图形)

谈话：为了便于保管，管理员老师给柜子装上了柜门。柜门的面积一共是多少平方分米？能列综合算式解决这个问题吗？

学生自主列式。

指出：这两道算式也可以用＝连接。（板书＝）

提问：不计算，看这个图你还能说明左右两个式子相等吗？

变式：图如果转成这样，你还能看懂左右两个式子相等吗？

引导：15×20 求的是（　　　）；10×20 求的是（　　　）；它们加起来就算出了（　　　）。(15＋10)×20 算的也是（　　　）。

提问：我们又得到了一组等式，仔细看看，它和上面这组等式的样子一样吗？

明确：是的，这两组等式左右两边有着相同的联系。

【设计意图】巧创学生熟悉的问题情境进行引入，引导学生运用已有的知识经验来解决问题，在解决问题的过程中发现并提出新的问题，引发思考，从而引起学生进一步探索新知识的心理需求。巧借情境，"数""形""数量关系""生活实际"紧密结合，引导学生通过观察、比较，结合乘法的意义、长方形的面积计算等初步感知乘法分配律的意义和基本形式，初步建构乘法分配律知识模型，培养学生发现、提出及思考问题的能力,激发他们的学习主动性和积极性。

二、观察举例,明理建模

提问:像这样的例子你还能举一些吗?

学生举例,并板书。

活动要求:

(1) 从列举的式子中任选一组算式写在学习单上;

(2) 用你喜欢的方法说明选择的算式左右两边是否相等;

(3) 和你的同桌说说你是怎样想的。

【设计意图】在学生初步感知乘法分配律的意义和基本形式,初步建构乘法分配律知识模型的基础上,由扶到放引导学生举例,由个体到全班到所有,由点到面,组织学生用多种方法验证说明,进一步感知认识乘法分配律的意义和基本形式,实现对乘法分配律知识模型的再建构。培养学生反思、辨析、灵活举例、概括的能力,引领学生感知不完全归纳和完全归纳法,做了学习方法的指引,渗透了极限思想,进一步激发学生的学习兴趣和学习主动性。

二、观察比较,抽象概括

1. 分析概括,提炼特征

提问:根据这些算式,我们可以得到怎样的规律? 同桌相互说一说。

得出:两个数的和与一个数相乘,可以先把这两个数分别与这个数相乘,再相加。

要点提示:两个乘法算式里有相同的乘数,才能把相同的乘数放到括号外面,然后把另外两个乘数相加。

2. 抽象概括,形模建构

你能用字母 a、b、c 分别表示这三个数,上面的规律可以写成:

$$(a+b)\times c = a\times c + b\times c$$

得出:这就是乘法分配律。

【设计意图】组织学生对写出的等式进行再观察、再比较,引导学生用自己的语言描述,归纳出其中的规律,进一步内化对乘法分配律的理解和认识;引导学生经历用字母表示乘法分配律的过程,避免文字表达的冗长而造成的记忆负担,感知、体现数学符号的简洁美,引导学生感悟模型思想,培养符号意识,发展符号感。

四、回顾探究,链接旧知

1. 回顾学习方法,形成自主学习能力

回顾:想一想,我们是怎样得出这个规律的?

提炼:举例观察—比较发现—推理验证—归纳总结。

2. 回顾知识运用,感受新旧知识的联系

回忆:其实以前我们在学习其他数学知识的时候就用到过乘法分配律,谁还有印象?

举例:长方形的周长计算;两位数乘两位数的笔算算理。

五、分层练习,灵活运用定律

1. 填一填

$(13+17) \times \underline{\qquad} = 13 \times 5 + 17 \times 5$

$(125 + \underline{\qquad}) \times 8 = 125 \times 8 + 7 \times 8$

$48 \times 6 + 52 \times 6 = (48 + \underline{\qquad}) \times 6$

2. 选一选

与 $25 \times (4 \times 8)$ 相等的算式是( )。

① $25 \times 4 + 25 \times 8$;② $25 \times 4 \times 25 \times 8$;③ $25 \times 4 \times 8$

3. 用一用

(1) 一套故事书由上、下两册组成,上册每本12元,下册每本8元,李老师要买6套,一共需要多少元?

(2) 一张桌子125元,一把椅子50元,林林买了8张桌子和8把椅子,一共要花多少元?

【设计意图】引导学生根据乘法分配律填空,并从不同的角度对乘法分配律作出解释,有利于学生更好地把握乘法分配律的本质内涵。通过计算和比较,引导学生初步体验应用乘法分配律可以使一些计算简便,既加深了对乘法分配律的理解,又为进一步学习有关的简便计算作必要的铺垫。第三题从乘法的意义维度出发,勾连旧知,让学生感受乘法分配律的实践价值,培养学生的运算能力和实践能力。

六、回顾:总结,链接拓展

1. 回顾:今天这节课我们是怎样研究乘法分配律的?你有什么收获?

2. 拓展:今天学习的乘法分配律是两个数的和与一个数相乘,等于两个加数分别与这个数相乘,再相加,如果这里是三个数或更多个数相加的和,乘法分配律还适用吗？再如果,这里的加法换成减法,还能运用乘法分配律吗？

拓展课之"减法和除法的性质"

一、回顾反思,思维结构化

提问：在前面的几节课中,我们已经研究过了哪些运算律呢？

预设：加法交换律、乘法交换律。

追问：还记得我们是怎样一步步发现这些运算律的呢？

预设：在解决问题的过程中发现规律,从而提出猜想,为了验证猜想,我们举了大量的例子,发现没有一个反例,从而得出了结论。（板书：发现规律,提出猜想,举例验证,得出结论）

引入：除了加法和乘法有运算律外,减法和除法也有着一些很重要的性质,今天我们就一起来按照这样的步骤进行研究。

二、情境引入,探究结构化

1. 自主探究

情景导入：李老师带 300 元去买奖品,买钢笔用去 40 元,买笔记本用去 60 元,应找回多少元？（两种方法）

提出要求：请同学们按照探究单上的提示进行小组合作探究。

(1) 解决问题：请同学们先独立列综合算式解答,然后在小组里交流各自的做法；

(2) 发现问题：_____

(3) 提出猜想：_____

(4) 举例验证：根据小组中提出的猜想,每人各举两组例子,看看猜想是否仍然成立。

(5) 得出结论：_____

2. 探究分享

小组汇报(1—2 组)

总结：刚才我们通过一系列的研究得出了这样的结论。

介绍：这就是我们今天要研究的减法的性质(板书：减法的性质)。

引导强化：谁再来说说，我们刚才发现的减法的性质是怎样的？

学生回答，请多位学生说。

小结：哦，原来减法的性质是一个数连续减去两个数，就相当于这个数减去后两个数的和，用字母表示是 $a-b-c=a-(b+c)$［板书：$a-b-c=a-(b+c)$］

同桌之间再说一说。

3. 规律应用

教师提问：那减法的性质在具体情境中，又是怎样运用的呢？我为同学们准备了3个小挑战，期待同学们的出色表现哦！

（1）小试牛刀：填上合适的符号或数

学生口答，可以配上相应的解说。

（2）明辨是非：判断对错

先同桌之间交流，判断对错，错的要说明理由。

（3）简便计算：独立完成

展示学生错误资源，请大家点评，指出"减法的性质"在运用时的注意点；如果没有，就选择一位学生的作品展示，挑选几位学生说说是如何简便的。

三、探究升级，延伸结构化

1. 自主探究

刚刚同学们经过小组合作，发现了减法的性质，那同学们猜一猜，还有什么运算中会有类似的性质呢？

预设：学生：除法也会有这样的性质。

追问：为什么这样猜呢？

引导得出：是的，在之前学习的加法和乘法的运算律中，由于乘法是加法的高级运算，所以加法有的运算律，乘法也有。而除法作为减法的高级运算，减法所拥有的性质，除法也会有相类似的。

引出：那你猜测除法的性质是怎样的呢？

同学们可以在第二个研究框中自主进行研究，以小组为单位进行交流分享。

提出要求：请同学们按照探究单上的提示进行小组合作探究。

（1）提出猜想：_____

（2）举例验证：根据小组中提出的猜想，每人各举两组例子，看看猜想是否仍然成立。

(3) 得出结论：＿＿＿＿＿＿＿＿＿＿＿＿＿＿＿＿＿

2. 研究分享

学生以小组为单位汇报(1—2组)。

学生补充完善,强化除法的性质。

3. 练习强化

(1) 简便计算

(2) 解决实际问题：

光明小学六个年级一共有学生480人,每个年级有4个班,平均每班多少人？

学生独立运算,和同桌交流,再全班展示

四、课堂回顾

让我们一起来回顾一下整节课的学习：

总结：对于今天学习的减法和除法的性质,你有什么想提醒大家的吗？

预设 生1：要先看数字特点,再选择方法。

生2：有的时候任意交换两个减数的位置差不变。

生3：不要看到减去两个数的和就马上连续减去两个数,要先看看能不能简便再作决定。

师：同学们说得真好,我们要运用火眼金睛善于观察数据的特点,运用掌握的性质灵活地进行简便计算。不知道在接下来的学习中,大家是否能够保持着这股学习的冲劲,探究更多未知呢？

"运算律"单元学习的价值意义

1. 从问题情境发现数学模型,提升学生问题探究的素养

在每一个运算律的教学中,都以生活情境来设计问题,引导学生列出不同算式进行解答。不同方法解答结果却相同,由此帮助学生感受运算律的现实背景。在此基础上形成等式,引导学生初步发现其中蕴含的运算律,提出数学猜想。然后再列举几个类似的算式,算一算,比一比,进行类推验证,归纳总结。明白发现的规律是普遍的存在,而不是偶然的巧合,提高了学生的合情推理能力。在这个过程中,教师有效帮助学生建构数学和生活的联系,让学生经历问题解决、数学发现、提出

猜想、举例验证、归纳总结的过程，数学探究意识不断增强。

2. 从算理视角解释数学模型，提升学生把握本质的素养

让学生从算理的视角解释运算律的模型，便于学生理解和把握运算律的本质。如加法交换律的教学，让学生大量列举形如例题的算式，通过计算发现结果相等。在此基础上，引导学生从算理上理解其实它们都是把两个加数合并成一个数的运算，哪个在前，哪个在后，不影响合并结果，即加数的位置关系不影响加法运算结果，这就从算理上解释了加法交换律客观存在的原因。在乘法分配律的设计中，也是通过对"几个几相加的和"的理解，解释了两个算式可以相等。算理的理解，帮助学生有效把握运算律背后的数学本质。

3. 用符号系统建构数学模型，提升学生符号表达的素养

从用具体数表示到用数学符号表示运算律，对学生来说，是认知上的一次飞跃。对于学生来说会有一定的困难，因为这需要学生的思维由具体形象向抽象逻辑过渡。以枚举归纳为载体，帮助学生建构数学模型。在三个运算律和两个运算性质的教学中，都是先让学生多列举一些具体算式的例子，在写一写、算一算、比一比中积累感性经验，再尝试用语言文字描述等式的共同特征，在此基础上用字母表示大量算式中存在的客观规律。学生在符号表达规律的活动中观察、对比、分析，不断思考与建构，抽象概括出规律，这样既深化了对运算律的理解，又发展了符号意识和合情推理能力。

4. 用类比迁移拓展数学模型，提升学生思维创新的素养

通过已有的建模经验，能够自主迁移，在类比迁移过程中进行拓展延伸、触类旁通是运算律单元学习群的教学设计的一个重要特征。

比如在教学了加法交换律后，引导学生猜想减法、乘法、除法有没有交换律，学生根据猜想进行自主探究，通过举证发现乘法有相同的规律，减法和除法没有。再如教学减法的性质前，先引导学生回顾前面学习运算律的方法，迁移出探究新的运算律的方法；在得出乘法分配律 $(a+b)\times c=a\times c+b\times c$ 的字母模型后，可以引导类比联想到 $(a+b+d)\times c=a\times c+b\times c+d\times c$ 或 $(a-b)\times c=a\times c-b\times c$，提出猜想，举例验证，归纳总结，得出结论，不断活化乘法分配律的模型结构，从而培养学生数学思维创新的广阔性和深刻性。

通过让学生经历从问题情境提出猜想、举例验证猜想、抽象概括规律、灵活运

用规律的过程,引导学生感悟抽象、推理、模型等基本思想,推动运算律学习向更深、更广处发展,正是单元学习群设计的价值所在。

第三节 以实践活动为主线的单元教学策略

以实践活动为主线的单元教学是基于真实问题展开的项目式学习,通过学习共同体解决真实性的问题,使学生形成主动探究的学习能力。儿童的数学学习是基于间接经验与直接经验的自然生长,以实践活动为主线进行小学数学单元教学的开发与实践,旨在通过对学科间的统整融合,给予儿童一条不同以往的数学学习路径,提升学力与探究力,让儿童应具备的数学学科关键能力与必备品格在课堂上真正"长"出来。

一、设计思路:确立基于"跨学科"的单元学习群

基于"跨学科"的单元学习群旨在给学生提供一个贴近学生生活实际的驱动问题,学生在解决驱动问题的过程中学习、应用多门学科知识,在"跨学科"项目中完成对驱动问题的解决。基于"跨学科"的单元学习群不仅涵盖学生的小组合作、解决问题、沟通交流、信息分析等能力,而且提升着学生的分析、比较、辨析等思维能力水平。

1. 厘清"跨学科"单元学习群的目标要素

基于"跨学科"的项目化学习,更强调知识的学术价值、实用价值、教育价值和生命价值,更提倡让学生在真实问题情境的学习活动中学以致用、锤炼能力,让知识与技能、情感与价值观在探究实践中自动化、系统化、结构化、素养化,指向学科素养形成和必备品格习得。

"跨学科"数学单元学习群的目标指向运算、计量、图形、统计、逻辑、概念、应用、建模等要素,在低中高三个学段中呈现梯队性难度设计,贴近学生生活实际,再现问题情境,回归真实生活。

一是低年段学生以生活化单元学习为主,通过设计游戏性活动、操作性活动,侧重学生的数感、符号意识、几何直观、运算能力的培养;

二是中年段学生以情景化单元学习为主,在操作性和游戏性学习活动的基础

上,聚焦学生的推理能力培养,渗透数据分析观念、空间观念和模型思想;

三是高年段学生以综合化单元学习为主,通过综合化实践性活动,重视学生的空间观念、数据分析和模型思想的培育,提升学生发现问题、分析问题、解决问题的能力。

2. 明确"跨学科"单元学习群的开发类别

小学数学"跨学科"单元学习群的开发与实施,体现着系统性、灵活性和梯度性。在内容的角度上看,它既可以是学科(一个或 N 个学科)或者课程中较为核心的概念、重点内容,也可以是现实生活中的真实问题解决;从范围的角度上讲,它既可以是基于学科中的关键核心知识内容或者是学科素养视野下的大单元,也可是自然单元整体中的某条主线或一系列设计的主题单元,还可以是基于一课时或某个知识点的拓展。

基于上述,小学数学"跨学科"单元学习群要具有一定的复杂性,能融合多学科知识,有效唤醒学生的知识基础和生活经验,才能让学生在"跨学科"数学单元学习中与同伴进行协作共享,呈现学生完整的生命状态。建构"跨学科"单元学习群一定要关注项目体系的逻辑完整性,明确对象系统和问题系统,整体架构动态的、自主的系统。因此,我们的"跨学科"单元学习群项目开发类别分为认识自己(如"我是时间规划小达人""超市购物"等)、发现自然("一千克究竟有多重""一分钟我能做多少事")、了解生活("我家面积有多大""合理安排做家务时间")、体验社会("有意义的郊游""博物馆中的数学问题")、综合实践("家庭旅游攻略""怎么节约用水")等五大维度,把学生引向更丰富的生活世界,让学生在完成有挑战性的任务中进一步拓宽视野。

3. 重组"跨学科"单元学习群的内容序列

"跨学科"单元学习群的建构,不能脱离学生的生活实际,不能脱离文本内容,更不是简单地将各学科内容叠加拓展,而是从基于文本、深入文本、超越文本的角度回归学生生活,建立跨越学段、跨越学科的单元学习群项目。

在"跨学科"单元学习群的建构过程中,教师要将课内的单元进行打通重组(表 4-8),实现课内学习与课外活动的整合融通,尊重学生的认识发展规律,打开学生学习视野,鼓励他们在实践中应用,在探究中学习,学会观察、思考、阅读、表达、记录,在深度参与中获得深刻的学习体验,体会丰富的学科内涵。

表 4-8 "跨学科"单元学习群重组框架

类 别	专 题
数学与文学	诗歌中的数学 数学童话创编演 数学绘本读写绘
数学与历史	神奇的 π 勾股定理 数学家的故事
数学与自然	昆虫与数学 自然界的数学家 小蜂房里的大学问
数学与建筑	图形拼搭 创意建筑设计 地砖中的学问
数学与美术	走进圆的世界 神奇的黄金分割 对称现象与对称图形
数学与体育	赛期与赛制 排列与组合 应对的策略
数学与游戏	数学魔术　数学步道 数独游戏　数学魔方

二、建构方向：开发基于"跨学科"的单元学习群

"跨学科"的单元学习群对学生的数学学习应该有意义，与学生的兴趣、经验、能力相匹配，与不同参与者的学习风格、个体与群体的相互作用相吻合，与不同阶段、不同要素的相互作用相符合，让学生的学习冲破学科的藩篱，看到更加广阔、更精彩的世界。

1. 宽的拓展：从生活主题到丰富文化

在目前，我国传统的教学模式是分科教学，它的好处是能让学生的学习变得更加专业，但项目式学习理念指导下的跨学科学习，会让学生的人生变得更加完整、全面。因为项目式学习需要把学生放在真实存在的问题情境中，基于真实问题解

决问题,它可以打破各学科之间的壁垒,帮助学生重建课程知识的实践脉络,具有全人全学科的育人价值。如在设计"国外景点完美攻略游"的六年级数学课程项目式学习中,我们不单单可以开发制定预算、合理消费、路线规划、折扣问题等基于数学学科知识的系列内容,还可以开发关于乘坐飞机的英语口语、英语导游语、英文地标单词等系列内容,还能融合语文、美术、信息与科学学科,对旅游当地的风土人情、著名景点进行调查研究,让学生体验一个完整的攻略设计过程。

2. 量的积累:从生活原型到数学模型

学界认为项目式学习不仅仅是一种学习方式,更是一种新的课程观。据知网上的学术检索统计,教师们清一色的研究只聚焦于在数学课堂教学模式中融入PBL的元素,针对一课时或特定教学内容开展研究,"浅尝辄止"的做法会导致出现"只见树木,不见森林"的尴尬局面。而站在课程的视角去架构长线的数学课程项目式学习,可以让课时调整更灵活,让学科统整更灵便,让空间延展更灵动,避免教师在项目式学习开展中陷入"时间"不够、"火候"不足、"效果"不佳的怪圈。如一年级开发5课时的"超市大甩卖"数学课程,孩子通过买卖商品习得人民币的相关知识,以及20以内加减法应用、常用日用品和水果的单词识读等学科知识,把数学和生活彻底联系在一起。

3. 质的改变:从单一认知到深度思维

加德纳在《心智的结构》一书中指出,人类智力的基本性质和基本结构是多元的,体现为一组能力而不是一种能力,且各种能力以相对独立的形式存在而不是以整合的形式存在。为实现新课标中倡导的不同的人在数学上得到不同的发展,在数学课程中实施项目式学习,有利于学生对于知识应用与问题解决进行多元表征,演讲、手工作品、绘画、作文、研究报告书、PPT汇报、倡议书、手机App等都可以成为学习成果的呈现方式,有别于传统教学模式中呈现的唯一标准化答案。如在"小年历,大学问"的三年级数学课程的项目式学习中,通过年历的了解、制作、美化、拍卖等流程,使学生的表达能力、动手实践能力、写作能力都能得到充分体现。学生在项目式学习中体验到了真实的学习,收获的是知识、能力、思维的提升,学习的环境改变了,格局扩大了,素养达成了。

三、流程再造：优化基于"跨学科"的单元学习群

以"跨学科"的单元学习群撬动数学课程综合化的实践，真正将学习的主动权还给了学生，带来了学生自主、合作、探究性的跨学科学习的发生。在实施过程中，学生在数学学习中主动学习和自我完善，教与学方式的转变发生在鲜活的教育现场，主要通过以下四个环节实施流程再造。

1. 指向建构，基于单元的学习视角

"跨学科"单元项目化学习的启动阶段，是引导学生分析项目所提供的已知条件，通过联系、激活已有认知、经验等，拓展项目研究路径的关键一步。因此，教师需要基于单元的学习视角，不仅要考虑各学科的具体表现、学习特点，还要从学生问题分析能力、学习需求以及认知喜好等因素出发，明确学习目标，制定评价要素。

如在对现有数学教材"年月日"一课的挖掘中，学科教师团队在确定项目内容为"小年历，大学问"的情况下，以数学学科的关键能力为主，整合其他学科的关键能力指标，商讨出实施本课程的系列目标，主要从学科本位和素养达成两大视角出发。

（1）学科本位视角：商定课程关键能力目标

主要指跨学科间课程知识与技能目标的整合，在可能涉及的学科之间进行有效的统整融合，从而培养学生具有全学科的视野。

如"小年历，大学问"数学项目课程需要达到的系列目标：(1) 知道一年有12个月，7个大月4个小月，3个月为一季，2月为特殊月；(2) 能判断平、闰年，知道平年有365天，闰年有366天；(3) 知道年历的要素，掌握关于时间的进率，熟练运用，会用周期问题对日期进行推算；(4) 掌握年历中组成要素的相关单词拼读写；(5) 能多元品鉴各式年历，提升自己的审美能力；(6) 了解中国的传统节日以及二十四节气的由来；(7) 掌握初步的营销知识，学会相关的营销技巧。

（2）素养达成视域：衔接校本核心素养目标

主要指聚焦学生的综合素养，衔接好本校校本核心素养发展目标，让浸润式学习在课程的实施过程中随时随处发生。

如"小年历,大学问"数学项目课程的校本核心素养目标:(1) 参与素养:在活动中有规则意识,善于合作学习,尊重集体的看法并提出自己有价值的意见;(2) 时代特需素养:能运用上网、查阅书籍等工具方式选取资料,辅助完成作品;能独立思维并发现关键问题,用创新性思维去合理解决问题。(3) 关系素养:积极与他人分享自己的成果,主动悦纳吸取其他成员的优点。

2. 提供支架,基于项目的内在秩序

历史表明,知识并非线性积累、亘古不变的,而是随着时代的演进不断地进行重建。传统的数学课程关注的是数学知识的统一性、逻辑性、精确性,知识被禁锢在"逻辑"之中,使得知识与想象成为对立的两极,知识的学习带来的是想象力的减损。已故国学大师陈寅恪老先生曾指出:"治学的关键在于'预流'。"即预测和把握时代的潮流,在PBL给传统数学学习带来冲击的背后,我们应当给学生提供一种新的数学学习方式,让学生在"跨学科"单元学习中主动建构属于自己的知识网络结构体系。如在"小年历,大学问""跨学科"单元学习中,我们首先要定位单元学习项目三大要素(学生、教师、内容)在数学学科中的定位。

(1) 学生角色定位:学生作为"跨学科"单元学习者,需要主动组建研究共同体,合理进行合作,制定解决真实问题的方法策略。

(2) 教师角色定位:教师是项目的管理者、指导者,扮演好促动师的角色,负责给学生学习共同体提供必要的方向性指导,提供给学生支撑项目实施的"脚手架"(表4-9)。

表4-9 "小年历,大学问"单元指南"脚手架"

需要的技能	学生将做的事	教师将做的事
获取年、月、日,周期问题等相关知识	多元了解年、月、日相关知识,重点观察年历日历	抛出任务,给出每一节课的评价量规,并启发引导
获取对日期的推算能力,理解周期现象	能用计算的方法准确推算出具体日期,掌握周期规律	引导学生观察比较,在实践操作中与学生一同提炼出周期规律
能针对制作年历的任务进行整体规划	拟定任务计划并合理分工	考量计划的可行性,并加以修正指导
能正确使用搜索引擎	提出疑问,练习使用搜索引擎,交流并解惑	为学生提供常用的2—3个搜索引擎及关键短语

续表

需要的技能	学生将做的事	教师将做的事
能搜集相关信息,合理甄选并加以应用	善用网络资源和生活素材	辅助并引导学生解决问题
创作出一个年历,制订合理的售卖计划	设计、制作与美化年历并进行出售	获取美术老师支持,激发学生创意,指导学生设计制作
合理地进行评价	评价自我,评价他人,评价作品	指导学生进行客观、公平、公正的评价

(3) 项目内容定位:本数学项目把学习年月日相关数学知识作为重点,而日期的推算是难点,在制作美化、包装、推销年历中需要进行智慧众筹,通过小组讨论,教师指导,查阅资料,咨询父母、社会人士,最终把自己制作的年历在学校的阿福童拍卖行拍卖出好价格,支援贫困山区儿童。

(4) 项目设计流程:"跨学科"的单元学习群主张学科与学科之间的知识相整合,对于在数学课程中开发项目式学习,设计者应结合本校的校本化核心素养标准或学习标准,从数学课程的实施路径出发进行流程再造,从以下几个问题进行课程目标的思考点位:什么是数学"跨学科"项目式学习课程的核心驱动问题?项目着重何种知识领域和哪些核心概念?学生将会培养何种思考习惯?然后与教师同伴、学生群体进行项目确立—项目设计—项目探究—成果发布—评价落实等五个环节,以此形成一个实施流程的闭环,见图4-20。

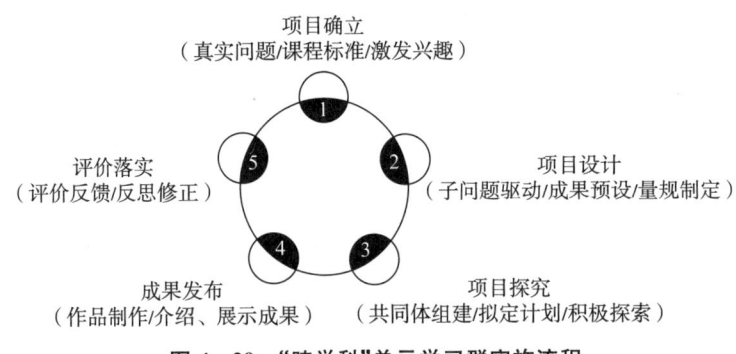

图4-20 "跨学科"单元学习群实施流程

(5) 项目支架类别:引导学生自主创建项目探索方案,不是简单地知识建构,而是需要全面、详尽地设计学生可能选择的多种问题分析路径,为学生提供不同类型的活动、情境、资源、工具、支架等要素,以确保项目探索的顺利进行。

① 索引支架：教师需要从"数学+"的角度进行问题导引，多渠道开发子项目，这是激活学生数学创造力的重要保障。项目索引支架要体现支持性、生长性和科学性等特点。

② 方法支架：教师给予学生多样化的探究方法，从过程方法、知识技能等多个层面，梳理学生项目研究中的各种可能的实施路径，给予学生进行数学探究的方法，助推学生多样化问题解决方案的提出。

③ 思辨支架：引导学生反思项目实施过程中所有的方法、答案、过程，对每一个实施步骤进行回顾自省，帮助学生进一步理清思路，提升学生的作品外化与设计能力。

3. 优化实施，基于模型的深度链接

在"跨学科"的单元项目化学习过程中，要鼓励学生独立思考，采用诸如小组合作、实景观察、实地测量、动手操作、收集数据、问卷调查等活动形式，让学生真正"动起来"。因此，在上述项目化学习目标、内容的设定下，需要我们给孩子创设真实情境，把孩子放入真实问题中进行拷问，使孩子置身于其中，一步一步推导其解决真实的问题。通过建立项目课程的"磁性"运行系统，使学习的过程深度铺开，从而让学习真正发生。

(1) 以"核心问题"为磁源，兴趣强力吸附

PBL 是基于"问题"的，但问题有"好坏"之分。设计有效的问题并不是一件容易的事。一些问题可能是过于封闭的，开放性不高、难度不够，这样就没有足够的挑战性以激发学生积极地建构知识。因此，好的核心问题会让学生在集体的头脑风暴活动中产生一系列子问题，从而推动研究的深入开展。

① 核心问题驱动：如怎么制作一个年历？如何在校园拍卖行中卖出一个好价格？

② 系列子问题驱动：针对第一个核心问题驱动，有以下几个子问题：年月日有哪些知识？新的一年中第一天是星期几？年历有哪些类型？年历中有什么组成元素？制作年历的材料如何选择？针对第二个核心问题驱动，又有以下几个子问题：怎样美化自己的年历？怎么赋予年历更高的附加值？对年历如何宣传？什么时间、地点、采取何种方式进行义卖？

(2) 以"思维导图"为磁能，思辨自主嵌入

在一连串"问题云"的驱动下，教师可以提供一些阅读性材料，启发学生思维的

灵光,然后再引导学生在小组学习共同体内对"问题云"以思维导图的形式进行梳理,教师及时把学生的意见反馈粘贴展示,组织评价与交流,让思维的火花碰撞,让思辨的过程流动,让优化的策略落地(图4-21、图4-22)。

图4-21 思维导图

图4-22 学生小组学习图

(3) 以"教学大纲"为磁力,路径持久长效

在数学项目课程的教学大纲规划制定中,教师需要明晰每一个课时的安排需要做什么,达到什么目标,要求每个涉及的学科教师根据自己的学科特点组织研究学习。如在"小年历,大学问"这个项目课程,我们进行的是多学科间的统整,以项目式学习的方式推进,不断突破学科界限、课程边界,师生之间各取所需,美美与共,见表4-10。

表4-10 "小年历,大学问"数学项目教学大纲

课时安排 (18课时)	项目课程目标	项目课程内容	项目管理学科
2课时	1. 知道年历的要素,初步了解地球的自转、公转方式; 2. 理解年月日的计算方式	结合地理知识讲解什么叫一年、一月、一日,弄清年月日的形成	数学、科学
2课时	1. 了解古人的计时方式的由来; 2. 理解现代人的计时方式	五年级"太阳钟"整合	数学、科学
2课时	1. 知道一年有12个月、7个大月4个小月,3个月为一季,2月为特殊月; 2. 能判断平、闰年,知道平年有365天,闰年有366天	教学数学中年月日相关知识	数学
2课时	掌握用周期问题对日期进行推算	年月日知识竞赛以及周期问题	数学
1课时	知道二十四节气的由来	中国传统二十四节气相关知识	语文

续表

课时安排 （18课时）	项目课程目标	项目课程内容	项目管理学科
1课时	会背诵关于时间的古诗词	古诗中的年月日、古诗朗诵比赛	语文
2课时	1. 指导中国的传统节日，了解每一节日的由来； 2. 掌握年历中组成要素的相关单词拼读写	了解中国传统节日，学习相关年月日英语知识	英语、语文
3课时	1. 能运用上网、查阅书籍等方式选取资料，辅助完成作品； 2. 能多元品鉴各式年历，提升自己的审美能力； 3. 在活动中尊重集体的看法并提出自己有价值的意见	正确使用搜索引擎，收集相关信息并加以应用，指导学生设计、制作、美化年历	信息、美术
3课时	1. 积极与他人分享自己的成果，不断吸取其他成员的优点； 2. 能流利地表达自己的想法，会用相关的经济学知识进行义卖	指导设计、制作、美化年历，制定售卖计划进行汇报，最终出售产品	美术、财商

4. 分享展示，基于思辨的二次生成

在"跨学科"的单元学习群理念的指引下，数学项目化的开发旨在将"真实的问题"拓宽到"数学的问题"，再由"数学的问题"延展到"学科的问题"。其载体是数学与其他学科，习得方式是项目式学习，在课程评价的效度与信度上，需要多管齐下，保证学生核心素养的形成真正得以落地生根。

（1）建立正向评价量规，以正能量修正学习偏差

在"跨学科"单元项目化实施的过程中，要让学生整体回顾生成项目作品，建立系统的知识图谱，掌握核心能力，而不是盲目防守让学生漫无目的地去完成作品。因此，需要教师根据之前的课程目标进行项目评价量规的制定（表4－11），并且在项目进行的伊始，教师要跟学生进行分析讲解，让每一位学生清楚地知道自己将要做什么，需要做到哪种程度，科学合理地进行定性评价，让孩子在自评、互评的过程中不断矫正自己的学习偏差，实时监控自己的学习行为，提高学生学习效果。

表 4-11 评价细化量规

评价指标		评价等级			评价主体		
		C=3.50—3.99	B=4.00—4.49	A=4.50—5.00	自我评价	组员评价	教师评价
年历作品评价	年历作品内容	有完整的年月日,但画面简单,没新意	能标出重要的节日、节气、星期	能标出年月日、星期、重要节日、阴历、节气			
	年历作品的布局	布局不合理,字迹稍乱	布局合理,字迹较清楚	布局合理,字迹工整			
	年历作品的美观度	无装饰,较整洁	简单装饰,整洁	装饰漂亮,整洁美观有吸引力			
校本核心素养目标评价	参与素养	在活动中尊重集体的看法并提出自己的意见	在活动中提出自己的新点子	能提出有价值的新点子,并在作品中展示出来			
	时代特需素养	知道通过上网、查阅书籍等找到自己想要的资料;能发现一些问题,但不能解决	能通过上网、查阅书籍等方式搜集相关资料;能发现遇到的问题并能及时解决	能熟练运用上网、查阅资料等方式选取资料,辅助完成作品;能发现关键问题,并能找到合理解决的办法			
	关系素养	愿意主动与他人沟通,并能配合团队成员工作	能有效地与他人沟通信息,且积极与团队成员合作	积极与他人分享自己的成果且不断汲取其他成员的优点			

(2) 辅助定量评价量表,以正反射投映学习效果

在 PBL 实施的过程中只有定性的评价量规对于学科知识与技能的评价是感性的,需要加入定量评价(图 4-23),在每一节课后针对该节课的知识点进行后测,及时反馈学生学科知识的习得情况,帮助教师及时进行跟进辅导。

5. 实施积极评价量尺,以正迁移指导学习行为

衡量项目式学习的成效其中有着非常重要的因素,即最终作品,以及最终作品的处理方式。只有清晰的目标和结构,才会使项目作品的生成过程聚焦于具体的项目目标,才能使学生在作品生成时不迷航,让学生的作品表达不受限。以"小年历,大学问"数学项目课程为例,学生在年历作品制作完成后,会在学校的阿福童拍卖行进行拍卖,学生在这一过程中不仅考验了自身的表达推销能力、策划能力以及

```
《年月日知识后测表》
班级：_____  姓名：_____  评分：_____
一、填空☆。
1. 一年有（ ）个季度，有（ ）个月，平年有（ ）天，闰年有（ ）天。
2. 第三个季度分别是（ ）月、（ ）月、（ ）月，共有（ ）天。
3. 2年=（ ）个月，36个月=（ ）年。
4. 4年里有（ ）个闰年，（ ）个平年，一般情况下，公历年份是（ ）的倍数的年份是闰年。
5. 明明2008年2月29日出生，到2020年2月29日，他共度过了（ ）个生日。
二、判断☆☆☆。
1. 每一年都有365天。                                （  ）
2. 1900年是闰年，全年共有366天。                    （  ）
3. 闰年一定是4的倍数。                              （  ）
4. 小红的生日是7月28日，再过一个星期是8月4日。     （  ）
三、应用☆☆☆。
同学们，你听说过积少成多的道理吗？据测算，一个没关紧的水龙头一天约流失100千克水，按照这样的速度，一个水龙头一年约流失多少吨水？
```

图4-23　学科知识后测表

财商能力，更在活动后收获了乐于助人的快乐。

诚然，任何一种新的学习方式并不能"包治百病"。基于"跨学科"的单元学习群的开发与实践，旨在通过学科与学科之间的统整融合，提高学生主动运用知识的意识与解决实际问题的能力，尽可能让"会记不会用"的现象一去不复返，让有意义、有意思、有营养的数学学习变得水到渠成，让碎片化、浅层化、散点性、随机性的接受学习转变为连贯化、深层化、过程性、科学性的发现学习之旅。

【典型案例1】

"车轮为什么是圆的"数学实践活动

一、明确主题，交流方案

1. 主题产生。孩子们，每个月我们都会经历不同的主题课程，本月我们五年级的主题课程是"圆"。走进圆的世界，我们班好多同学都提出了很多有价值的问题，其中大部分同学对"车轮为什么是圆的"这一问题比较感兴趣，所以我们决定围绕这个主题来展开研究。

2. 项目选择。在上一节数学选题指导课中，每个人都提出了自己的想法，通过筛选整合最后形成了四个小课题，是哪四个小课题呢？请组长来汇报一下。

3. 方案交流。通过小组讨论,并在老师的帮助下每个组都有了自己的实验方案,下面我们请两个组来汇报一下自己的实验方案。(板书:制定方案)

一组:我们想探索的问题是为什么车轮是圆形比较方便呢?我们准备这样研究:一是准备三角形、正方形、圆形三种不同形状的轮子;二是在桌面上滚一滚,观察滚动情况;三是记录下滚动的过程;四是对几种情况进行比较。

师:对他们组的方案,其他组还有什么建议?(我建议他们除了一个个滚动观察外还可以将三个同时滚动进行观察比较;我还建议他们的三个轮子材料最好也一致)

二组:我们的问题是车轮的轴心到底安装在哪里合适呢?我们准备这样研究:首先收集一些车轮观察轴心的位置;其次准备2—3组不同位置轴心的车轮进行比较试验;三是将不同轴心车轮滚动的轨迹记录下来;

师:这两组的方案给了你怎样的启发?

评价:我觉得这两组的方案主题明确、计划清楚,为实验的顺利进行做了很好的准备。

按照以往研究小课题的经验,接下来,我们就要开展实验(板书:开展实验),等实验完成后进行交流发现(板书:交流发现)。

在实验之前,老师要送给大家实验小提示:

实验提示:(1) 分工有序,开展实验;

(2) 借助工具,记录过程;

(3) 观察比较,完成学单。

4. 实验准备。老师给大家准备了操作性材料:刻度尺、硬纸板、剪刀、模型;还有现代化工具:iPad。

师:大家可以根据需要到我们的实验器材区进行选择领取。再请大家想一想还有什么需要吗?

师:不仅如此,今天我们星河的数学、科学和信息老师也都来听课了,如果需要你们还可以邀请他们成为导师一起研究。15 分钟后我们返回这里进行交流汇报。

二、分组实验,观察记录

四组实验同时进行,三位老师协调组织。

1. 前期实验

教师同时分别采集三幅照片(一张用 iPad 记录实验过程的照片;一张记录车

轮轨迹不清晰的照片、一张是成功记录车轮轨迹的照片）

2. 中场指导

大家的实验还在进行中,为了更好地进行,老师先打断一下。

师：请看这里的两幅照片。首先我欣赏这两组的实验,因为他们重视对实验过程、实验数据的记录；其次我也发现了大家的困难,怎样记录下车轮行驶的轨迹呢？

师：孩子们,实验并非一次就能成功,往往需要进行不断调整、多次实验、记录数据,最后才能得出结论。有没有信心完成接下来的实验？

3. 后续实验

请在小组长的带领下继续实验,完成实验研究单。

三、实验汇报,建构模型

孩子们,大家紧张有序的实验已经完成,下面是我们的分享时刻。你们组可以全组出动,也可派代表行动,其他组可提问题、说建议或来点赞。

小结：刚才我们每组同学对"车轮为什么是圆的"开展了小课题研究,我们的实验研究经历了怎样的基本过程？（确定主题—制订计划—开展实验—交流发现）这期间有时还要不断修正调整。

今天的实验与探究在你心中留下了什么呢？（车轮是圆的、车轴在圆心、车距要相等）我想留下的不仅仅是一个个知识的种子,还有方法的种子,毕达哥拉斯说得很好："在数学的天地里,重要的不是我们已经知道什么,而是我们怎么知道什么。"是呀,观察、测量、比较、归纳、推理等等,这些方法都为我们的实验提供了支撑。

四、生活运用

通过今天的主题探究"车轮为什么是圆的",你又联想到可以对生活中哪些物体进行改造呢？

预设：教室的课桌椅可以摆放成圆形的,教师和学生可以分别站在最中央。

……

难道每一种物体都要是圆的吗？其实每种事物存在都有它自身的价值。

五、推理实验

孩子们,如果我们对另外几个"摩天轮为什么是圆的,瓶盖为什么是圆的,硬币为什么是圆的",或者其他一些你也感兴趣的主题进行研究,你会怎么开展呢？

(预设一:确定主题—制定方案—开展实验—交流发现;预设二:我会借助车轮是圆的原理进行推想)

是呀,科学的研究并不是每一次都是从头开始的,往往是建立在已有实验的经验、结论基础上的。

孩子们,今天的数学课上,我看到的是你们自由自在的想象、有根有据的研究、有滋有味的分享、不拘一格的创造。大千世界对于圆的创造,远远不止这些,让我们一起携手走进美妙的数学世界,研究数学、学习数学、发现数学,为我们的世界创造和谐的美丽。

【典型案例2】

"冰雹猜想"教学设计

一、读心术

(一)设置悬疑

师:同学们,我们先来玩一个游戏——读心术。请仔细观察四张卡牌都有哪些数字,选择一个你喜欢的数字,不说出来,看看你选的数字都在哪几张卡牌里。

师:好了吗?哪位同学来报一下,你喜欢的数字都在哪几张卡片里?

学生报出一个数,教师假装看着屏幕进行排除,按上述流程再次询问一个学生,并观察屏幕给予答案。

追问:有没有哪位同学知道老师是怎么猜出来的?

生:老师是通过观察卡片上的数,然后用排除法猜出来。

师:用观察卡片排除法确实可以猜出,现在老师提高难度,不看卡片也能猜出数字是几?你们信不信?哪位同学再来报一下你喜欢的数字都在哪几张卡片里?

(二)揭晓奥秘

师:神奇吗?想知道老师是怎么知道的吗?其实老师是通过运算算出来的,同学们报哪几张牌,我就用每一张卡片的第一个数字相加,就能知道你喜欢的那个数字。如你报1、2、3、4四张卡片,我就用$1+2+4+8=15$,神奇吗?今天这节课,还跟8、4、2、1这四个神奇的数字有关。

二、疯狂的游戏

（一）感知猜想

出示：1976年的一天，美国著名的《华盛顿邮报》报道了一条数学新闻：目前，美国各所大学的大学生和老师们都像发疯一般，正在废寝忘食地玩一种数学游戏。什么游戏这么吸引人呢？这个游戏规则十分简单：先任意写出一个自然数（非0数），如果是双数，则将它除以2；如果是单数，就将它乘3再加1；每次算出的结果按照上述方法一直算下去。（学生读题）

师：想不想玩一下这个疯狂的游戏？（想！）那游戏规则你们都读懂了吗？（读懂了）那老师来考一考大家，我举个数字5,5是什么数？该怎么运算？谁来说说？

生：5是单数，单数就要$5×3+1=16$,16是双数，那就$16÷2=8$,8还是双数，继续$8÷2=4$……（教师板书：举例：5   16   8   4）

师：非常好，其他同学都听懂了吗？听懂的朝我点点头。那请看学习要求：

1. 算一算：在1～10中任选一个数，按照上述规则重复运算。

2. 想一想：你有什么发现？和同桌说说。

学生进行举例验证，然后同桌两人上台说说自己的发现。

生：我们发现了我们举的这两个数，最终都会4—2—1不断循环。

师：其他同学也有这样的发现吗？还有什么补充？

生：我发现他们的结果最终指向1。

师：你们是不是也有这样的发现？同学们都非常善于观察发现，确实，从列举的1到10这10个数字中，我们都发现了按照规则运算结果最终指向1，同学们不妨大胆猜一猜，那如果扩大到任意的非0自然数，结果会是怎样？但这只能作为我们的猜想，要想知道对不对，我们还需要进行验证。

（二）验证猜想

出示学习要求：1. 算一算：任选一个非0自然数进行验证；

2. 比一比：组内数据分享，交流相同点与不同点；

3. 说一说：小组代表上台汇报。

学生进行验证（有需要的同学可以用计算器），小组进行交流。

师：哪位小组愿意上来说说相同点与不同点？

生：我们小组验证的数据相同点是最终得到的结果是8—4—2—1不断循环，

不同点是有的计算过程长,有的计算过程短。

师追问:较大的数一定计算过程长吗?(不一定)看来计算过程的长短跟数的大小无关。其他小组还有什么补充?

生:有的数据是大小不一,有的是一直在减小,比如64。

师呈现64的过程,问:是不是这样的?除了64还有哪些数也是这样?(8/16等等)

师:其实这些数都是2的n次方,它们每次运算都是双数,所以要不断反复除以2。

小结:经过同学们的大量举例验证,都符合我们刚才的猜想吗?有没有反例,如果没有反例,在小学阶段,大量举例,没有反例,我们就说这个猜想是正确的!

追问:但如果我们跳出小学阶段,我们刚才举完所有的数了吗?(没有)那有没有可能就存在那么一个数不符合猜想呢?(有可能)那我们要想继续验证下去,该怎么办?

生:借助计算机。

师:非常棒,人脑解决不了就用电脑!接下来老师给大家介绍一下计算机的编程思维,利用这个编程我们就可以生成一个这样的Excel表格。

师:接下来我们来验证一下,刚才有没有同学没验证出来的数字,请你来说一说。

师:符合猜想吗?(符合)有没有更大数?符合猜想吗?还有没有更大的数,来考验一下我们的计算机?你来。

师:我要采访你一下,你打算怎么输入?能不能输入比这更大的数?

生:我一直按下去。

学生操作,当堂演示,发现计算机显示不了答案。

师:看来计算机也验证不出来这个数,说明我们这个结论仍然只是个猜想!

过渡:同学们,回顾今天我们的研究过程,通过猜想、验证,最终发现结论还是个猜想,这个猜想非常有名,就是今天这节课我们要共同研究的冰雹猜想。(板书)

(三)品格渗透

师:同学们,以往我们的猜想通过验证得出的结论都是正确的,但今天由于同学们敢于质疑问难,发现结论仍然是个猜想。正是因为数学家和科学家们的不断质疑,才能推动人类社会的不断发展!让我们一同坐上时光机,来到公元前 5 世纪,学生希帕索斯推翻了老师毕达哥拉斯的"万物皆数",促进了无理数的诞生;来到近代,数学家罗巴切夫斯基拓展了欧几里得几何,推动了非欧几何发展;到了当代,科学家爱因斯坦补充了牛顿的经典力学,奠定了量子力学基础;回到现代,物理学家霍金颠覆了自己的"黑洞悖论",被人们尊称为"宇宙之王"……

师:我们也学习一下科学家和数学家质疑问题的精神,对于目前计算机能验证的最大的数是 7 000 亿,超过 7 000 亿计算器就无法验证。但我们的研究就到此结束了吗?请看老师带来的一朵数据云,上面是陈老师列举的 1—20 个数字,我们来探寻它们之间的规律,通过把它们的"雹程"连接起来,有什么共同点?

三、挑战思维

师:它们最终指向 16、8、4、2、1,确实,随着这朵数据云越来越大,它们的指向就是 4、2、1 不断循环,就像冰雹一样最终落到地面,那我们是不是可以反过来想,从 1、2、4、8 往后推?请看这张动态图,很多数学家就试图用倒退的方法去证明这个猜想。有人根据冰雹猜想的启发,出了一道初中奥数竞赛题。

学生独立完成,交流呈现:

生 1:顺着想的思路,通过"×2|2"得到 22。

生 2:用逆推的方法得到 22,其中 22 是先"－2",再"÷2"会算到 9 不能整除 2,所以是先"－2",再"÷2"最终得到 1。

师:两次思路都对,其中最后一位同学用倒推的方法证明 22 的存在,更是了不得!今天我们认识的冰雹猜想只是冰山一角,请观看下面的视频可以了解更多。今天的数学课就上到这里,让我们带着探索的精神走出课堂,走到更远的地方。

【典型案例 3】

"走进圆的世界"教学设计

一、课前谈话

我们先欣赏一段视频放松一下心情(学生观看),这是老师家乡这些年的变化。看完之后说出你的感觉是什么?(美)

是啊,美的气息扑面而来!在老师看来,它美在党的领导,美在日新月异的新农村变化,美在中华民族伟大复兴,我相信在座的同学也有这样的感觉,让我们带着这份自豪感进入今天的课堂。

【设计意图】以新农村建设的视频作为课前谈话的素材,既为课堂导入做铺垫,又通过视觉的冲击,让孩子看到在党中央的领导下,新农村发生着日新月异的变化,培养学生的民族自豪感。

二、研究圆的形状之美

(一)观察引导,揭示圆的世界

同学们,老师从视频中截取了几张图片,请大家用数学的眼光观察,有没有相同的图形?

揭题:有人说过"圆是一切平面图形中最美的",今天我们就一起走进圆的世界,感受它的美。

(二)初次画圆,感知圆的画法

追问:你想借助手边的道具将圆画下来吗?

预设:1. 描圆(如果画一个更大的圆,还能借助于这个物体来描圆吗?);

2. 用笔和钉子画圆(画出来的不够圆);

3. 借助圆规。

圆规:孟子曾说过"不以规矩,不能成方圆",这里的"规"指圆规,"矩"是直尺,意思是……我们如何利用工具画好圆,过程中又要注意什么?让我们一起来看这段视频。

引导反思:看明白了吗?画圆有哪些步骤?

适时小结:说得可真好,其实只需要这三步我们就能画出一个圆。看来同学们不仅会观察、会思考,还很会归纳,掌声送给自己。

【设计意图】从图片中抽象出圆的过程,让学生充分感受到数学来源于生活,经历由具体到抽象的过程。借助课前准备的材料自己画圆,引导学生进一步丰富对圆的感知。

(三)再次画圆,了解圆的知识

你能用圆规画圆吗?如果提高要求,你能画一个圆规两脚间距离为3厘米的圆吗,怎么画?

追问:画圆要注意什么?

(预设：① 拉开圆规，两脚尖距离保持3厘米； ② 转动时，针尖不动，圆规两脚之间的距离保持不变)

谈话：其实圆的各部分还有属于自己的名称，请按要求展开自学，见图4-24、图4-25。

自学要求：
学一学：自学下面的材料（图4-17），划出重点。
画一画：在上一题的圆内，画出它的各部分，并标出相应的字母。
说一说：同桌相互介绍找到的直径和半径。

图4-24 自学要求

阅读材料：

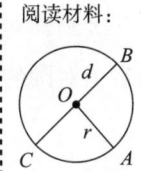

画圆时，针尖固定的一点是圆心，通常用字母O表示；
连接圆心和圆上任意一点的线段（如OA）是半径，通常用字母r表示
通过圆心并且两端都在圆上的线段（如BC）是直径，通常用字母d表示。

图4-25 自学阅读材料

（四）三次画圆，辨析圆的内涵

过渡：刚才我们画了两脚间距离为3厘米的圆，其实就是半径为3厘米的圆，如果让你画一个比它大一些的圆，你会吗？自己尝试画一画，并标注圆的直径与半径图4-26。

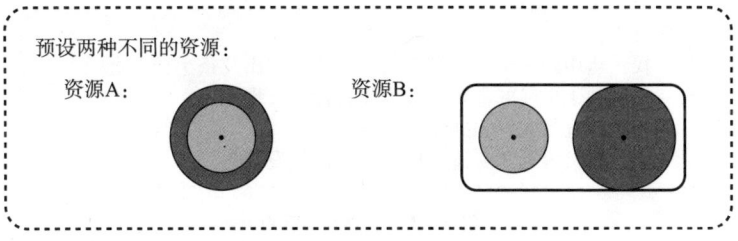

图4-26 两种不同资源图

追问：通过比较，你发现圆是……（有大有小）回顾刚刚两次画圆的过程，圆的大小与什么有关？（表4-12）

表 4-12 决定图的大小变量对话(1)

学生可能的分享	老师相应的理答
A1:两脚间的距离决定圆的大小 A2:半径决定圆的大小	学生回答老师比画 追问:两脚之间的距离就是半径
B:直径决定圆的大小	比画验证, 你们得出了书本上所没有的结论,为你们点赞

追问:那谁决定圆的位置?(圆心决定圆的位置)

小结:其实圆还能够组成各种美丽的图案。瞧!如果让你用一个字形容,你觉得圆……(美)

【设计意图】学生充分经历了自主尝试的过程:第一次从最初的利用实物等工具画圆,学生经历了从实物抽象出平面图形的过程,依据的是生活经验;第二次运用圆规画圆,明确操作的步骤与方法,认识圆各部分的名称;第三次画圆对比圆的位置及大小。这个过程,提升了学生的探究能力和归纳能力,丰富了对圆的认知。

三、研究圆的探究之美

(一)动手操作,探究圆的特征

同学们,刚才我们在掌握画圆技巧的同时,认识了圆各部分的名称,知道了圆的大小及位置是由半径和圆心决定的,我们关于圆的研究之旅还未结束。古人对圆的研究非常透彻,墨子就曾用"一中同长"形容圆,这到底是什么意思呢?别着急,数学其实就是一个不断思考和探究的过程,让我们拿出手中的圆片,小组合作,根据要求继续研究,见图 4-27。

```
合作要求:
找一找: 运用画、折、量等方法,在圆里找出几条半径与直径。
想一想: 关于半径的数量和长度你有什么发现?
        直径呢? 想办法进行验证。
说一说: 小组内互相交流,你还有其他的发现吗?
```

图 4-27 合作要求点

表 4-13　决定图的大小变量对话(2)

学生可能的分享	老师相应的理答
半径与直径的长度研究： (折,半径都相等;展,直径都相等) ① 通过画(折)等方法找出了圆的半径。同方法找出圆的直径。 ② 画、量	理答半径、直径相等 ① 折:发现半径所在的折痕重合了。(直径) ② 结合画圆过程想一想,圆规两脚之间的距离始终不变。 及时点评： ① 一折一展,我们找出了直径和半径的特征。 ② 同学们用不同的方法得到了相同的结论。 追问:出示不同的两个圆,它们的直径相等吗？ (同一个圆内)
半径与直径的长度研究： ① 半径有无数条,直径也有无数条。 ② 直径是半径的 2 倍	理答半径、直径数量 板书: $d=2r$ 或 $r=2/d$
① 通过折一折,发现圆是轴对称图形； ② 对称轴是直径所在的直线； ③ 对称轴有无数条	追问:对称轴为什么会有无数条呢？ 每一条直径对应每一条对称轴,有无数条直径就有无数条对称轴,这就是数学的推理

小结：大家通过自主探究、合作交流,得出了圆的本质特征,看来只要善于观察、勤于思考,乐于动手就会有意想不到的收获(表 4-13)。

【设计意图】这一坏节主要以动手操作为主线,通过画一画、量一量、比一比等探究活动,让学生自主参与,合作探究,分组交流,给予学生充分展示自我和展开探究活动的空间,让学生在自主探究中了解圆的半径与直径的数量及长度的关系,使学生在表达交流中进行思维的碰撞和融合,进一步内化圆的结构特征。

(二) 实践活动,研究圆的运用

现在我们回想之前墨子所说的话："圆,一中同长也。"现在明白它的含义了吗？但古人的智慧远不止于此,他们利用"一中同长"的道理,将车轮设计为圆形,一直沿用至今。

追问：车轮为什么设计为圆形呢？学生畅所欲言,到底是什么原因呢？请看视频。

小结：看来车轮之所以是圆的,是因为车轮的半径相等,也就是车轮中心到地面的距离相等,所以行驶起来更加平稳,不会产生颠簸。看来"圆,一中同长"不仅体现在数学中,还应用于生活中,也让我们真实感受到了圆的探究之美。

【设计意图】以"圆,一中同长也"意思的理解作为问题的切入点,引领学生通过画、折、量等多种方法,探究圆的本质特征。结合古人对车轮的发明与创造,让学生进一步感知圆的特征在生活中的应用,感受到古人智慧的同时,培养了民族自豪感及空间意识。

(三)梳理回顾,提炼圆的概念

同学们,回顾刚刚的学习过程,你有什么收获呢?

预设1:我们通过画圆,认识了圆的各部分名称,并通过比较,明白了圆的大小与半径有关……(板书:形状之美)

预设2:通过折一折、画一画,探究了……

四、研究圆的文化之美

(一)渗透圆的育人之道

圆不仅出现在数学中,也应用于生活中,其实中国古人的育人之道也有它的身影。瞧!刚刚我们曾说过"不以规矩,不能成方圆",也告诫我们做人做事要注意言行规范,树立规矩意识。

(二)了解圆的传统文化

其实中国的传统文化也有圆的阐述……

(视频内容:中华传统文化也离不开圆,《易经》中也反复强调"天圆地方",众人为天,天圆就是处世要圆融,圆润智慧;心田为地,地方就是心地方正,要有操守。无论是天圆地方的构想,还是辩证的太极阴阳,都注入了对和谐团圆的期盼,圆是美的使者,也是千年文化的积淀。)

(三)明晰圆的不同涵义

其实,圆的美远不止这些,在每人的心中它都有着不一样的涵义:

在习近平爷爷的心中,它是"军民融合同心圆""民族团结同心圆",在人民心中,它是"幸福中国同心圆";在小朋友心中,它是"学习创新同心圆"……老师期待大家能以自我学习为圆心,以学习力、创新力、实践力为半径,不断画出知识的同心圆,为祖国航天、教育、医疗、科技等各行各业奉献出自己的力量。

第五章
素养导向的小学数学单元学习的评价探索

随着单元教学的深入推进,大观念、大情境、大问题的单元整体设计能够推进学科课堂更好地落实学生核心素养的发展。那么,如何推进或检查落地实践的过程呢?单元评价是必不可少的,而且意义非凡。基于小学数学的单元评价设计既需旨向学生自身发展的核心素养,又要旨向学科核心素养。因此,我们基于教学实践,探索数学单元评价的价值意蕴、特征内涵,形成一些实践策略。

义务教育新课标真正实现了从学科到人、从知识到素养的转型。课标是教育的支点和龙头,课标的转型必然要求并推动整个教育的转型。华东师范大学钟启泉教授认为:单元整体设计是撬动课堂转型的一个支点,是落实核心素养发展的有效路径。而在落实数学单元整体教学时,单元评价必不可少,既是检查单元教学的手段,又是反馈单元学习的工具。

单元评价任务的设计需要我们把视角既要旨向学生自身发展的核心素养,又要旨向学科核心素养。在旨向学生自身发展的核心素养中要关注学生"身心灵"整体的发展,让学生沉浸在具有挑战性的、丰富的实践评价任务中,身心都能感到愉悦。而旨向学科核心素养的评价更多地展现数学内容的本质、蕴含的思想以及学生思维品质的培育,真正发挥评价的主体功能。

因此,在小学数学单元整体教学设计时,特别要关注单元评价的设计与实施,不仅以学生学习的文本内容为载体,更要关联学生的生活经验、能力水平,真正发展学生的核心素养。

第一节 单元评价的价值意蕴

评价作为教育系统的重要组成部分,也需要与新课标相适应,从传统的"知识评价"走向"素养评价"的转变。单元评价是教学者在执行单元整体教学时的评价,既是检测师生教学、学习结果的一种方式,也是促进学生思维能力的提升和推进学生核心素养在课堂中落地的重要方式。单元学习评价可以作为一个突破口,撬动素养导向大单元课程教学系统性变革。所以,单元评价承担着单元教学的重任,意义深远。

一、要素联接:教学评一以贯之

从课程思维角度来说,教师在进行教学设计时,应站在学科素养的整体高度,设计清晰、细化的评价目标,即"为什么教、教什么、怎么教、教到怎样的程度,学生应该达到的核心素养有哪些",并对学生加以引导和及时给予学生评价;学生在开展学习之初也要明确"我要到哪里去、为什么要到那里去、怎样去那里";学生在学习的过程中能对自己的学习进程进行实时调整,最后明确"我是否到那里了";课后教师通过丰富多彩的实践作业,或书面作业进行诊断,助推学生思维层级以实现教学目标。这就形象地说明了单元的目标、内容、路径、评价都是一以贯之的,教学评是一条清晰的脉络。正如专家所说:"将评价设定置于教学活动实施之前,这种做法事实上在教学目标之外又设立了一个'成绩目标',对教学应当达到的结果进行了预期。有了'成绩目标',教师才知道应当怎样设计课程和指导学生,学生才知道应该做出什么行为、应该如何学习,才能始终保持正确的方向,教与学才更具有针对性。"

在单元整体教学中,"评价先行"的逆向设计,更能将学习的目标、内容、质量进行有效的链接,形成闭环的教学链。在教学活动之前设计恰当的评价工具,根据评价内容合理安排教学活动和组织学生体验学习过程,在"教"与"学"的过程中起到引领、指导、监控和调整的作用,最终实现教学质量的螺旋式上升。例如在统计与概率领域,苏教版五年级上册"统计表和条形统计图二"一单元教学中,可以设置单元评价目标(表5-1、表5-2),分为学评和教评。

表5-1 "统计表和条形统计图二"单元"学习评价"

序号	目标	达成度
1	能制作复式统计表、复式条形统计图,并说出它的优点	☆☆☆☆☆
2	能利用复式统计表、复式统计图解决问题	☆☆☆☆☆
3	能描述调查统计工作开展的过程	☆☆☆☆☆
4	能在小组内进行合作与交流,分析数据	☆☆☆☆☆
5	能体会到统计表、统计图的价值并能在生活中运用	☆☆☆☆☆

表5-2 "统计表和条形统计图二"单元"教学评价"

序号	目标	达成度
1	学生能制作复式统计表、复式条形统计图,并说出它的优点	☆☆☆☆☆
2	学生能利用复式统计表、复式统计图分析数据,提取信息,并解决相关问题	☆☆☆☆☆
3	学生能描述调查统计工作开展的过程	☆☆☆☆☆
4	学生能在小组内进行合作与交流,分析数据,有良好的数学分析意识	☆☆☆☆☆
5	学生能体会到统计表、统计图的价值并能在生活中运用,形成基本的统计观念	☆☆☆☆☆

在单元学习开始前,确定评价先行的教学路径是关键,逆向教学设计中目标是灵魂,是单元课程的起点,也是单元教学的重点。从学习者的角度出发,明晰本单元需要学习的内容,知道自己接下来一段时间要做什么,借助不同的学习方式完成评价任务。从教师的角度出发,上述指向学的单元评价明确在"统计表和条形统计图"这个单元教学中应收集哪些学生的信息,并对信息进行判断和分析,在教学过程中适时评价学生学习表现,从而优化和调整教学过程。只有"学习评价"和"教学评价"紧密关联,构成以评价任务为主线的教学循环过程,才能将教学过程往高阶思维上持续推进,最终达成"学"的目标和"教"的目标,真正实现从"学会"走向"会学"的素养导向的目标。

二、任务驱动:教与学融为一体

学生在某个课时内,或者某个单元内学会一些零碎的知识,这些知识往往难以激活,怀海特称这样的知识为"惰性知识"。大单元教学就是为了将碎片化的知识重组起来,变得可灵活地在单元内或者在实际生活中迁移。为了更好地实现素养导向的大单元教学的目标,在设计单元教学时就要以"理解为先"的基本思想,"以理解为目标"的基本路径设计单元教学,以评价性任务驱动的方式使学生卷入其中,杜绝"所教非所学,所学非所评"现象的发生,同时将学习活动与评价活动交融,助推"教、学、评"一致性目标的实现。

"教、学、评"一致性的重要原则是在课堂中始终以学生的"学"为中心。因此创设有趣的、有意的、有挑战性的任务情境能激发学生的学习兴趣和热情,从而使学生自主参与数学活动,经历数学知识产生的全过程。任务驱动下,有趣的任务情境能引发学生沉浸式学习,有挑战性的任务情境则能引领学生多样态的深度学习,促使学生的思维从"低阶"逐步走向"高阶"。

评价性任务并不是普通的课堂任务,也绝非一问一答的方式,而是有素养指向的评价目的的任务。例如,五上"复式统计表"一课教学中,设计如下情境:

师:同学们,我们马上就要迎来一年一度的创想音乐会了。音乐会上有很多精彩的节目,比如唱歌类节目、舞蹈类节目、乐器类节目、语言类节目,你想参加的是哪一类节目呢?请你在平板上选一选(通过问卷星)。汇总后得到了数据:喜欢唱歌类节目的男生有 16 人投票,女生有 21 人投票;喜欢舞蹈类节目的男生有 5 人投票,女生有 10 人投票;喜欢乐器类节目的男生和女生都有 18 人投票;喜欢语言类节目的男生有 21 人投票,女生有 25 人投票。根据以上收集的数据,教师引发学生思考:看了这种数据的汇总方式,你有什么改进的建议吗?在交流讨论中,学生明晰可以用表格进行整理,按男女分类整理。

这样的任务情境就源于现实生活,利用"问卷星"收集得到的数据也是真实的,利用数字化的学习方式,学生更能沉浸式参与学习和探究。因为前面学习过单式统计表,能在看到文字记录的信息后,自主想到用表格能更清楚且有条理地统计信息。在绝对真实情境的评价任务驱动下,学生才能深度投入学习,同时教师能精准掌握学生已有知识的基础,为后面任务的展开做铺垫。

在苏教版数学五年级下册"圆"单元教学中,设计了这样的挑战性评价任务:"圆面积推导再研究",这是基于学生在教材中已经学习了将圆转化成长方形推导面积公式的基础上进行的拓展学习。通过挑战式问题引发学生思考:"我们可以把圆平均分成若干个近似小三角形,拼成近似长方形。还可以拼成什么图形呢？先想一想,再动手试一试。"出示活动要求：

1. 想一想:圆还可以转化成什么图形?
2. 试一试:利用学具,动手试一试。
3. 说一说:和同桌说一说圆的面积还可以怎么推导得到。

"圆面积推导再研究"这个拓展性任务其实就是一项指向提升素养的学习的评价任务,主要评价学生是否能将数学思想方法灵活迁移并展开探究活动,它更是一项为"理解"而设计的任务。学生通过前期老师的引导从探究得到数学结论到自主运用所学独立展开数学研究,从"引导"到"自学",完成了这样的一个富有挑战性的评价任务,实现了引领与驱动教学的作用。如此,不但能促使学生掌握必备的数学知识和方法,更能推进学生思维的不断进阶。

三、素养升级：知与行共同发展

王阳明提出"知行合一"的著名思想,"知是行之始,行是知之成",强调了知与行的互动关系:知识是行动的前提,而行动则是知识的补充和完善。在当下新课程标准下的课堂教学更要注重知与行的共同发展,培养全面发展的接班人。因此,大单元教学中的评价功能更体现素养的升级。

单元评价不仅能促进知识目标的达成,更能够关注学生在学习过程中的体验、方法的掌握以及迁移运用,融于单元学习过程中的评价活动能有效激发学生的学习兴趣,点燃学生学习的热情,充分展示学生学习的主动性与个性化,也就是能够真正关注学生的情感体验与发展。所以,单元评价能够促进核心素养的落实,让核心素养真正在学生身心中生长。

例如:在研究"统计与概率"领域,认识百分数这节课我们更应该关注百分数的时代意义、统计意义。首先,随着科技的更新与高速发展,我们的社会进入大数据时代,百分数的统计意义更是未来关注的重点。培养数据分析观念是学习统计的重要目标。因此在充分认识百分数之前,让学生收集生活中的百分数带到课堂上共同分析其实际意义,领悟百分数在生活中的运用,感悟统计的价值。其次,培养科学的探究精神和质疑的品质也同样是至关重要的,在认识百分数之后,为了让学生更清楚认识百分数背后的本质,从《统计学的本质》这本书中的一个故事引入:战争的过程中有一个部队,其负责人向总部发出了求救"我们14％的人员因为工作负担实在太重,陷入精神恍惚的状态",总部一听不得了,14％的人员都出现了这么严重的情况,于是给出了人力及资源的援助和支持。但是真相是:这支小分队,一共7个人,而这7个人当中只有一个年轻人出现了这样的情况。如果上报的时候说"我队只有一人出现状况",结果可能就不同了。再抛出实践性评价问题:老师要在淘宝店买商品,发现A店这件商品的好评率是百分之百,B店的同款商品好评率是97％。老师一定会去A店买才合理吗?

由这样有趣的故事帮助学生明晰百分数的本质属性,有时候百分数能帮助我们合理判断一些事情的发展,但是百分数也有陷阱。有了这样的案例,再讨论在哪家店购买商品的时候,学生就不会立刻下结论,而是进一步去分析。这就是数学洞察力,培养学生的数学质疑以及思辨能力,使核心素养真正得到发展。

第二节 单元评价的特征分析

素养导向的大单元评价就是通过学生在学习过程中素养达成情况的监测来调控整体教学的价值。需要以新课标为依据,以学业评价标准为准则,以学科内容为载体,运用质性和量化的方法,以大单元、大概念、大项目为学习主体,测评学生在一个大单元内的知识与技能、过程与方法、情感态度与价值观的发展水平,并对学生数学学习效果进行价值判断,促进其在学习过程中逐步形成学科关键能力、必备品格与价值观念。设计大单元评价时需要遵循整体与局部一致、全体与个体结合、适切与可行相通、过程和结果融合的原则。

一、整体与局部一致

大单元评价应关注单元整体的设计目标,同时又要关注每课时的目标达成度,既要"大处着眼"又要"小处着手"。因此首先需要从提升学生核心素养的高度整体设计,再从知识与技能、过程与方法、情感态度与价值观三方面设定局部的评价目标。设计单元学习评价时要将课时评价与单元评价融通起来,整体建构需要有局部的知识点为基础,从厘清局部的知识点开始,又能对知识点生长的整个来龙去脉整体把控,形成整体—局部—整体的关联性评价。

在学习苏教版三年级下册"两位数乘两位数"单元时,首先是从三个方面梳理出整体评价目标:

【知识之体】是否经历探索两位数乘两位数方法的过程,会口算两位数乘整十数(不进位)以及整十数乘整十数,会笔算两位数乘两位数,并会简单的估算。

【方法之门】是否在具体情境中,应用有关运算解决实际问题,能合理地应用口算、笔算和估算,体会解决问题策略的多样性,进一步发展数学思考,提高解决问题的能力。

【情感之旅】是否在探索算法和解决问题的过程中,感受数学与生活的联系,增强自主探索的意识,提高合作交流能力,获得成功的体验,树立学习的信心。

这是基于单元学习目标制定单元评价目标,根据单元整体评价目标再进行细化梳理,制订课时评价目标,见表5-3。

表5-3 "两位数乘两位数"单元课时评价目标

课时内容	课时评价要点
两位数乘两位数的口算、估算	掌握两位数乘整十数的方法; 掌握两位数先乘整十数十位上的数,在乘出积的后面添个0。 掌握估算的方法,把两位数看作接近的整十数与两位数相乘
两位数乘两位数的笔算(不进位)	一是要掌握乘的顺序,即先用第二个乘数个位上的数去乘第一个乘数,再用第二个乘数十位上的数去乘第一个乘数,最后把两次乘得的结果相加
两位数乘两位数的笔算(进位)	一是要掌握乘的顺序,即先用第二个乘数个位上的数去乘第一个乘数,再用第二个乘数十位上的数去乘第一个乘数,最后把两次乘得的结果相加;哪一位乘出数满几十就向前一位进几
乘数末尾有0的乘法	先把两位数乘一位数,再在积的末尾添个0
用两步连乘解决实际问题	根据数量关系解决问题

在经历完课时学习之后,还需要引导学生进行单元整体回顾,可以借助评价工

具如思维导图、学习单等进行整体评价。如此,让学生经历整体—局部—整体的评价过程,形成闭环,更好地促进学生的深度理解。

二、全体与个体结合

因材施教是教育的理想,从评价处着手,单元评价既要面向全体学生,更要从关注全体走向因材施教,让每个学生在学习上都得到不同的发展。单元评价能做到监测全体学生水平的同时兼顾个体的发展,特别在参与数学知识形成的过程中,关注每个学生的表现性评价。单元评价不仅包括学生知识的运用能力,更包括个体在团队中的参与度、表现能力、思维能力、创新能力等综合能力的发展,即全体评价和个体评价相结合,才是真正指向素养的评价机制。

例如,在"圆"这一单元中,有一节综合与实践活动是"车轮为什么是圆的",在教学中采用评价主体多元、评价方式多样化的形式,个人与小组都参与其中,让全体与个体结合,对知识、方法进行综合评价。

当学生小组汇报后,他们会提问:听了我们的汇报,大家对我们组的研究还有什么补充吗?

生1:我要给这组点一个赞,因为他们组的对比实验很巧妙,容易观察和比较。

生2:我想问问这一组,你们知道为什么轴心在圆心就行驶平稳,轴心不在圆心就非常颠簸吗?

在这样的对话中,孩子不仅能真诚地欣赏同伴的优点,还能激发深度思考,针对小组的回答及时有价值地发问。

每次小组汇报完后,老师也会对他们的分工或者合作进行有效评价,如:

师:老师欣赏这一组团队分工有序,活动中有分有合,更欣赏实验过程中能合理选择观察与记录的方法,让研究有根有据。

师:老师想给这一组的掌声热烈一点!好奇心是发现和创造的源头,实验是规律、原理探寻的支撑,想象更是创造和改变的翅膀!

这样的评价既是对小组的肯定,也是提示性的点评,为其他小组提供示范。

师生评价、生生评价、点对点的评价、组对组的评价，让课堂研究真正走向深度，让学习真正发生。

通过以上的片段分析，可以看出在课堂中努力将个体卷入小组的评价之中，通过小组的评价撬动全体的评价。

三、适切与可行相通

评价设计要与大单元的主题内容相匹配，并且可实施、可操作性强。单元评价不仅要关注三维目标的达成，即关注知识与技能的掌握，关注过程与方法的体验，关注情感态度价值观的形成，还要关注整体在可行过程中的成长。尤其要重视在评价中学生的主动参与、主动思考，积极互动和交流，在融洽的课堂氛围中不断提升和反思自我，修正和调整元认知水平，在切实和可行相通的评价原则上更好地培养学生优质的思维品质。

例如，小学生的学期报告单中的数学中有一栏是"操作"，以往老师一般会根据书上的操作题编制一份"操作检测练习"，结合平时的表现进行评测。现在我们可以结合每学期的大单元主题开展实验项目的研究汇报，综合评价孩子的实践能力。孩子们可以自由组合研究统一感兴趣的主题，按照项目研究的步骤热火朝天地开展研究活动。最后汇报时形式多样：有的小组将整个过程做成PPT，有的小组现场演示讲解，有的小组做成研究报告……我们的评委团成员也从单一走向多元，包括老师、家长、学生。在这样的实验项目汇报中，看到学生积极主动地参与，综合运用知识与方法，大胆自信地汇报，不亚于大社会中的成年人。他们睿智的语言、自信的表达、熟练的操作、精确的研究模式、敏捷的思维力给大家留下深刻的印象。

日常的课堂可以以课时内容作为载体，可以将单元内容作为主题学习活动的载体，但是都要基于适切与可行开展评价活动。

四、过程和结果融合

过程和结果相融是单元评价的重要特征。单元评价不仅体现结果，更重视过程，实现过程和结果的完美相融。过程性评价能多角度收集学生在学的过程中的准确信息,为全面、准确判断学生发展提供重要保障。另外学生能根据阶段过程评价结果适时调整学习方法,教师能根据阶段过程评价结果改进教学计划和策略,最终向单元目标更好更快地迈进。

例如:在每个单元学习结束后,我们都会设计单元评价,引导学生回顾本单元的知识与方法,关注自己在过程中的情感体验等等。

图 5-1 回顾反思

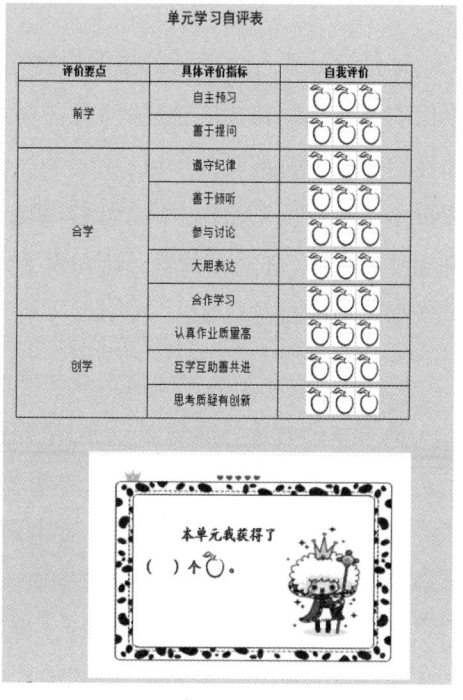

图 5-2 单元学习自评表

第一幅图(图 5-1)是对整体单元的回顾,既是对过程学习的回顾整理,还通过学生整理的图表,可以反馈出学生掌握的情况,这是对结果的评价。第二幅图(图 5-2)是单元学习自评表,是评价自己在整个学习过程中的表现。

单元学习过程中既有对单元整体学习的评价,还有课时学习的评价,比如在"车轮为什么是圆的"这一节课中,也可以引导学生对过程与结果进行评价:

在回顾本节课时,老师启发:今天的实验与探究在你心中留下了什么呢?同学们,通过今天的实验研究,你又联想到了哪些值得自己去思考和探索的主题呢?

学生们在独立思考、与同伴交流后,厘清本节课中的一些知识及研究方法,还有的学生联想到可以对生活中一些物体进行改造。他们将自己的思维用可视化的方法——常常以图的形式——呈现出来。

学生享受这样的评价方式,沉浸于其中,让自己的思维驰骋在想象的天空。

学生的思维导图可以呈现出学习过程中获得的知识与方法,既是过程性的评价,也是结果评价。

第三节 单元评价的实践策略

如果说大单元教学是引导学生思维发展的平台,那么单元评价就是学生思维发展生成后的完善与优化,也是学生通往高阶思维发展的"桥梁"。单元评价是"理解"的评价,合理性、个性化和发展性是设计评价的基本要求。在单元评价的适时监控下,学生能调整"学习方式",修正"认知偏差",养成良好的思维习惯,培养敢于质疑、勇于批判的核心素养;教师能把控教学的整体方向,能及时调控和修整教学脉络。因此单元评价既要重视整体的建构,又要突出思维发展的价值导向。单元评价的实践要以实现和发展学科核心素养为目标制订实施流程和实践路径。

一、单元评价的实施流程

从教、学、评一致性的角度分析,应依据单元教学目标设定单元评价目标,整体设计单元学习过程中的评价任务,形成单元评价工具,再组织实施评价,最后分析反馈完善(图5-3)。

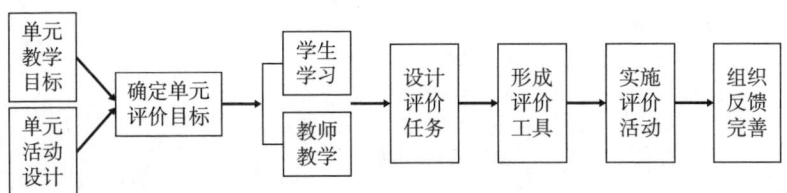

图5-3 单元评价实施流程

二、 单元评价的实践路径

1. 制订单元评价目标

单元评价设计是以评估者的身份来思考预期结果的已经达成情况,所以制订单元评价目标要与单元教学目标保持一致。应以素养为导向,依据单元教学目标、单元学习内容、关键能力的培养,从知识与技能、过程与方法、情感态度价值观等方面整体设计单元评价目标。素养导向的单元评价目标就像"靶心",为学生学习和教师教学的效果提供调控和改进的依据。让"教学—学习—评价"等教学活动围绕评价目标而展开,形成螺旋式递进圈,真正做到以评促教、以评促学。

下面以"圆"这个大单元为例,设计单元评价目标。

"圆"这个单元在苏教版、人教版等各个版本课本上都是小学阶段认识平面图形的最后一个单元。此前学生学习过的长方形、正方形、三角形、平行四边形和梯形等都是直边图形,而圆是曲线围成的图形。从直边到曲边,在研究方法上与之前的有所区别。学生不仅要能从生活中抽象出具体图形,掌握圆的基本特征,还要感受"化曲为直""等积变形""极限"等重要数学思想方法,聚焦抽象能力、几何直观、空间观念、推理意识等数学核心素养,进一步发展解决问题的能力,培养创新意识。

2022年版数学课程标准中第三学段图形的认识与测量中关于"圆"的教学要求,见表5-4。

表5-4　圆的教学要求

单元	内容要求	学业要求	教学提示
"圆"	1. 认识圆,会用圆规画圆,认识圆周率,探索圆的周长和面积计算公式,能解决简单实际问题; 2. 在图形认识与测量的过程中,进一步形成量感、空间观念和几何直观	1. 会用圆规画圆,能描述圆的特征; 2. 知道圆的周长、半径和直径,了解圆的周长和直径的比是一个定值,认识圆周率; 3. 会计算圆的周长和面积,能用相应公式解决简单实际问题	圆的教学可以列举生活中的实例,引导学生概括圆的特点,利用圆规画圆,加深对圆的理解;引导学生经历探索周长与直径之比是一个常数的过程,认识圆周率,讲述祖冲之的故事,加深对圆周率和小数数位的理解,了解中国古代数学家的杰出贡献,传播数学中的中华优秀传统文化;让学生借助操作探究及掌握圆的周长和面积公式,解决实际问题

学生对圆的了解并不陌生,因此明晰学生对圆的认知经验是关键。因此制订评价目标前厘清学生已有知识是基础。制作调查问卷并进行数据分析,见表5-5。随机抽取一个年级每班10人。

表5-5 评估学生学习"圆"单元前的学习经验问卷调查

问题	正确率/%	分析
1. 找到生活中是圆形的物品	100	一年级学生已经对圆有初步的认识,初步感知圆的形状、特征等
2. 为什么把窨井盖设计成圆形	13.4	学生对圆的本质特征不明确
3. 怎么画一个标准的圆	96.8	对圆规并不陌生,知道它是画圆的工具
4. 不借助圆规怎么画出标准的圆	46.2	基于部分生活经验,学生对圆的特征有初步的认识和感知,但缺少动手操作和尝试错误的经验
5. 圆和我们学过的哪些图形有关	2.4	因为圆是曲边图形,和以前学过的平面图形有着本质的区别,学生不能建立起联系
6. 圆的周长怎么求?你打算怎么研究	23.4	通过预习学生能知道周长的计算公式,但说不出推导过程
7. 圆的面积怎么求?你打算怎么研究	16.7	通过预习学生能知道面积的计算公式,但说不出推导过程

根据新课标提出的素养要求,以及学生情况分析、单元的基本内容特征,本单元需要重点形成量感、空间观念、推理意识和几何直观这几大核心素养,制订了如下的单元评价目标,见表5-6。

表5-6 "圆"单元评价目标

评价旨向	评价内容	评价类型
知识与技能	1. 是否掌握圆的基本特征,用圆规画圆; 2. 是否掌握扇形的相关知识,能解决相关问题; 3. 是否掌握圆的周长、面积公式,能否灵活运用公式解题	总结性评价
过程与方法	1. 能否运用已有经验开展研究学习	诊断性评价
	2. 能否运用方法迁移开展探究活动	形成性评价
	3. 能否运用知识、方法解决生活中的问题	形成性评价
情感态度与价值观	评价自己的学习过程、评价他人的学习	形成性评价
	评价教师的教学	形成性评价

通过整体单元的评价目标,重点突出对学生基础知识与技能、过程与方法、情感态度与价值观的评价,凸显学科核心素养的评价。基于单元评价目标,可以将这些目标再细化分解到每节课的评价目标中,根据评价目标确定单元教学目标和学生学习目标。

2. 设计单元评价任务

单元评价任务是指为了使学生达到评价目标而设计的,需要在合作交流中完成的学习任务,学生在执行评价任务的过程中,充分展示自己探究知识的能力水平、运用知识解决问题的素养水平。因此,素养导向的评价任务的设置应该具有整体性与系统性、情境性与真实性等特征。

根据评价目标内容,整体设计评价任务。在设计评价任务之前,我们还应确定评价方式。斯特恩提出了三种评价方式:一是学习性评价,目的是为学习的推进收集证据;二是学习的评价,目的是对阶段性的学习成果进行总结;三是学习式评价,目的是让学生在学习中学会评价。基于以上三种评价方式,下面以"圆"这个单元为例,根据评价目标有针对性地设计评价任务。根据上述分析的"圆"这个单元的单元目标,本单元需要培养量感、空间观念、推理意识和几何直观这几大核心素养。依据图形与几何领域探索图形特征,设置学习性评价任务,目的就是在学生完成任务的过程中,收集推进学生学习的表现性证据,以此作为评价学生学习情况的依据,从而驱动学生高层次能力的培养,最大程度地激活学生已有的知识经验,激发他们的学习动机和创造性思维。

表 5-7 "圆"单元评价任务

评价内容	评价任务	评价方式
1. 是否掌握圆的基本特征,用圆规画圆	任务一:课堂中实验研究、展示 任务二:练习、单元检测	学习的评价
2. 是否掌握扇形的相关知识,能解决相关问题		
3. 是否掌握圆的周长、面积公式,能否灵活运用公式解题		
能否运用已有经验开展研究学习	任务三:课前整理已学过的平面图形特征、如何开展研究的	学习性评价
能否运用方法迁移开展探究活动	任务四:圆面积再推导研究	学习的评价

续表

评价内容	评价任务	评价方式
能否运用知识、方法解决生活中的问题	任务五：微主题探究——生活中的圆 任务六：大主题探究——车轮为什么是圆的	学习的评价
评价自己的学习，评价他人的学习	任务七：课堂中口头评价、学习效果自我检查	学习的评价
评价教师的教学	任务八：课堂观察，填写观测表	学习式评价

单元评价任务的设计是实现"教、学、评"一致性的关键环节。在系统学习"圆"的相关知识之前设置科学且富有逻辑的评价任务，后续的教与学才会相互促进，在数学活动时才能适时调控自己的学习行为和学习方式，从而推动学习任务的完成，同时也有利于教师动态地改进和调整教学活动。当然，评价任务的实施，离不开教师的组织和调控。在"圆"这个单元教学中，将评价任务以探究式、情景式的方式呈现，努力打破"教了"和"学会"之间的壁垒，实现以评促教、以评促学(表5-7)。

3. 形成单元评价工具

当确定教学活动中的评价任务后，还需要运用相应的评价工具推进评价活动的开展。所谓评价工具，是教师用于收集学生学习过程的证据并对学生学习做出反馈的一种工具，例如各种检查表、思维导图或量规等。检查表是以问题或评价内容形成的各种表格，有前学单、合学单、创学单等等。检查表可以了解学生的已有认知，可以鼓励学生自主学习、同伴合作，也可用于监控学生的学习过程。思维导图是运用图文并重的技巧，把各级主题的关系用相互隶属与相关的层级图表现出来，让思维可视化，可以基于开放性的探究活动、主题性的驱动任务开展研究并做好梳理。量规是由"级别＋描述语＋评价指标"形成的一种结构化的定量评价工具，一般是一张二维表格。在实际评价活动中，根据评价工具的不同功能，结合实际的评价任务可以合理选用评价工具。针对"圆"单元的评价任务的设定，制订了以下评价工具，见表5-8。

表5-8 "圆"单元评价任务及工具选用

评价内容	评价任务	评价工具
1. 是否掌握圆的基本特征,用圆规画圆	任务一:课堂中实验研究、展示 任务二:练习、单元检测	学习单 作业单
2. 是否掌握扇形的相关知识,能解决相关问题		
3. 是否掌握圆的周长、面积公式,能否灵活运用公式解题		
能否运用已有经验开展研究学习	任务三:课前整理已学过的平面图形特征、如何开展研究的	思维导图
能否运用方法迁移开展探究活动	任务四:圆面积再推导研究	检查表 思维导图
能否运用知识、方法解决生活中的问题	任务五:微主题探究——生活中的圆 任务六:大主题探究——车轮为什么是圆的	检查表 思维导图 量规
评价自己的学习,评价他人的学习	任务七:课堂中口头评价、学习效果自我检查	检查表
评价教师的教学	任务八:课堂观察,填写观测表	检查表

本单元中就使用了一组工具,例如针对课堂实验的研究使用学习单、作业单等评价工具,能调控学生课堂上的实验方式和学习效果。在大单元教学中经常都会使用思维导图,尤其在梳理单元知识结构时。思维导图是表达发散性思维的有效图形思维工具,它是聚焦单元主题和学习过程的一种具体表现。在"任务三:课前整理已学过的平面图形特征、如何开展研究的"这个评价任务中就使用到了思维导图。通过思维导图,学生能厘清思路,将碎片化知识进行联系、建构,形成知识网络,增强思维能力。

4. 实施单元评价活动

新课标强调,素养导向单元学习评价,既要关注过程性评价又要关注终结性评价,通过终结性评价对学生学习过程和结果进行反馈。

基于清晰的评价目标、评价任务以及评价工具的设计,单元评价活动将逐步推进落实到课堂学习前、学习活动中、课堂教学后,师生将共同参与单元学习活动。而在实施评价活动的过程中,要使得评价活动生成的效果是指向学生思维的提升和素养的落地,我们还需要注意几点:

第一,厘清评价要求

评价要求是评价活动得以有效实施的重要环节。在学生使用形成的评价工具前,教师应该厘清使用规范与相关要求,带领学生一起读懂评价工具,学会正确使用。即,明确我要达到的目标是什么?例如,在使用学习目标导单时,先带领孩子们一起学习目标导单的填写,这样才能收回有效的评价单,便于真实的反馈情况。有的学习单中有"我的收获"一栏,不仅可以填写知识的收获,也可以是方法的收获,更可以是同伴合作、动手操作等等的收获。厘清评价要求才会有正确、丰富的反馈。下面是"圆"这个单元的学习目标导学单(表5-9)。

表5-9 "圆"单元学习目标导学单

我的学习目标导学单 班级:_____ 小组:_____ 姓名:_____		
学习目标	课前	课后
1. 我已经初步认识圆,能尝试用圆规画圆		
2. 我能用不同方法自主探究新知,并与共同体学生探索交流发现圆的基本特征,知道圆上的一些名称以及之间的关系		
3. 我能根据圆的特征,联系生活,大胆合理开展想象,并能用准确的语言解释生活中的日常现象		
4. 我能将我的研究过程用照片、视频、画图、文字、算式等方式记录下来,并能主动与大家分享交流		
备注:学习目标表我做主,请在课前、课中、课尾分别对已经达成的目标进行打√		

在学习本单元前就发给学生这份目标导单,带领学生读一读,帮助学生明晰本单元需要达到的目标,带着目标和任务进入单元学习。如此,在单元学习中,学生才会有意识、有目标地展开学习,激发兴趣的同时提升自主学习内驱力,使得课堂效果走向深度。

第二,搭建评价展台

评价的方式可以丰富多样,但是课堂中应留有时间与空间为学生搭建评价的舞台:可以是课中的分享,可以是课上师生、生生之间的评价,也可以是课后学生作品、日记等呈现的评价;可以安排集中反馈的时间,可以是师生共同交流,也可以生生互动。利用评价的平台促使学生自我反思,不断提高和改进学生的学习方式和教师的教学方式,促进"教、学、评"一致性。

在教学完"算'24点'"后,我们班学生就采用了文字表征,谈自己的体会与收获。

"两两法"和"三一法"

学习了乘除法,本领可真大,我会用乘除法算24点呢!我能从1—9之间选取四个数,通过"加、减、乘、除"运算得出24。刚开始的时候,感觉很难,有时要冥思苦想半天才会磨出来,但是做多了,我也摸到了一点小门道。

1. 如果四个数字都比较大的时候,一般大于5,可以直接尝试用加法;

2. 如果三个数字比较大,一个比较小,可以尝试大数相加再减去那个小数;

3. 如果四个数字有大有小或都比较小,可以尝试用"3×8或4×6"的乘法组合。这里面又分"两两法"和"三一法","两两法"就是把两个数字凑3或4,另两个数字凑8或6;"三一法"就是当里面有3、4、6、8四个数字中的一个时,比如,有3,其余三个数字争取凑8,有4,其余三个数字争取凑6。

4. 但是千万别忘了24×1=24,两个数字直接相乘等于24,另两个数凑算成1。

有时一些24点的计算题还有多种做法,比如2、3、4、6,就有三种计算方法。对照上面的小思路,我先用加法,一看得数只有15,肯定行不通,看来只有用乘法了。我看到4×6=24,那么再来一个1不就可以了吗?一看3-2=1,所以第一种方法就出来了:3-2=1,4×6=24,24×1=24。我接着想,3是现成的,能否用2、4、6凑一个8出来呢?我在草稿纸上写着写着,突然想到6+4-2=8,这样3×8=24,第二种方法也出来了。我继续想:"我用了三个数字凑8,能否各用两个数字凑出3和8呢?"2+6=8、2×4=8,但是如果用2+6=8,那3和4就凑算不出3来;如果用2×4=8,那6-3=3,3×8=24,第三种方法也终于出来了。

计算24点对我们初学乘除法的二年级小朋友来说很有挑战性,但我们只要多用心去想一想,多在草稿纸上写一写,就会想到很多不同的解题方法,我们的小脑袋也会变得越来越聪明哦![二(1)班　曹铠滢]

这样的平台搭建,把课堂延伸到课外,将课堂交流延展到课外日记,学生的学科核心能力也得到了发展,更是将评价与拓展学习相融合。

第三,给予评价反馈

单元学习评价要向学生进行及时性反馈。如进行批改展示,或者表示认同,进一步完善改进学习质量。首先,加强反馈评价信息的适切性,评价反馈必须针对单元学习目标,突出单元学习的重点和难点,助力学生的思维高度。其次,反馈还要关注学生的差异性,有的孩子觉得自己本节课的表现非常棒,及时表示认同给予鼓励,有的孩子则需要点拨,进一步指导和交流。总之,评价反馈的信息并不是越多越好,而是需要适切、精练、有效。最后,要加强反馈方式的交互性,最好安排集中反馈的时间,以交流反馈会的形式展开。可以是师生交流,也可以是生生间互动交流,这样既有利于学生解决学习过程中遇到的问题,又能培养学生自我反思的习惯,不断提高学生自我监督、自我提升的能力。

5. 调整完善评价过程

单元评价不仅是对学生学习的评价,还包括对单元设计、单元实施的评价。教师根据评价结果对选择的单元教学内容、目标的确定以及教学过程进行反思,并对原有的教学计划,比如教学设计中问题情境的创设、课时的规划、活动的设计等进行调整和重构。要注重评价的综合性、拓展性和有效性。

例如:苏教版二年级下册"角的初步认识"一课,在研究角的大小与什么有关时,先设计学习前评价问题:你认为角的大小与什么有关?在没有直观操作前,学生的回答多种多样,得到学生的反馈信息"边越长,角越大""边张得越开角越大"时,教师就知道学生对角的大小认知不清晰。因此设计了操作活动,让学生在观察角变大再变小的过程中自主建立对角大小的初步感悟。虽然这个操作经历了猜想—验证的过程,但是整个活动的逻辑性不强,部分学生仍然是被动地接受,甚至有的学生很难体会。因此,在反馈研讨中,将之前的环节设计成数学实验活动,让学生在操作中自主建构,形成角的概念。实验活动单见表 5-10:

表 5-10 实验活动单

"角的初步认识"实验记录单
班级:_____ 姓名:_____
实验问题:角的大小与什么有关?
实验材料:活动角、直尺、纸片
实验过程:
我是_____,发现角的大小与_____有关。
实验结论:
通过实验,我发现:_____

单元整体教学必须旨向学生核心素养的发展，"评"是为了更好地教与学，单元评价并不是学习的结束，而是促进更高效、更有质量地学。单元评价任务也是我们一线教师必须深入思考、整体设计的，将驱动任务点燃学生数学学习的激情，引领学生走向数学探索的高地，真正发展学生的学科核心素养。

第四节　单元教学评价的实践例举

在实施单元教学时，评价与实践同步，可以促进教师对单元教学的及时反馈，同时提高学生在单元学习中的成效。在小学数学学习中，以不同的单元学习课型为例，可以用不同的评价活动串联其中，检测学习活动。

一、以概念学习迁移的评价导向：以"因数和倍数"为例

数学概念是数学基础知识的重要组成部分，是儿童学习数学知识的根基。儿童要掌握数学知识，首先要掌握好数学概念。儿童在数学概念的学习过程中既能掌握理解概念，又能通过概念习得的方法迁移学习同类概念，也是以此为评价进行检测。儿童学习数学概念时，体现的数学素养评价框架可分为情境维度、内容维度、过程维度，课堂评价的关键因素是以课堂活动为介质，以目标达成检验为环节，以在场性评价为方式，真正优化、促进学生学习。下面以苏教版五年级下册"因数和倍数"为例，谈一谈以概念学习迁移的评价导向。

1. 情境维度：运用好"课堂活动"的评价介质

在"因数和倍数"单元教学时，《义务教育数学课程标准（2022年版）》在"数与运算"的"内容要求"中提到：知道 2、3、5 的倍数的特征，了解公倍数和最小公倍数，了解公因数和最大公因数；了解奇数、偶数、质数（或素数）和合数。同时，在"学业要求"中提到，能找出 2、3、5 的倍数；在 1~100 的自然数中，能找出 10 以内自然数的所有倍数，能找出 10 以内两个自然数的公倍数和最小公倍数；能找出一个自然数的所有因数，能找出两个自然数的公因数和最大公因数；能否判断一个自然数是质数还是合数。另外，在"教学提示"中提到，"数的认识"教学要引导学生根据数的意义，用列举、计算、归纳等方法，探索 2、3、5 倍数的特征，理解公因数和公倍数、奇

数和偶数、质数和合数，形成推理意识。

基于新课标要求，整体解读单元教学目标，在目标的指引下，先进行目标分类，再编拟评价指标体系，将目标导向的达成评价融入课堂学习的全过程，让整个教学不偏离"因数和倍数"的单元教学目标，让嵌入评价植入儿童有序的学习活动中。学习评价必须以目标作为参考，比较学生学习的实际效果、人格发展与目标之间的一致性程度。通过思维导图、单元知识整理、核心素养量规的设计，确立"因数和倍数"单元的思想观念，并能在目标制订、活动探究、练习设计与反思整理中展示自己的学习成果并形成自己的学习方式。

《义务教育数学课程标准（2022年版）》中多次提到了"情境""真实情境"和"现实情境"，从形式上分，情境可以分为实物或图像情境、动作或活动情境、文字语言情境、问题情境。"因数和倍数"单元学习中，在调整学习安排时将认识因数和公因数安排在一课时，认识倍数和公倍数安排在一课时。教材中设计了动作情境，让学生通过动手摆一摆认识"因数和公因数"，理解因数和公因数的概念。学生在这一过程中建立学习概念的模型，而在探究"倍数和公倍数"时，学生可以迁移运用认识"因数和公因数"的方法自主探究，获得对概念的认知，掌握数形结合思想方法，增强"因数和倍数"意识；体验数学探究活动，进行观察、分析、比较、总结，提高数学归纳总结能力，增强数感。

在这样的课堂活动中，从动作情境维度出发，开展迁移学习活动，既作为一种学习方式，同时也是评价方式，以此促进学生的自主学习能力的发展。

2. 内容维度：把握好"素养目标"的检验指向

单元学习群的评价要强化对数学知识的本质理解，提炼出数学知识之间的关联性概念，发挥核心数学概念的作用，由此确立合适的学习主题。本单元学习主线是从因数和倍数这两个核心内容出发，在找因数这一条支线上认识公因数、质数与合数，分解质因数；在找倍数这一条支线上学习2、5和3的倍数特征，认识奇数和偶数，认识公倍数。在单元学习内容重组时，可以合理进行重组，实践中我们选取水平相当的班级作为研究对象，分为参照班和研究班，参照班用原教学序列展开教学，研究班采用新的单元学习群教学序列进行教学，并展开对照研究。

"因数和倍数"的评价主题内容是基于教学目标制订的，包括四个维度：知识与技能方面理解"倍数""因数"的概念；探索2、5以及3的倍数特征，发现它们倍数的特征,了解其中蕴含的数学原理,熟练地在 1～100 范围内找出一个数的倍数和因数;使用合适的方式,找出 10 以内任意两个数的公倍数,以及 1～100 范围内两个数的公因数;了解且能正确判断奇数、偶数、质数、合数;整合单元内容,建构"倍数与因数"的知识结构。数学思考方面应让学生体验"找一个数的因数或倍数"活动,进行有序思考,增强有序思考能力;体验数学探究活动(用小正方形模型摆出大长方形),掌握数形结合思想方法,增强认知;体验数学探究活动(探究 2、5 以及 3 的倍数的特征),进行观察、分析、比较、总结,提高数学归纳总结能力,增强数感。问题解决方面是在规定的范围内,让学生能够找出一个数的倍数和全部因数;在规定范围内,找出两个数的公倍数和公因数;能准确判断质数、合数;在现实生活中灵活运用倍数、因数知识解决实际问题,发展知识应用能力。情感态度方面在"倍数与因数"知识解构的过程中,让学生敢于挑战有探索性的数学问题,积极思考、探究,感受数学学习乐趣,形成严谨的学习态度,养成反思总结的思考习惯。基于评价目标制定素养评价量规,可以形成脉络清晰、条理分明、相互联系的数学知识体系。通过单元学习群,使学生形成简化的、本质的、内在逻辑性较强的数学基础知识结构及探索知识的方法结构。

基于内容的学习,整体把握好"素养目标"的检验指向,从多个维度开展评价活动,促进深度学习。

3. 过程维度:采用好"逆向设计"的评价方式

基于单元学习群的学习评价,需要设计指向关键能力的有意义的表现性评价任务,围绕评价的目标要素贯穿于课堂评价的每一个环节,通过评价过程中搜集的信息判断是否达成预设目标。如何以学习结果开启逆向设计? 首先,确定学生在本单元需要达成的学习结果,即因数和倍数的意义、会熟练找出一个数的因数和倍数、能够用最大公因数和最小公倍数解决生活中的实际问题;其次,聚焦本单元内容,明确需要达成的关键能力与思维品质,确定学生是否达成学习目标的评估要素、量规和方式;再次,设计相应的学习周期、情境活动和学习方法;最后,通过学习记录、思维可视化等方式呈现人人参与的表现性评价和结果性评价,最终指向数学概念的可迁移性,实现概念性理解。

儿童在学习数学概念时,应在充分感知的基础上,建立清晰的表象,从而准确地理解概念,明确概念的本质属性,这样能够更好地形成迁移能力,让学习的概念系统产生迁移、举一反三,有助于更好地理解同类概念的内涵,同时评价学习活动的过程。

二、以运算理法相融的评价诊断:以"运算律"为例

新课标中关于数的运算教学提出要始终关注学生运算能力和推理意识的形成与发展。对于"运算律"的内容要求是探索并理解运算律(加法交换律和结合律、乘法交换律和结合律、乘法分配律),能用字母表示运算律。教学提示通过实际问题和具体计算,引导学生用归纳的方法探索运算律、用字母表示运算律,感知运算律是确定算理和算法的重要依据,形成初步的代数思维。因此,运算的核心在于算理与算法的融合,单元学习活动中可以将对算理、算法融合作为评价诊断的内容。

首先,明晰运算律单元的教学目标为:① 经历探索运算律的过程,理解运算律的意义,培养学生发现和提出问题的能力,积累数学思考的活动经验,发展合情推理能力;② 能应用运算律进行一些简便计算,感受计算方法的多样化,提高运算能力;③ 在问题探索的过程中,逐步养成善于猜想、敢于质疑、举例验证的数学思维习惯,发展建模思想,提升学科素养。单元教学重点:理解五大运算定律和两个运算性质,并能运用运算律进行简便计算。单元教学难点:经历运算律的探究过程,发现、概括并灵活运用运算律。基于对教材的分析和思考,为了让学生比较全面地掌握运算律的背景、本质和适用范围,凸显运算律是运算中具有普遍意义的规律,让学生从更广阔的视角来理解运算律,合理应用运算律进行简便计算,对单元内容进行了重组(图 5-4),分为加法交换律和乘法交换律、加法结合律和乘法结合律、减法的性质和除法的性质、乘法分配律、运算律和性质的运用。通过组合相似类型规律的学习,进一步理解运算的意义,理解算理,建构模型。

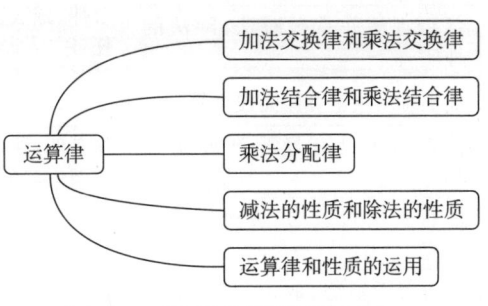

图 5-4 "运算律"单元重组内容

通过整体单元的评价目标,重点突出学生对基础知识与基本技能、基本思想与基本活动经验、情感态度与价值观的评价,凸显学科关键能力的评价。基于单元评价目标,可以将其再细化分解到每课时的评价目标中(表 5-11)。

表 5-11　单元评价目标

评价旨向	评价内容	评价方式
基础知识与基本技能	1. 是否理解并掌握加法和乘法的运算律；	总结性评价
	2. 是否理解并掌握减法、除法的性质；	
	3. 能熟练运用运算律简便计算；	
	4. 能解决与运算律有关的实际问题	
基本思想与基本活动经验	1. 能否运用已有经验开展研究学习	诊断性评价
	2. 能否运用知识、方法模型迁移探究	形成性评价
情感态度与价值观	1. 是否善于猜想、敢于质疑、举例验证；	形成性评价
	2. 评价自己的学习过程，评价他人的学习，评价教师的教学	形成性评价

其次，根据评价目标内容，整体设计评价任务，以斯特恩提出的三种评价方式为依据，一是学习性评价，目的是为学习的推进收集证据；二是学习的评价，目的是对阶段性的学习成果进行总结；三是学习式评价，目的是让学生在学习中学会评价。

例如：根据以上评价内容，整体设计评价任务（表 5-12）：

表 5-12　单元评价任务

评价内容	评价任务	评价类型
是否理解并掌握加法和乘法的运算律	任务一：课堂中开展加法交换律、加法结合律、减法性质的探究活动 任务二：探究乘法分配律 任务三：课堂练习、单元检测	学习的评价
是否理解并掌握减法、除法的性质		
能熟练运用运算律简便计算		
能否运用已有经验开展研究学习	任务四：课前设计前测单，分析学生对本节课学习的基础	学习性评价
能否运用知识、方法模型迁移探究	任务五：乘法交换律、乘法结合律、除法性质的自主探究	学习的评价
是否善于猜想、敢于质疑、举例验证	任务六：课堂中口头评价、学习效果自我检查，课堂观察，填写观测表	学习的评价
评价自己的学习过程，评价他人的学习，评价教师的教学		学习式评价

再次是形成单元评价工具，当确定教学活动中的评价任务后，还需要运用相应的评价工具推进评价活动的开展。在运算律单元中，基于前面评价任务的设计，选

择不同的评价工具进行评价(表5-13)。

表5-13 单元评价任务及工具选用

评价内容	评价任务	评价工具
是否理解并掌握加法和乘法的运算律 是否理解并掌握减法、除法的性质 能熟练运用运算律简便计算	任务一:课堂中开展加法交换律、加法结合律、减法性质的探究活动 任务二:探究乘法分配律 任务三:课堂练习、单元检测	学习单 练习题 检测题
能否运用已有经验开展研究学习	任务四:课前设计前测单,分析学生对本节课学习的基础	前测单
能否运用知识、方法模型迁移探究	任务五:乘法交换律、乘法结合律、除法性质的自主探究	学习单
是否善于猜想、敢于质疑、举例验证 评价自己的学习过程,评价他人的学习,评价教师的教学	任务六:课堂中口头评价、学习效果自我检查,课堂观察,填写观测表	检查表 思维导图

最后是基于清晰的评价目标、评价任务以及评价工具的设计,单元评价活动将逐步推进落实到教学、学习活动中,师生将共同参与深度学习。而在实施过程中,我们还需要注意几点,使得评价活动能真正落地有效,如可以借助学习目标导单(表5-14)厘清评价要求,从知识技能、方法、情感维度进行评价。

表5-14 我的学习目标导单

班级:_____ 小组:_____ 姓名:_____

学习目标	课前	课尾
1.我已经初步了解了减法的性质,能回忆之前遇到的问题,能尝试举例验证规律,用自己的语言描述减法的性质		
2.我能用探索减法性质的方法自主探究除法的性质,并与共同体同学探索交流探究的过程及发现的规律		
3.我能运用减法的性质、除法的性质简便计算		
4.我能将我的研究过程用照片、视频、画图、文字、算式等方式记录下来,并能主动与大家分享交流		

备注:学习目标我做主,请在课前、课中、课尾分别对已经达成的目标进行打"√"

例如:在教学乘法分配律时,我们往往练的较多,但是通过课堂观察评价发现学生的参与度不够,而且在练习中还是错误百出;借助这样的评价促进原有设计的调整,在引导学生如何探究后,以小组为单位开展研究,在探索中发现并描述规律,同时要用自己理解的方式创新分享给同学。于是我们班的这些创意分享让课堂中的每个孩子沉浸在其中,而且练习中,大家念念不忘"曹氏妙招:一圈二提三打包"。

又如思维导图,我们平时运用的比较多,可以是对一个知识点的辐射运用,可以是对单元内容的梳理,还可以是对学习方法的梳理。以下的创学单作业可以引导学生用思维导图呈现生活中的实例(表5-15)。

表 5-15 我们的创学单

列举生活中,求最大公因数或求最小公倍数的实际问题。

以上是基于逆向设计评价目标及相关的活动任务,对于运算单元还可以从三个评价要点来评价学生的学习效果,即正确运算、理解算理、方法合理。

1. 正确运算是前提

正确运算包括运算结果的正确性、运算程序的规范性、运算速度的标准性。其实,正确运算是对于知识技能的评价,可以采用笔算和口算等多种形式进行。主要考查学生对于运算律的掌握,看是否能合理运用运算律来进行简便计算。对此,教学练习中出了类似填一填、算一算等类型的题来检验学生对"运算律"的理解与掌握情况。例如,在"减法和除法的性质"教学中,会设计对应的练习评价掌握情况:

1500－28－272＝_____－(28〇272);

4000÷125÷8＝4000〇(125〇8)

这类题目主要是考查学生对减法、除法性质的理解,可以考查运算结果的正确性、运算程序的规范性。对于运算速度可以通过训练不断提升,在简便运算中可以达成评价。

2. 理解算理是核心

理解算理包括算理表述的正确性、算理表征的层次性、算理迁移的通用性。在教学过程中设计学习活动也是评价活动,通过多元表征帮助理解算理。

例如,在探究减法的性质时,设计这样的教学活动:

  李老师带 300 元买奖品,买钢笔用去 40 元,买笔记本用去 60 元,应找回多少元?(两种方法)

  提出要求:请同学们按照探究单上的提示进行小组合作探究。

  解决问题:请同学们先独立列综合算式解答,然后在小组里交流各自的做法。

  发现问题:_____

  提出猜想:_____

  举例验证:根据小组中提出的猜想,每人各举两组例子,看看猜想是否仍然成立。

  得出结论:_____(用自己喜欢的方式表示)

在举例验证后学生发现规律,通过多元表征的方式表达发现的规律:

生1:△-○-□=△-(○+□)

生2:$a-b-c=a-(b+c)$

生3:甲数-乙数-丙数=甲数-(乙数+丙数)

生4:一个数连续减去两个数等于一个数减去这两个数的和。

学生通过图形、字母、语言等方式表征,用不同的方式表征自己的理解,这是通过具体的情境到半抽象的举例,再到抽象的说理,这也是一种学习理解的外显表征,通过这种外显表征可以评价学生对减法性质的理解情况。

学生由减法的性质的探究迁移到自主研究除法的性质,依然用自己的方式表征除法的性质,可以通过表征展示对算理的理解过程,反馈学习结果。

  引出:那你猜测除法的性质是怎样的呢?

  同学们可以在第二个研究框中自主进行研究,以小组为单位进行交流分享。

提出要求:请同学们按照探究单上的提示进行小组合作探究。

(1) 提出猜想:_____

(2) 举例验证:根据小组中提出的猜想,每人各举两组例子,看看猜想是否仍然成立。

(3) 得出结论:_____(用自己喜欢的方式表示)

学生基于刚才的经验,能够快速迁移探究的方法,用不同的方式表征除法的性质,内化理解的过程。

又如,在"乘法分配律"教学中,可以借助数学实验的方式整体设计教学评价活动,更好地帮助理解算理。通过设计在真实的生活中购买运动会服装这一个问题情境,将这一问题转化数学实验1,通过对若干组算式结果的计算,观察比较产生积极的猜想,这种初发现往往在学生自己形成模型的开始阶段;在分配律的模型形成阶段,采用数学实验2,通过大量的例证来让学生验证自己的猜想,但是事实上因为学生知识所限,基本上只能通过几个式子采用不完全归纳的方式得出结论。然后通过模型的拓展、解释运用,我们采用数学实验3,对乘法分配律中顺向分配、逆向合成、分配变式、合成变式四类进行学习新知后的实验检验,结果发现分配变式准确率只有50%,合成变式只有40%(图5-5)。通过实验数据的对比不难发现,前两次学生虽然也经历了"猜想—验证—模型建立"的过程,但是所习得的基本上是乘法分配律的"形",而非乘法分配律的"神",没有达成乘法分配律本质意义上的理解。因此基于实验数据需要对前两个实验进行优化完善,增加变式、举例以及借助生活原型、图形模型、算式模型的比较抽象等实验环节,深化合情推理和演绎推理相结合,促进学生把形式层面上的理解和直观具体层面的理解互相转换,达成真正的概念性理解。

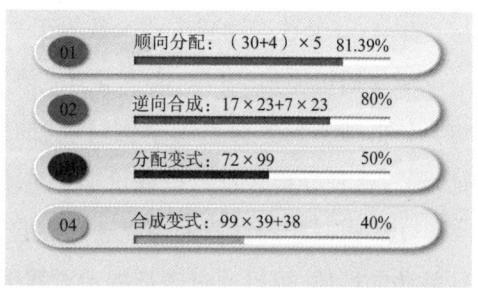

图5-5 学生对"乘法分配律"的掌握表现

在学习活动过程中,借助实验让学生经历"猜想—验证—得出结论"的过程,在验证中充分理解分配律的内核,明晰算理,破解乘法分配律的难点,帮助学生真正理解，才能正确、熟练运算，并能灵活运用运算律解决实际问题。

3. 方法合理是关键

运算的关键是运算方法的多样性、运算过程的简洁性、运算方法的创新性，能够灵活运用合理的方法解决问题。

例如，解决问题"红山森林动物园第一天卖出门票354张，第二天上午卖出168张，下午卖出232张。两天共卖出多少张门票"。这是基础问题，主要是引导学生复习加法运算律的基本内容，熟悉可以简便运算的算式特点，在解决实际问题的过程中会根据算式的特点运用运算律进行简便计算。对于数感强的学生可以直接先算第二天一共卖出多少张门票，再算两天一共卖出多少张，合理选择方法体现了运算过程的简洁性。

在下面这个练习中，怎样计算简便就怎样算：

9＋99＋999＋3

1＋3＋5＋7＋9＋11＋13＋15＋17＋19

第一题的算式出现的数字比较大且多个数相加，引起学生的注意，使学生产生用简便方法计算的想法。这种学习的内驱力，进一步促进学生对加法运算律的掌握。同时通过这种训练可以让学生学会用运算律简便计算，在多样化的选择中选用简便方法计算。

在下题中，你会用不同的方法计算吗：

90＋91＋92＋93＋94＋95＋96＋97＋98＋99

这是一道开放性的题目，方法多样。有的学生可能就是按部就班地按顺序计算；有的学生会尝试用首尾相加一组一组进行计算；还有的学生通过观察发现数的特点，先把这些数都看成整十数90，算出有几个90，再求多出来的1＋2＋3＋4＋5＋6＋7＋8＋9。在开放性的练习中训练学生运用多种方法解决问题，在比较中能够自主优化方法，发现最简单的运算方法。同时根据学生的不同方法，教师予以不同的星个数奖励，一方面是调动学生的积极性，另一方面也是对学生运用规律解决问题的评价。

合理简洁的运算有助于发展学生的数学思维。学生进行简便运算的前提是观察算式的结构特征，明晰运算对象，并对多种不同的运算方法进行预判和评估。教师在教学时要注意设计评价任务，引导学生在基本算法的基础上，根据数据特征和运算律，使计算更加合理简洁。

三、以图形认识要素的评价调控：以"长方形和正方形"为例

"评什么"实质上是完成从"教什么"至"教到什么程度"和"学什么"至"学到什么程度"的具体细化，使得核心素养的培养在具体的教学中具有可操作性，为教学内容和作业设计指明方向。"长方形和正方形"单元隶属"图形的认识与测量"领域，这一领域的内容是学生系统学习图形知识、形成逻辑思维能力、发展几何直观的重要载体。在单元教学中可以从以下三个维度嵌入评价活动：

1. 知识线：梳理图形认识的知识点形成网状结构

"长方形和正方形"这一单元主要知识点是认识长方形、正方形的特征，认识周长，学会长方形和正方形的周长计算。本单元的教学目标是让学生的直观经验与几何概念对接，让学生从由整体的观感认识图形过渡到由"边、角"两个元素的特点与关系来认识图形；而周长的知识，既有"形"的概念，又有度量的特征，所以学生要建立周长的概念，先要明确度量对象，即图形的"边线"，然后度量"边线"的长度。学生只有认识到"图形的周长就是图形各边线长度的累加"，才抓住了周长概念的本质。长方形和正方形的周长计算是建立在认识周长本质的基础上的。在整体教学时，可以开展数学实验引导探究活动，并编制表现性任务清单进行评价。

表现性评价是指在真实的情境中完成相应的实验任务，并在实验过程中形成相应的作品（作业），需要对这种实验的过程习得的素养给予评价，指向问题解决的关键能力，而非只是对错之分。在认识了长方形和正方形的特征后，可以设计让学生制作长方形和正方形，提供小棒、方格纸、钉子板、三角尺等等相应工具，从初层次的钉子板围一围，评价制作的准确与否；到利用三角尺的拼一拼制作中，评价凸显长、正方形边的特征；再到利用 6 根小棒制作长方形时，评价 6 根和 4 条边的冲突，让学生进一步巩固知识点；最后，利用画方格纸的办法，在交流评价中对比发现长方形的长和宽。教师精心挑选每一种具有代表性的学生案例，并对案例分别进行详细的描述性反馈，清晰地反馈案例的特点。这样的表现性评价，既体现了学生需要达到怎样的学习成果，也为课程目标是否达成提供了直接性证据。通过评价，学生更容易体悟理解本课的重点所在，更好地掌握知识。

2. 方法线:基于图形认识的关键元素展开探究过程

在认识长方形和正方形的特征时,设计教学活动、评价任务引导学生通过建构模型、运用模型进行探究并掌握,能够让学生在观察、操作、猜想、验证、思考、想象等数学活动中,对长方形和正方形的认识从直观感知走向抽象概括,发展学生的空间观念。例如:

(一)探究长方形的特征

1. 介绍:闭上眼想一想,盒子里的长方形是什么样的呢?谁能从边和角的特点来说一说?

生1:长方形有4条边,两条长边相等,两条短边相等。

追问:还有补充吗?

生2:4个角都是直角

小结:同学们通过观察发现长方形有4条边,有2组边相等,有4个角都是直角。

2. 提出问题:生活中还有许多长方形,怎样验证观察到的是正确的呢?

追问:可以有什么办法知道呢?

生1:可以借助直尺量一量。

生2:还可以折一折。

生3:比一比。

小结:真厉害,可以动手实验。

实验要求:

想一想:准备怎样开展实验验证?

做一做:每人选择一个长方形借助工具实验验证。

说一说:在小组里说说自己的发现。

实验记录:

我是用_____(方法),发现_____

我是用_____(方法),发现_____

通过实验,我发现长方形_____

（二）探究正方形的特征

1. 提问：同学们，带着探究长方形的经验，我们自己来探究正方形的特征，好不好？

追问：你们准备怎么探究？

生：先观察发现正方形的特征，再量一量、折一折、比一比。

梳理：先观察发现正方形的特征，再用实验验证正方形是不是符合这样的特征，得出结论。

2. 引导：真厉害！请同桌合作先观察，说一说你的发现，然后实验验证是否正确。

实验要求：

想一想：根据刚才的经验，想一想怎样进行验证？

做一做：选择一个正方形进行实验验证。

说一说：在小组里说说自己的发现。

实验记录：

我是用_____（方法），发现_____

我是用_____（方法），发现_____

通过实验，我发现正方形_____

3. 实验验证：先自己想一想，再做一做，并和同桌说一说。

在以上的教学活动中，探究正方形的特征既是一种学习活动，也是一种评价任务，看学生是否能够基于已有经验指导自己开展探究。在实验评价活动中，可以围绕教学目标和内容形成相应的评价量表，同时与学习内容的进程和任务加以匹配，以任务的方式发放给学生，评价的要素在实施任务前学生就已清楚，学生在实验任务的完成中形成素养发展的相应依据。实验评价单基于目标的达成度考评，实验任务单则是伴随学习进程，同时也耦合了实验的步骤和方法，每个阶段的学习作品（文字、画图、算式、视频等等）均为表现性评价的依据，这样的评分规则的设置则能使表现性评价更为合理、客观。

3. 价值线：聚焦图形认识的整体脉络梳理前延后续

立足单元整体教学，聚焦图形认识的整体脉络，以整体视角梳理教材的知识排序，详细梳理学生在学习过程中的表现层次和能力"升阶点"，准确把握学生在学习活动中所处的水平层次，就能在课程、教学、评价等与学生的联结互动中实现数学学科育人的价值意义，真正促进"教、学、评"一致性的落地。

例如：在教学"长方形和正方形的周长计算"中，本节课的核心目标是探究长方形和正方形的周长计算方法，并能运用周长计算方法解决简单的实际问题。在探究长方形的周长计算方法的过程中，学生一般会经历这样的三次螺旋递进的表现过程：从理解周长的含义到用算式计算周长、从一般算式表征到优化形成算式表征、从优化算式表征到灵活运用多种方法和策略解决问题。在三次学习活动之后引导学生整体回顾探究的过程，并进行延伸，借助学习单评价自己的学习过程，也可以通过同伴交流评价自己的表现。

在认识长方形和正方形的特征时，由于本节课是研究平面图形的起始单元、起始课，学生经历了从"边、角"两个方面探究图形的特征。因此，不仅需要引导学生再次回顾探究的过程，还要继续延展到对其他平面图形的探究。在课堂结束时可以设计这样的环节：

刚才有同学用三角板拼成了这个图形，它是什么图形呢？（三角形、平行四边形）如果要研究它们的特征，可以从哪些方面入手研究？又可以怎么研究呢？

评价：同学们真厉害，不仅学会了知识，还会活用方法！正如毕达哥拉斯所说"在数学的世界里，重要的不是知道了什么，而是怎么知道的"，让我们带着这样的经验继续探究未知的图形世界！

其实，在图形认识的单元教学中可以让每个学生经历数学实验过程，聚焦真实情境中的具体问题，聚焦数学实验，设计实验任务单、评价单以及量规等形成表现性评价档案。

总之，教师对于单元教学的整体评价，可以从单元教学目标的达成度、单元活动设计的达成度、单元教学效果情况等方面进行，不同类型的单元可以设计不同的评价方式。

第六章
小学数学单元学习群的实施支架构造

展望、研究、探寻"学科核心素养关照下的数学课堂教学变革"应有的理想状态与模式,通过"数学单元学习群"的研究,形成相应的数学单元学习资源,为数学学科不同学段(小学、初中、高中)的探索提供理论支持与实践智慧,促使学生数学学科核心素养的培育、发展和内化,促进我国数学学科教育科学合理有效的发展。

第一节 小学数学单元学习群抛锚式教学支架的设计

一、锚的构造:数学单元学习群大问题设计

小学数学单元学习群的实践,需要把握大观念—大问题—大任务这一关键链条,其中数学单元学习群的设计需要确定好单元核心问题;单元核心问题要紧扣数学学习内容的本质属性,并与单元的具体观念对接;单元大任务的设计基于大问题的构造,又围绕单元具体观念来推进。核心问题是单元学习群的引擎,核心问题设计到位,就能积极培养儿童数学学习的思维方式,促进儿童数学的概念性理解。如二年级"乘法口诀"单元核心问题,见表6-1。

表6-1 "乘法口诀"单元核心问题

单元大观念	单元大问题
理解乘法的意义,并积极探索出相应的乘法口诀	你能找到编制2—9的乘法口诀的办法吗
学会从多个角度探索乘法口诀的内在规律	你能和同伴合作探索口诀中的规律吗?为什么有这些规律

续表

单元大观念	单元大问题
在运用乘法口诀解决更多实际问题的过程中体会乘法口诀的价值	目前的乘法口诀只有到九九八十一,还需要继续编下去吗?乘法口诀在生活中到底有什么作用

单元具体观念按照数学单元内容体系的核心逻辑,以数学核心问题为引领,通过大问题与大任务的呼应,形成单元任务链的设计序列,以保证学习任务的目标始终围绕素养目标和单元内容本质。依据本单元内容的核心本质,指向的是学生的理解和迁移,是单元教学设计的灵魂。如乘法口诀单元的具体观念一,即基于乘法的意义可以得到乘法口诀,对应这一单元具体观念的核心问题是"如何编制 2—9 的乘法口诀"。对应这一核心问题,我设计了如下 6 个学习任务:任务一:认识并尝试编制"5 的乘法口诀";任务二:独立编写"2 的乘法口诀";任务三:合作编写"3—9 的乘法口诀";任务四:反思编写口诀的方法;任务五:在真实情境"运用乘法口诀解决问题";任务六:你会探索"口诀阵的秘密吗"?从这 6 个任务中,可以看出本组任务是指向"2—9 的乘法口诀如何编制"的核心大问题,在序列化符合儿童认知规律的任务探究中,是让儿童感悟到口诀的编制依据的是乘法的意义,让儿童理解乘法口诀的意义和来源。

学习任务的目标依据单元的核心问题,那大问题从哪里来呢?我们首先要理解什么是大问题。大问题是指一个单元解决一个问题,中心问题只有一个;大问题指向的不仅仅是一个知识点,而是理解和探索一个大概念,所以大问题要从核心知识、核心素养与儿童认知困难的交汇处生长出来。我们仍以"乘法口诀"单元为例,在确定大问题之前,对学生进行了前期的调研,除了调研学生的学习经验和学习困难,还调研了学生好奇的问题——"为什么要有乘法口诀呢?""乘法口诀为什么只要到九九八十一呢?""18×3 用什么口诀呢?""乘法口诀有什么规律呢?"等等。

以儿童提出的问题作为单元的核心问题,并设计了对应的学习任务序列,儿童的疑点就是问题的起点,对这些问题的探究,能帮助儿童发现乘法口诀能够解决更多的乘法计算问题,使他们体会到乘法口诀的价值,类推其他乘法算式用口诀解决。

从以上例子可以看出,大任务具体表现为一种问题情境,而问题情境依据具体化的目标;问题情境包括靶向式问题情境和建构式问题情境。依据儿童好奇的问题,我们可以创设学习任务序列,这样一个个连贯、前后关联的学习任务,又激发了儿童探究的欲望,使他们有动力克服困难,寻求问题的答案。

二、桩的构建:数学单元学习群五联单设计

康德曾说过,就本质而言,知识实则为一个整体。教育的主要愿景之一即在于将支离破碎的、不完整的学科内容、课程知识等加以统整并逐步上升为某种整体知识。与传统的课堂教学模式不同,单元主题教学更加着眼于学生的整体性、实践性、综合性,在教学的过程中,更加关注课程资源的整合、课程资源的生成,更加有助于学生数学核心素养培养目标的落实。

针对单元主题教学模式的研究,不同的学者提出了不同的观点,笔者结合诸多学者的研究,对其进行了总结:单元主题教学模式主要是对某个教学单元中所涉及的多种课程资源进行整合,并借助系统化的方法进行设计,引领学生在交流、讨论的探究学习中,完成相关知识的探究学习,并在探究的过程中促使其认知结构发生改变,不断提升学生的知识迁移能力,真正落实学生的数学核心素养培养目标。为此,我们推出了单元学习群的"五联单"(图 6-1)。

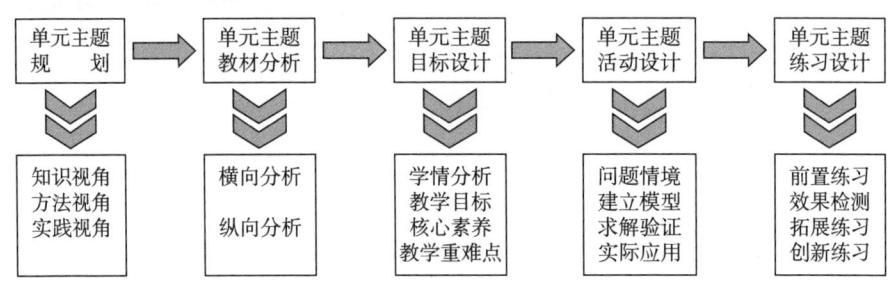

图 6-1 数学单元学习群的"五联单"

单元主题教学目的在于重新整合原来的知识结构、方法结构等,真正地提升学生的数学素养。那我们应该如何进行单元主题学习活动的设计呢?

第一步先进行单元主题的规划,就是我们确定怎样来重构这样一个单元主题。主要的视角有三个,即知识视角、方法视角和实践视角。

第二步就是进行单元主题的教材分析。我们可以从横向和纵向两个角度进行分析。横向分析是指不同版本的教材之间分析沟通,寻找联系;纵向分析是指所学单元知识的前延后续。

第三步是单元主题目标设计,确定单元教学目标、课时教学目标。在确定目标

时首先要进行学情分析,再定位目标,最后还要思考这样的设计主要突显了哪些数学的核心素养。

第四步就是单元主题活动设计。一般活动设计包括"问题情境—建立模型—求解验证—实际应用"几个模块。

第五步就是单元主题练习设计,主要包括前置练习、效果检测、拓展练习和创新练习几个方面。

1. 单元主题规划

单元主题规划时,首先要选择单元主题划分的视角。知识视角就是从知识的角度来建构,比如认识分数,我们可以把三年级上册的一个物体的几分之一或几分之几、三年级下册的多个物体组成的一个整体的几分之一或几分之几和五年级的分数的意义进行整合(表6-2);方法视角就是从数学思想方法的角度进行架构,比如认识平行四边形和认识梯形的方法结构是一致的,可以重新整合,再比如运算律的教学也可以从方法视角重新整合(表6-3);实践视角,比如教材中的"怎样滚得远"这个项目,我们可以以这个项目为点,融合数学、科学等学科进行整合。进行整合时还要想想包括了哪些内容,确定单元的划分视角后,还要进一步划分课时,关键是要厘清划分的依据和这样划分的优点(表6-4)。

表6-2 "分数的认识"单元主题规划

单元主题划分视角	☑知识视角 □方法视角 □实践视角		
单元主题	分数的认识	课时数	8课时
主要包括内容	1. 苏教版三年级上册分数的初步认识(一) 2. 苏教版三年级下册分数的初步认识(二) 3. 苏教版五年级下册分数的意义		
重新整合后的课时安排	第1课时:一个物体或多个物体组成的一个整体的几分之一 第2课时:一个物体或多个物体组成的一个整体的几分之几 第3课时:分数的意义 第4课时:同分母的分数加减法 第5课时:求一个数的几分之几是多少的简单的实际问题 第6课时:分数与除法的关系 第7课时:求一个数是另一个数的几分之几的实际问题 第8课时:整理与练习		
说明(划分的依据及这样划分的优点分析)	原来分数的三次学习相隔时间长,为了更加突出单位"1"的教学,让学生借助单位"1"来认识分数,这也符合认数的规律		

表6-3 "运算律"单元主题规划

单元主题划分视角	☐知识视角　　☑方法视角　　☐实践视角		
单元主题	运算律	课时数	7课时
主要包括内容	苏教版四年级下册运算律55—74页		
重新整合后的课时安排	第1课时：加法交换律和乘法交换律 第2课时：加法结合律和乘法结合律 第3课时：减法的性质和除法的性质 第4课时：乘法分配律 第5课时：相遇问题1 第6课时：相遇问题2 第7课时：整理与练习		
说明（划分的依据及这样划分的优点分析）	运算律的学习都是"提出猜想—举例验证—归纳结论"；加法交换律和乘法交换律的结构更相似		

表6-4 "怎样滚得远"单元主题规划

单元主题划分视角	☐知识视角　　☐方法视角　　☑实践视角		
单元主题	"怎样滚得远"	课时数	2课时
主要包括内容	苏教版四年级上册98—99页"怎样滚得远"		
重新整合后的课时安排	1. 数学实验："怎样滚得远" 2. 科学探索：斜坡 3. 科学探索：摩擦力		
说明（划分的依据及这样划分的优点分析）	以"怎样滚得远"为项目，数学与科学融合，既让学生经历数学实验的过程，又从科学的角度探索斜坡的秘密		

2. 单元主题教材分析

现代教学论认为，要实现教学最优化，就必须实现教学目标最优化和教学过程最优化。教材的分析和教法的研究，正是实现教学过程最优化的重要内容和手段。在单元主题教学中，教材分析同样是教师备课中一项重要的工作，是教师进行教学设计、编写教案、制订教学计划的基础，也是备好课、上好课和达到预期教学目标的前提和关键，对顺利完成教学任务具有十分重要的意义。进行教材分析，首先要进行教材的纵向比较，也就是对所教单元主题的前面相关联的知识进行梳理，做到心中有数，在此基础上对单元主题知识进行分析。其次要进行横向教材分析，在同一课标下，各个版本的教材都具有自己的特色和侧重点。其中存在的差异性，往往是需要教师根据学生的实际情况进行多角度思考的,而其中的共性又能供具体教学直接参考。

运算律是数学运算应当遵循的普遍法则,是数学运算固有的性质,在数学不同的学习领域,运算律都有所体现,它是运算的"通性通法",在运算教学中具有核心地位。对比不同版本教材中运算律的内容(表6-5),我们不难发现运算律的教学过程都遵循了情境体验—发现规律—验证规律—归纳概况的过程。

表6-5 "运算律"单元教材分析

单元主题	运算律			
	已学内容分析	本主题内容分析	后续学习内容分析	
教材纵向分析	一年级上册10以内加法已经渗透了加法交换律;二年级的表内乘法、三年级长方形周长的计算也都为乘法运算律的学习作了铺垫	本单元包括加法运算律和乘法运算律两大部分内容,包括三个层次的水平,交换律是第一个层次,结合律是第二个层次,性质和乘法分配律是第三个层次	五年级上册"小数混合四则运算及有关的简便运算"、六年级上册"分数四则混合运算及有关的简便计算",以及运算律在整数、小数、分数混合运算中的综合运用	
	苏教版	人教版	北师大版	其他版本
教材横向分析	四年级下册: 加法交换律 加法结合律 加法运算定律的应用 连减的简便运算 乘法交换律 乘法结合律 乘法分配律 乘法运算律的应用	四年级下册: 加法交换律 加法结合律 加法运算定律的应用 连减的简便运算 乘法交换律 乘法结合律 乘法分配律 乘法运算律的应用 连除的简便运算	四年级上册: 加法交换律 乘法交换律 加法结合律 连减的性质 乘法结合律 乘法分配律 运算律和性质的运用 连除的性质	

3. 单元主题目标设计

单元目标是指在单元规划和教材内容分析的基础上,综合考虑单元内知识与技能的学习要求、知识之间的逻辑顺序和关系结构、指向核心能力发展的学习过程与学习方法,体现学科育人价值的情感、态度、价值观等三个目标维度,结合学生的学习基础、认知规律和心理发展特点等来确定单元主题教学目标。在教学目标设计的时候,首先要分析学情,再确定目标,然后落实核心素养的培养。以"运算律"单元为例(表6-6):

表6-6 "运算律"单元主题目标设计

单元主题	运算律
学情分析	学生已经在计算的验算中体验了加法交换律、乘法交换律等,已经具备了一定的知识基础;在以前的学习中,对于观察—猜想—验证—归纳的研究方法已经有了一定的基础。但学生在探究运算律的过程中,如何从不完全归纳走向推理,增强推理意识是有一定困难的,所以在教学过程中,要通过让学生经历丰富的学习活动,从而提升学生的模型意识和推理意识。 基于教材的横向、纵向对比,以及学生的前测后测情况分析,我们认为在教学运算律这一单元时,至少要弄清楚两点:一是加法交换律和乘法交换律这么简单,有什么可以教的呢?它作为一个单元的起始课,承载着怎样的教学意义?二是学习运算律只是为了简算吗?在教学中,怎样凸显运算律的核心价值
教学目标	1. 经历探索运算律的过程,理解运算律的意义,培养学生发现和提出问题的能力,积累数学思考的活动经验,发展合情推理能力。 2. 能应用运算律进行一些简便计算,感受计算方法的多样化,提高运算能力。 3. 在问题探索的过程中,逐步养成善于猜想、敢于质疑、举例验证的数学思维习惯,发展建模思想,提升学科素养
教学重难点	单元教学重点:理解五大运算定律和两个运算性质,并能运用运算律进行简便计算。 单元教学难点:经历运算律的探究过程,发现、概括并灵活运用运算律
核心素养	☐数感　　　　　☐量感　　　　　☑符号意识 ☐运算能力　　　☐几何直观　　　☐空间观念 ☑推理意识　　　☐数据意识　　　☑模型意识

4. 单元主题活动设计

单元学习活动是单元主题教学的重要组成部分,它是在单元主题教学目标确定的基础上,为促进学生对知识的理解和运用,以及实践、探究、创新能力的发展,针对具体的单元主题的学习内容,开展的学习活动,主要包括"问题情境—建立模型—求解验证—实际应用"的学习过程。而正是在这样的数学建模过程中,学生逐步理解了数学的本质,感受模型建构的一般程序。在此过程中,发展学生的数学运算、猜想、合情推理和归纳总结等能力,培养学生数学探究意识、符号意识和模型思想。比如在运算律教学中就可以这样设计。

(1) 从问题情境发现数学模型,提升学生问题探究的素养

在每一个运算律的教学中,都以生活情境来设计问题,引导学生列出不同算式进行解答。不同方法解答结果却相同,由此帮助学生感受运算律的现实背景。在此基础上形成等式,引导学生初步发现其中蕴含的运算律,提出数学猜想。然后再列举几个类似的算式,算一算、比一比,进行类推验证、归纳总结。明白发现的规律是普遍的存在,而不是偶然的巧合,发展了学生的合情推理能力。在这个过程中,教师有效帮助学生建构数学和生活的联系,让学生经历问题解决—数学发现—提出猜想—举例验证—归纳总结的过程,使其数学探究意识不断增强。

(2) 从算理视角解释数学模型,提升学生把握本质的素养

让学生从算理的视角解释运算律的模型,便于学生理解和把握运算律的本质。如加法交换律的教学,让学生大量列举形如例题的算式,通过计算发现结果相等。在此基础上,引导学生从算理上理解其实它们都是把两个加数合并成一个数的运算,哪个在前,哪个在后,不影响合并结果,即加数的位置关系不影响加法运算结果,这就从算理上解释了加法交换律客观存在的原因。在乘法分配律的设计中,也是通过对"几个几相加的和"的理解,解释了两个算式可以相等。算理的理解,帮助学生有效把握运算律背后的数学本质。

(3) 用符号系统建构数学模型,提升学生符号表达的素养

从用具体数表示到用数学符号表示运算律,对学生来说,是认知上的一次飞跃。对于学生来说会有一定的困难,因为这需要学生的思维由具体形象向抽象逻辑过渡。可以枚举归纳为载体,帮助学生建构数学模型。在三个运算律和两个运算性质的教学中,都是先让学生多列举一些具体算式的例子,在写一写、算一算、比一比中积累感性经验,再尝试用语言文字描述等式的共同特征,在此基础上用字母表示大量算式中存在的客观规律。学生在符号表达规律的活动中观察、对比、分析,不断思考与建构,抽象概括出规律,这样既深化了对运算律的理解,又发展了符号意识和合情的推理能力。

(4) 用类比迁移拓展数学模型,提升学生思维创新的素养

通过已有的建模经验,能够自主迁移,在类比迁移过程中进行拓展延伸、触类

旁通是运算律单元学习群教学设计的一个重要特征。

比如在教学了加法交换律后,引导学生猜想减法、乘法、除法有没有交换律,学生根据猜想进行自主探究,通过举证发现乘法有相同的规律,减法和除法没有。再如教学减法的性质前,先引导学习回顾前面学习运算律的方法,迁移出探究新的运算律的方法;在得出乘法分配律$(a+b)\times c=a\times c+b\times c$的字母模型后,可以引导类比联想到$(a+b+d)\times c=a\times c+b\times c+d\times c$或$(a-b)\times c=a\times c-b\times c$,提出猜想,举例验证,归纳总结,得出结论,不断活化乘法分配律的模型结构,从而培养学生数学思维创新的广阔性和深刻性(表6-7)。

表6-7 "运算律"单元主题活动设计

单元主题	运算律
问题情境	1. 创设情境。以生活情境来设计问题,引导学生列出不同算式进行解答。不同方法解答结果却相同,由此帮助学生感受运算律的现实背景。 2. 提出猜想。在此基础上形成等式,引导学生初步发现其中蕴含的运算律,提出数学猜想
建立模型	1. 形成模型。然后再列举几个类似的算式,算一算、比一比,进行类推验证、归纳总结。 2. 解释模型。让学生从算理的视角解释运算律的模型,如加法交换律的教学,让学生大量列举形如例题的算式,通过计算发现结果相等。在此基础上,引导学生从算理上理解其实它们都是把两个加数合并成一个数的运算,哪个在前,哪个在后,不影响合并结果,即加数的位置关系不影响加法运算结果,这就从算理上解释了加法交换律客观存在的原因
求解验证	1. 符号表达。从用具体数表示到用数学符号表示运算律。 2. 语言描述。尝试用语言文字描述等式的共同特征,在此基础上用字母表示大量算式中存在的客观规律。 3. 抽象概括。学生在符号表达规律的活动中观察、对比、分析,不断思考与建构,抽象概括出规律
实际应用	1. 针对练习。 2. 迁移拓展。教学了加法交换律后,引导学生猜想减法、乘法、除法有没有交换律,学生根据猜想进行自主探究,通过举证发现乘法有相同的规律,减法和除法没有

5. 单元主题练习设计

单元主题练习设计旨在整合教学资源,引导学生围绕一个或多个结构化的主题开展有意义的学习,指导学生将书本知识与现实生活相结合,在练习的过程中促进学生的多元化发展(表6-8)。

表 6-8 "运算律"单元主题练习设计

单元主题	运算律
前置练习	1. 25+38+15 　= 　= 2. 38×41=41×(　) 3. (　)+67=67+(　) 在数学学习中有两个很重要的运算定律,叫作加法交换律和乘法交换律,你听说过吗? 尝试用文字、图画或者式子等你喜欢的形式表示。 前测后,对学生的答题情况进行了汇总统计,第1题计算正确率为97.8%,但进行凑整简算的仅为2.2%,第2题用数据表示乘法交换律正确率为93.3%,第3题用数和图形表示加法交换律的正确率为75.6%。通过对以上前测结果进行分析,我们不难发现学生能掌握基本的运算方法,对加法、乘法的意义把握到位;大部分学生不知道通过凑整进行简便计算;对于用符号、字母等抽象表达有一定的难度
效果检测	1. 125×44　　　2. 125×25×2×8　　　3. 365-97 　=　　　　　　　=　　　　　　　　= 　=　　　　　　　= 运算律学习完后,对于学生的掌握情况又进行了后测,检测了三道题目的简便计算。 检测结果为,第1题的正确率是86.4%,第2题的正确率是75%,做错的11人中有7人后面两数的结合没有加括号,第3题的正确率是61.4%。通过检测,发现学生的掌握效果并不是十分理想,反映出对运算律意义的理解不够深入,对各运算律之间的联系和区别也不是很清楚
拓展练习	75-8-15　　　21-3-11 60÷2÷3　　　60÷3÷2 加法交换律和乘法交换律拓展到连减运算中交换两个减数的位置,在连除中交换两个除数的位置

三、架的搭建:数学单元学习群脚手架设计

单元学习支架包括学习单元"三连环"、展开学习单元"三合一"和设计学习单元"三足鼎"三个方面。

1. 三连环:教、学、评一致

"教"指教学目标,明确学生"要到哪里去"。具体、明确的目标是教、学、评一体化教学的前提,教师根据课标、教参、学情制订教学应达到的目标,明确学生"学会

什么、怎么学、学到何种程度"。"学"指学习过程和方法,指出学生"怎么到那里去"。在目标制订和教学实施中,目标主体是学生的"学"。"评"主要指评价工具的选取与设计,评估学生"是否到了那里"。评价具有"调适"和"反馈"功能,使教学始终关注学生的学习过程和结果。

最好的教学设计应该是"以终为始",从学习结果开始的逆向思考,与原来的教学有什么不同呢?原来都是从目标到过程再到结果,而教、学、评一体化的理念,要求我们先要确定预期的结果,再根据结果,寻找合适的评估证据,最后设计学习体验和教学。

研究发现,在每一个目标达成的闭合教学回路中,评价标准至少先后三次对教学反向进行激拔(共谋标准→参照标准→运用标准),每一次激拔的过程就是教学评整合的过程。在概念理解和重难点处理时,学生经历共谋标准、参照标准和运用标准的外循环和内循环过程,能自主建构知识和突破难点。

2. 三合一:情境、任务、知识合一

在日常教学中部分老师在课堂上让学生经历的只是从知识到结论的浅层学习,反映的是老师的知识本位思想,思维能力发展不足。而大单元教学都从真实的情境问题出发,通过任务驱动,不断优化学生的思维认知过程,从而发展学生的核心素养。所以每一个单元,可以设计一个大情境,在大情境的辅佐下,提出一些问题,在问题的指引下,自然地形成一些学习任务。为了完成学习任务,在大情境的基础上再设计小情境,并设计一些教学活动,每个活动约一个学时。我们在教学时,会提供一些网络资源,追求知识学习的条件化、任务化和活动化,推动数学学习方式的变革,试图突破传统数学教学中大量存在的"有任务,没体验""有任务,无知识""为情境而情境"的困局。

3. 三足鼎:标准、学情、支架设计学习单元

目标、学情、问题既是相对独立又是相互关联的,而儿童的数学学习都是在已有经验和基础上展开的。为了避免知识的碎片化、学习孤立化,我们必须基于单元目标、学情和实际问题来设计学习内容。核心问题的设计离不开教学目标的制订,目标不准,问题就会偏颇。教学目标的制订也离不开学情分析。所以在教学前,我们要从学生的生理、心理特点,学生已有的认知基础和经验,学生的个体差异,学生可能遇到的困难等方面分析学情。

综上所述,单元整体教学学习,要从单元核心知识出发,设计单元目标,再到课型定位,为学生提供各类学习支架,形成整体的学习序列,最后让学生形成自己的大脑地图。

大单元的学习方式与单元学习支架是一致的,所以要经历开启问题箱、给出脚手架、选定任务单、小组合作研、伙伴分享学,最后形成学习链。

在大单元教学中,常用的工具有调研单、任务单和评价单。调研单的作用是确定单元学习的起点;了解儿童认知的困难;确定如何给予儿童学习支持;了解儿童的认知方式,确定儿童学习路径等。任务单包括前学单、合学单和创学单(图6-2)。

比如我们在认识图形前,设计了这样的前学单(图6-3):

1. 你认识哪些图形,写一写它的名称,画一个这样的图形?
2. 你特别想研究哪个图形,说说你的理由?
3. 如果让你来研究一个图形,你会从哪些方面来研究,用什么方法研究,怎么记录你的研究呢?

这样就使老师在教学前做到心中有数,为整体设计大单元教学奠定基础。

◎单元学习工具

图6-2 单元学习工具　　图6-3 "认识图形"单元前学单

第二节 小学数学单元学习群作业设计支架的路径

一、符合思维发展的数学单元作业的主要特征

《义务教育数学课程标准（2022年版）》（以下简称《课程标准》）明确提出，小学数学要以学生发展为本，以核心素养为导向，进一步强调使学生获得数学基础知识、基本技能、基本思想和基本活动经验（简称"四基"），发展运用数学知识与方法发现、提出、分析和解决问题的能力（简称"四能"），形成正确的情感、态度和价值观。大单元教学的提出为培养学科核心素养的落地提供了新的解决方案，单元作业是大单元教学的关键组成部分。单元作业是教师以单元为基本单位，依据一定的学习目的，选择重组、改编、完善或者自主开发等多种方式形成的作业。在单元作业设计的具体实践过程中，有以下主要特征。

1. 整体性

在设计单元作业时，教师要结合《课程标准》与教材，系统把握单元知识内容，注重知识之间的逻辑性和联系性，综合单元目标、单元教学、单元作业与单元评价之间的内在联系，进行单元整体规划，确定单元作业目标，要关注单元作业的设计是否有助于巩固、反馈、拓展教学内容，是否有助于对学生本单元学习情况进行综合评价，是否有助于提升学生的学科核心素养等，充分发挥作业与教学、评价的协同作用。目标确定后，根据课时设定情况，将单元作业合理统筹、分配到各个课时中，确保课时作业的设计要为整个单元作业目标服务。如果某一单元作业目标需在多个课时中有所体现，则还要考虑这一目标在不同课时的递进性，即在设计时要注意随着课时的不断推进，通过分析和进一步优化题目使不同课时作业的难度比例有一定程度的改变，让学生的思维有上升的空间。进行单元作业时应该从整体的角度来考虑，而不仅仅是零散的题目堆砌在一起。比如我们要设计一个小学一年级的数学作业，主题是加法。我们可以考虑整体性的设计方法，以确保学生能够全面地理解和应用加法概念。首先，我们可以设计一些基础知识的练习题，如简单的数字识别和数数。这可以帮助学生巩固他们对数字的理解，并建立起对数量的

概念。接下来，我们可以引入一些基本的加法运算。比如，给学生一些图片，让他们计算其中物体的总数。这样可以帮助他们将加法与实际生活中的情境联系起来。然后，我们可以设计一些有趣的游戏或活动，让学生通过玩耍中的加法来巩固概念。比如，可以使用卡片或骰子，让学生进行加法运算，并在游戏中竞争或合作。最后，我们可以设计一些综合性的问题，让学生运用所学的知识解决实际问题。比如，让他们计算购物清单上物品的总价，或者计算班级里学生的总年龄等等。通过这样的整体性设计，学生可以在练习中逐步加深对加法概念的理解，并将其应用到实际生活中。这样的数学作业设计有助于培养学生的思维能力和问题解决能力，而不仅仅是机械地完成题目。

2. 多样性

目前的作业设计多是碎片化的知识与能力测试，通常无法较好地检测学生的学科核心素养发展水平。在设计单元作业时教师除了要设计好基础性作业，还要积极探索多样态单元作业，探索注重实践性、跨学科、长周期等能发展能力和提升素养的综合类创新性作业的设计，进而提高作业设计的质量。在具体实践中，教师不仅要设计常规的题用以巩固基础知识，还要将实际生活、社会热点问题、科技发展、生物科学史、日常观念和科学概念的矛盾等素材和教材知识点相融合，设计实验操作类、专题研究类、思维导图类和实践日志类等不同类型的作业。这些类型的题目大多需要学生深入思考，勇敢表达，有助于学生知识和技能的迁移，能提升学生研究能力，可多方面检测学生学科核心素养的发展水平，也可以在解决实际问题中提升学生的关键能力。小学数学作业设计的多样性可以通过以下多种方式实现。数字游戏：老师可以设计一些数字游戏，让学生通过玩游戏来巩固数学技能。例如，学生可以玩一个"数字迷宫"的游戏，他们需要解决一系列数学题目来找到通往出口的路径。图形绘制：数学作业可以涉及图形绘制，让学生通过绘制不同形状来理解几何概念。例如，老师可以要求学生绘制一个正方形、一个长方形和一个圆形，并要求他们计算每个形状的周长和面积。实际问题：数学作业可以与实际生活问题结合起来，让学生应用他们所学的数学知识解决实际问题。例如，老师可以给学生一些购物清单，让他们计算购买物品的总价钱，并找零。探索性学习：数学作业可以鼓励学生进行探索性学习，让他们自己发现数学规律和关系。例如，老师可以给学生一些数字序列，让他们找出规律并预测下一个数字是多少。在设计单元作业的过程中，还需要根据学生的年龄、能力和兴趣来进行个性化的设计。这样的多样性可以激发学生的学习兴趣,提高他们的数学能力,并培养他们的创造力,提高他们解决问题的能力。

3. 层次性

首先,统筹单元作业与课时作业,要突出不同课时作业的递进性。教师要在单元作业目标的引领下统筹、思考单元内不同课时作业的内容,关注不同课时作业内容间的逻辑关系,在确保作业的设计要为整个单元目标服务的同时,还要增强作业的针对性、关联性和递进性,要科学、合理地编排不同难度试题的比重,保证设问的层次渐进性,保持由易到难的梯度,减少简单的重复性作业,增加有助于引导学生深度思考作业的比重,从而促进学生学习深度发展,提升其学科核心素养发展水平。在形成初步的单元作业后,还需要对其进行进一步的质量分析,对单元作业进一步优化和改善,形成最终的单元作业,多方面检测学生的学科核心素养水平。其次,要兼顾不同层级的学生,关注学生的主体差异性。教师应该承认学生存在发展不平衡的现状,不同学生的认知理解存在差异,因此单元作业设计要做到科学合理,就要符合不同层次学生的认知特点,满足不同水平学生的需求,关注学科核心素养的区分度。教师在设计单元作业时可以通过创设结构化情境循序渐进地设置问题群,由易到难,既符合低层次学生的认知状况,也便于高层次学生理解各概念间层层递进的关系,实现学科关键能力的螺旋式上升。例如,对于一道题目,可以分为多个层次,如简单、中等和困难。在简单层次上,学生需要掌握基本的计算技巧和概念,例如加法、减法和乘法。在中等层次上,学生需要进一步应用这些技巧解决更复杂的问题,例如多步运算或应用数学公式。在困难层次上,学生可能需要进行推理来解决实际问题,例如应用几何概念解决逻辑问题。此外,小学数学作业设计还可以涉及不同的思维层次。例如,可以设计一些需要记忆和运算的计算题来培养学生的基本技能;同时,也可以设计一些需要分析和推理的问题来培养学生的逻辑思维能力。这样,学生在完成数学作业时会面临不同的思维要求,从而提高思维能力和解决问题的能力。总之,小学数学作业设计的层次性可以通过不同题型和难度级别的设置来体现,既考查了学生的基本技能,又培养了他们的思维能力。这样的设计有助于学生逐步提高数学水平,更好地掌握数学知识和技能。

4. 真实性

《课程标准》指出:引导学生在真实情境中发现问题和提出问题,利用观察、猜测、实验、计算、推理、验证、数据分析、直观想象等方法分析问题和解决问题。大单元作业中应融入真实情境，以此来检测学生是否能够把数学概念运用到真实生活情境之中，检测学生学科核心素养的落实情况。因此，在素养立意下的单元作业设计中，教师可以尝试根据《课程标准》要求将作业设计与真实生活接轨，将数学知识与生活情境结合起来，提升作业的真实性，引导学生用数学的眼光观察生活情境，探索知识的深层含义，并以此来检验学生利用所学知识分析、解释、解决生活实际问题的能力，引导学生积极承担社会责任。由于情境的构建是结构化的过程，不同学习能力的学生可以在既有情境的基础上不断拓展、充实结构，这也有利于实现学习的可持续性。比如设计一个数学作业，要求学生计算某个超市购物清单的总金额。这个问题模拟了日常生活中的购物情境，学生需要运用加法和乘法等基本运算来计算不同商品的价格并得出总金额。比如设计一个数学作业，让学生通过测量教室或校园内的距离，计算两个地点之间的直线距离。学生可以使用尺子或其他测量工具来收集数据，并应用勾股定理等几何概念来解决问题。比如设计一个数学作业，要求学生观察和记录自己家庭成员的身高，并进行身高排序。学生需要测量各个家庭成员的身高，并用比较运算符号（如大于、小于、等于）将身高排序。这个问题涉及实际身高数据的收集和比较，使学生在数学中体验到现实的应用。这些例子展示了小学数学作业设计的真实性。这样的设计能够与学生的日常生活和实践经验相结合，使他们能够应用所学的数学知识解决实际问题，并培养他们的数学思维和解决问题的能力。只有这样的作业设计才具有生命力，才能提升学生的学科核心素养。

"三会"背景下，基于数学学科核心素养下的单元作业设计备受一线教师的关注。设计和实施单元作业有助于增强同一单元内不同课时作业之间的结构性和递进性，改变以往作业单调、重复现象，提升作业设计整体质量，对于学生学科核心素养的落实具有重要作用，也有助于教师站在更高层次组织教学，提升教学针对性。一线教师可以尝试结合《课程标准》，把大单元理念融合到作业设计中，组织学生完成系列单元作业，并通过教师点评、小组评价、学生自评等方式对完成作业的过程和结果进行评价与反思，不断提升作业的育人功能。

二、指向思维发展的数学单元作业的基本类型

在大单元学习中，作业是不可或缺的一部分，而作业设计则是教师必须面对的

重要任务。不同类型的作业设计能够激发学生不同的学习兴趣,提高他们的学习效果。因此,对小学数学作业设计进行分类是非常必要的。

1. 前置性作业

为了了解学情和初步感知新知,可设计前置性作业。这类作业与第二天的课堂教学要紧密联系,在反馈作业完成情况的基础上,引入新知教学。布置前置性作业时,要用好合作学习。因为前置性作业需要很快完成批改,以服务第二天的教学。前置性作业是需要设计的,如果前置性作业做得比较到位,课堂根本不用再浪费大量时间讲低阶思维的内容,高年级的学生完全可以通过自主预习掌握这些内容。一年级学习加法和减法时,可以这样设计前置性作业:

(1) 练习加法和减法口算:提供一系列简单的加法和减法算式,要求学生在规定时间内快速计算出答案。

例如:$5+3=$___,$10-2=$___,$7+4=$___,$15-6=$___,等等。

(2) 图形填空题:提供一些由图形组成的加法和减法算式,要求学生根据图形的数量进行计算,并填写空缺的数字。

例如:$?+?=8$,$?-?=3$,等等。

(3) 实际问题解决:提供一些与日常生活相关的实际问题,要求学生运用加法和减法解决问题。

例如:小明有5个苹果,他吃掉了2个,还剩下几个?

(4) 拓展思考题:提供一些挑战性的问题,鼓励学生运用所学的加法和减法知识进行思考和解答。

例如:如果小红有7颗糖果,她想要分给她的两个朋友,每人分得几颗?

通过这样的前置性作业,学生可以在课前对加法和减法进行预习和巩固,为课堂上的学习打下基础。同时,这些作业也可以帮助教师了解学生的掌握情况,为后续的教学调整和辅导提供参考。

2. 当堂检测性作业

为了巩固知识技能、检测学习目标达成情况,可布置检测性作业。这类作业是对学习目标的检测,设计时要思考作业与目标匹配的问题。有检测结果性目标,也有检测过程性目标,还有两者兼有的目标。教学中可以改编不同版本教材的习题。现在各个版本的教材最大的问题是情境不成体系,为了学某个单元内的某个知识,设计了一个情境,而实际上这个情境不是由一个大情境贯穿而来的。比如,在学习圆柱和圆锥时,可以把人教版、北师版、苏教版的内容综合起来。但要注意,这种综合是为了增加选择性、丰富性,而不是为了增加负担。语文、英语学科要增量,完成国家课标要求的量,而其他学科是增加选择性,满足不同学生的不同需求。每个班都有三类学生:一类是优等生,大约占20%;一类是中等生,大约占70%;一类是薄弱生,大约占10%。不同的学生需要不同梯度的作业来进行巩固提高。大单元整体设计下,学习目标、评价任务、课堂评价要做到一致。依据单元学习目标和学时目标,设计学时活动任务,以及更具体地评价任务和检测任务(即当堂训练)。

设计当堂检测性作业需要注意以下几点:一是目标明确,确保作业与当前所学的知识点和技能相符合,帮助学生巩固和应用所学的内容。二是合理难度,作业应该既不过于简单,也不过于难,能够考查学生的理解和运用能力。可以根据课堂教学的进度和学生的水平来确定作业的难度。三是多样性,设计不同类型的题目,包括选择题、填空题、计算题、实际问题等,以全面考查学生的关键能力与核心素养;题目的描述要清晰明了,避免歧义和模糊不清的表述,确保学生能够准确理解题意。四是适量分布,根据题目的难度和类型,合理分配每道题目的分值,确保整个作业的总分适中。以下是一个关于小学数学的当堂检测性作业的例子:

题目一:选择题(每题2分,共10分)

1. $12 \div 3 = (\quad)$　　　　$a.\,2$　　　$b.\,3$　　　$c.\,4$

2. $5 \times 4 = (\quad)$　　　　$a.\,15$　　$b.\,20$　　$c.\,25$

3. $3 \times 6 - 1 = (\quad)$　　$a.\,17$　　$b.\,18$　　$c.\,19$

4. $9 - 3 = (\quad)$　　　　　$a.\,6$　　　$b.\,7$　　　$c.\,8$

5. $1 + 2 + 3 = (\quad)$　　　$a.\,4$　　　$b.\,5$　　　$c.\,6$

题目二:填空题(每题3分,共9分)

1. $8 + \underline{} = 15$

2. $6 \times \underline{} = 42$

3. $21 \div \underline{} = 7$

题目三:计算题(每题4分,共12分)

1. $3 \times 4 + 2 = ?$

2. $15 \div 3 - 2 =$?

3. $7 + 5 - 3 =$?

题目四:实际问题(每题6分,共12分)

小明有12个苹果,他卖掉了4个,又买了3个。他现在还剩下多少个苹果?

这个例子中,通过选择题、填空题、计算题和实际问题的组合,能够全面考查学生的数学能力。同时,每道题目的分值也适中,能够准确评估学生对知识的掌握程度。当堂检测的题要分层分类,潜能生可以不做拓展题,优等生可以不做基础题,所有学生都要做标准题。

3. 实践性作业

为了使单元作业贴近学生生活,就要注重作业设计的实践性。教师在布置作业时,可以通过创设实践情境,围绕单元主题,结合学生的生活经验,创设实践性的作业情境,最大程度地提高学生的参与度。这种学以致用的实践性作业可能更有意义。实践性作业是一个很好的方式,帮助学生将所学知识与实际生活联系起来。下面我举几个例子来说明如何设计实践性作业。比如购物计算,让学生假设他们是店主,设计一个小型的购物场景。他们需要列出商品清单和价格,并计算顾客购买商品的总价格。这个作业可以帮助学生练习加法和乘法运算,同时也锻炼了他们的逻辑思维和实际应用能力。比如实地测量,安排一次户外活动,让学生使用尺子或测量工具测量周围环境中的物体尺寸,学生可以测量树木的高度、操场的面积等等,通过这个活动,学生可以学习到长度、面积等数学概念,并了解到数学在实际生活中的应用。比如建模设计,鼓励学生设计并制作简单的模型。他们可以使用纸板、剪刀和胶水来制作一个房屋模型,然后计算房屋的面积和周长,这个作业可以培养学生的创造力和空间想象力,同时也让他们学习到几何形状、测量和计算等数学概念。这些实践性作业都能够让学生在实际中应用所学的数学知识,提高他们的学习兴趣和动手能力。同时,这些作业也能够激发学生的创造力和想象力,培养他们解决问题的能力。

这样的作业设计与学生的生活经验相联系,一方面有助于学生对课堂所学知识进一步巩固和理解;另一方面有助于培养学生学习的兴趣,提高大单元教学效果。

4. 调查性作业

调查性作业是紧密联系学生的日常生活实践,针对一些涉及学科知识的实际问题而设置的作业。学生通过观察、收集资料、调查、访问了解现状,对不合理的问题提出建议,加强社会参与意识,关心社会、服务社会。在单元作业设计时,力求形式的多样化,设计如情境分析题、辩论赛、社会调查、表演情景剧等有利于发展学生高阶思维的作业类型。比如调查学生家庭的月用电量:让学生回家询问家长家庭的月用电量,并记录下来,然后让他们计算出平均每天的用电量,比较不同家庭之间的差异。这可以帮助学生了解数字的实际意义,并学习如何进行简单的数据分析。调查学生喜欢的水果:让学生在班级内进行调查,询问每个人最喜欢的水果是什么,并记录下来,然后让他们制作一个柱状图或饼状图,展示每种水果的比例。通过这个作业,学生可以学习如何组织和呈现数据,并了解统计图表的基本概念。调查学生的身高:让学生测量自己和同学的身高,并记录下来,然后让他们将身高数据按照从矮到高的顺序排列,并计算出平均身高和中位数。这个作业可以帮助学生巩固数值排序的概念,并引导他们思考身高数据的分布情况。调查学生的早餐偏好:让学生调查他们在早餐时通常选择的食物类型,并记录下来,然后让他们制作一个条形图,展示不同食物类型的选择人数。通过这个作业,学生可以学习如何处理分类数据,并了解如何使用条形图呈现数据。这些是一些简单的例子,可以根据学生的年级和数学水平进行适当的调整。通过这样的调查性作业,学生可以在实践中学习数学,并将其应用于日常生活中。

这样的作业只有通过合作才能更好地完成。学生通过适当的小组合作,开展社会调查,一起完成这一开放性作业。通过生生合作,既能实现学生之间的优势互补,也能使每个人都有展示自己的舞台,在不断的碰撞和磨合中,撞击出思维的火花;既培养了交流与表达能力,也使学生学会了互相尊重,提升了人际交往能力。

5. 分层性作业

在厘清课程标准要求的基础上,根据大单元知识结构和逻辑,设计作业内容,借助情境构建有梯度的问题,形成问题链,令不同水平层次的学生都能巩固知识,促进思维发展,培养解决问题的能力和创新意识,指向深度学习,落实核心素养。为满足不同学生的个性需要,设计层次不同的作业。为控制作业时间,提高完成作业的效率,规定作业时间。比如设计基础层次作业:这些作业适合那些对基本概念和技能还不够熟悉的学生,还可以设计一些简单的加减法练习、数的排序或找规律的题目,以帮助他们巩固基础知识。设计中级层次作业:这些作业适合那些已经掌握了基本概念和技能,但还需要进一步挑战的学生,可以设计一些涉及乘法和除法的问题,或者需要一些逻辑思考的数学谜题,以提升他们的思维能力和解决问题的能力。设计拓展层次作业:这些作业适合那些已经掌握了基本概念和技能,并且希望更深入学习的学生,可以设计一些复杂的几何问题、代数方程式或者需要创造性思维的数学探究题目,以激发他们的兴趣和挑战他们的能力。此外,还可以根据学生的学习进度和兴趣,为他们提供个性化的分层作业。这可以通过定期的评估和观察来确定学生的能力水平,并根据他们的需求进行调整和安排作业。重要的是要确保每个学生都能在适合自己的层次上进行学习,以提高他们的学习效果和自信心。

大单元设计下分课时作业的布置,要确保"三不":不随意布置作业,不布置机械性、重复性和惩罚性作业,不布置时间和难度超负荷作业。还要做到"三明":设计意图明晰、训练目标明确、训练效果明显。

三、促进思维发展的数学单元作业的反馈路径

1. 反馈过程互动化

创新作业批改方式,把学生"被批改"转换为学生"自批改"。四年级有一位小张同学,每门功课的作业都是错误百出,让老师非常头疼。各科老师会诊后,建议先从数学老师开始约小张批改作业、反馈作业。因小张表现好,数学老师在班里表扬了他,获得了 10 个积分。在积分制的激励下,小张开始主动约题,经过努力,他的出错率直线下降,最终还被评为了学校的"约练之星"。

交流模式就是由数学课代表和几名同学组成固定的交流小组,其主要任务是汇集典型错题,"会诊"分析原因,供老师参阅;收集作业中做题方法的典型范例进行交流;总结正、反两种典型,和全班同学交流。

学科教学要与学科育人相结合。推出创意物化节活动,整合数学、科学劳动、美术、语文等学科,全员参与买、卖、计算亏盈,从而有效应用数学知识提高学生的数商。情感的建立是一个长期的过程。我们利用课余时间参与到学生的活动中,比如学生关注的热点话题、学生的体育活动等。

"三方有约"——师评生、生评生、家长参与评,从而让小学数学作业反馈成为教师和学生、教师和家长、学生和家长之间最有效的纽带。学校组织开展两周一次的作业开放日,中午定时年级组巡回观看,既促使学生相互学习,又督促老师用心批改。组织一月一次的作业点赞日,随机抽取各班作业本,师师相互学习,取长补短,对优秀作业点赞,收到点赞数多的老师,作业批改工作定为优秀。

2. 反馈方式多样化

（1）私人定制评语。比如通过私人定制一些评语来激发孩子。当学生的解题方法有创造性和灵活性时,可以这样评:

你与众不同的见解,真让人耳目一新。
你真棒！老师还没想到的这种做法,我向你学习。
你的头脑真灵活,这种方法比老师的方法强多了。
这真是奇思妙想,棒极了！

当学生是聪明的小马虎时可以这样评:

方法很好,仔细查一查,看问题出在哪里？希望你告别粗心,与细心交朋友。
如果再仔细一点,相信成功一定属于你。
良＋如果能认真订正作业＝特优,良＋如果能不懂就问＝特优,良＋如果能认真及时改正＝特优。

当学生作业认真,字迹工整,但内容有错时可以这样评:

多漂亮的字呀！要是再仔细一点就好了！

当学生书写潦草,尚欠认真时可以这样评:

做得很好！如能把字写得再漂亮点,就更好了。

（2）设立展示区。在教室内专设学生作业展示区,让学生之间相互评价,相互交流,在交流中共同提高。

（3）设计奖项。比如创意美观奖、动手动脑奖、清楚整洁奖。每学期根据学生的作业、评价的次数、获得的成果等,在班级范围内评选出"最佳展示制作奖""最有影响力的团队"等荣誉称号。在学期末结合作业表现,给予"假期作业免做""一个温暖的抱抱""来老师家做客""品尝老师亲手制作的美食"等个性反馈的奖励。出台了"十约争章"反馈激励办法。以评★和活动参与度来争章,得到25分可以获得一枚"约练章",两枚"约练章"可以获评"约练之星"。

(4) 设立线上反馈。在作业反馈的过程中借助网络软硬件媒介(图6-4)。现代化教学用具的推广和使用给教学带来了许多便利,特别是在"智慧课堂"中效果更明显。

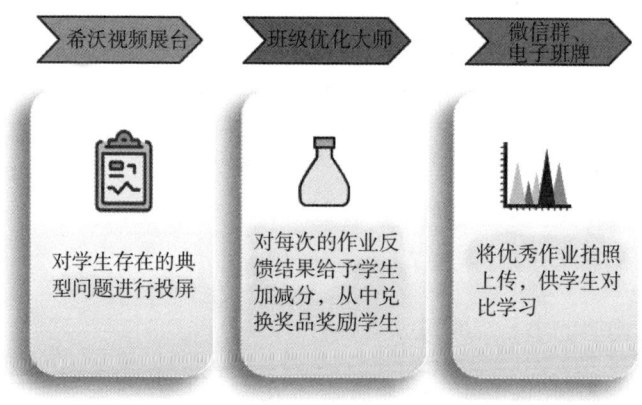

图6-4 借助网络媒介进行作业评价

3. 反馈内容差异化

作业反馈作为教育的形式也应该注重学生的个性发展,在教学过程中注重把握不同的学情,做到精准教学。为此,作业反馈的内容要更加注重差异化,反馈符合学生的实际发展需求,突出科学性和规律性。教育的目的主要是培养美好人性,教师要对自己所教的每一个学生的性格、气质、兴趣等个性加以了解,然后根据其个性特点,施以恰当的作业反馈方法。对于学优生、学困生和中等生应根据学习能力不同使用差异化的反馈方式。

要实现数学作业反馈内容的差异化,可以考虑以下几个方面。了解学生的个性特点:学生在数学上的优势和困难可能因人而异。通过观察学生的学习风格、解题能力和兴趣爱好等方面,你可以更好地了解他们的个人特点。根据这些了解,可以为每个学生提供有针对性的反馈。分析学生的错误类型:对学生的错题进行分类和分析是差异化反馈的关键。通过观察学生的常见错误类型,可以针对性地提供特定的解释和指导,帮助他们更好地理解和纠正错误。引导学生思考解决问题的方式:数学作业反馈不仅仅是指出错题,还应该引导学生思考解决问题的方式。鼓励学生自己思考解题思路、探索解题方法,并给予肯定和建议,这样可以促进学生的自主学习和发展。提供额外资源和挑战:对于那些数学能力较强的学生,可以提供一些额外的挑战题目,帮助他们进一步拓展数学思维。对于那些数学能力较弱的学生,可以提供一些简化的题目或额外的练习,帮助他们巩固基础知识。激发学生学习兴趣:数学作业反馈不仅要关注学生的成绩,还应该激发他们对数学的兴趣和热情。可以通过与学生交流、给予肯定和鼓励,以及分享一些有趣的数学应用和实例,帮助他们建立起对数学的积极态度。通过以上方法,可以根据学生的个性和需求,提供差异化的数学作业反馈,帮助他们更好地理解和掌握数学知识。

4. 反馈结果导向化

作业反馈的最终目的不仅仅是让学生学会知识,更要在不断的强化中让学生学会科学的思维方式和学习方法,形成良好的学习习惯和积极的学习态度。因此,反馈的结果应该导向学生的学法指导和学科的文化培育。

在作业反馈中,要做到结果导向化,可以采取以下几个方法。一是明确目标和标准。在给予反馈之前,确保对作业的目标和标准有清晰的理解,这样就能够将反馈集中在学生是否达到了这些目标和标准上,而不是仅仅关注过程或其他不相关的因素。二是强调积极和具体的结果。在给予反馈时,重点放在学生做得好的地方,指出他们在作业中取得的积极成果和具体的进步。这样能够鼓励学生,并帮助他们认识到自己的优点和能力。三是提供明确的建议和改进方向。除了强调积极的成果,也要指出学生可以改进的地方。提供具体的建议和改进方向,帮助学生了解如何进一步提高自己的表现。确保教师的建议具体、明确,并且能够帮助学生在下次作业中取得更好的结果。四是鼓励学生自我评估和反思。在反馈中鼓励学生主动参与自我评估和反思,让他们思考自己的作业中存在哪些问题和挑战,以及如何改进。这样能够培养学生的自主学习能力和批判思维,帮助他们更好地理解自己的学习过程和成果。五是提供进一步支持和资源。如果学生需要额外的支持或资源来改进他们的作业,确保提供相应的帮助。这可以包括推荐相关的学习资料、提供额外的练习机会或安排辅导时间。通过提供支持和资源,可以帮助学生更好地理解和应用反馈,进一步提高他们的学习成果。总之,要做到反馈结果导向化,关键是明确目标和标准,强调积极和具体的结果,提供明确的建议和改进方向,鼓励学生自我评估和反思,并提供进一步支持和资源。这样能够帮助学生更好地理解自己的学习成果,并在下次作业中取得更好的结果。

学习方法更科学,作业反馈要聚焦和尊重个体的成长。在作业反馈的过程中采取多元的方式,注重内容的差异和过程的互动,关注学生的认知和非智力因素,引导学生开展自纠、同伴互纠、典型问题探讨和研究等形式。学习文化更丰厚,文化的形成离不开制度的规范。在作业反馈中要不断完善学科学习的制度建设。总之,作业反馈不仅是教学的一个独立部分。要把作业反馈放在学科教育的价值范围内,这样才能真正发挥作业反馈的价值。

第三节 新技术关照下的数学单元学习群支持策略

运用数字化资源、云平台及大数据技术,可以突破学习时空的限制,促进教学理念和教学方式的改变。它并不是单纯地指课堂中的信息技术手段的运用,而是将今天的学习者,放在今天的信息化社会的背景下,面对的是未来数字化的学习。因此作为当前的数学教师要能够认识到数字化为教学带来的优势,将数字化融入数学的单元教学中,有效地调动学生学习的积极性和主动性,真正给到学生机会体验学习和探究知识,从而让数学教学活动变得更有深度和广度。

一、挖掘数智化平台中数学单元学习资源

数字化是人与空间的新界面,它集合文字、图像、影像、声音、交互行为等,形成一个可控的环境空间,能够有效地传递与收集信息。而数学的大单元设计立足课程整体理念和思维,以现有的教材为突破口,以相关的活动为主线,以目标任务为驱动,将教材单元转化为活动单元。这就需要教师对教材中的内容进行二次开发,建设、开发数字化的教学资源。

1. 利用问卷软件进行学情调查及问题搜集

在大单元方案设计前,最主要的就是对学生学情做整体研究,了解学生的自然状态,分析学生的认知发展水平,个性化地设计适合不同学生的学习任务和学习方

式。因此,在学习"长方体和正方体"这一单元开始前,我们通过问卷星、微课等数字化手段对学生进行学情调查,通过这些方式能够清楚地掌握学生对这些知识的认知情况,进而建立起新旧知识之间的连接点,从而为开展后面的课程做好一定的铺垫。

下面以"长方体和正方体的认识"为例

长、正方体在生活中随处可见。虽然学生只在一年级时初步认识了长方体和正方体,但对于长、正方体的形状、特征并不陌生。因此在组织开展新课教学前,教师应该为学生准备微课件,让学生通过微课复习长方体的相关特点,比如长方体的八个顶点还有十二条棱等等,让学生对长方体的颜色进行观察,能够对它的棱做出一定的分类。然后,在利用问卷星要求学生挑选出合适的材料包制作长方体(图6-5)。

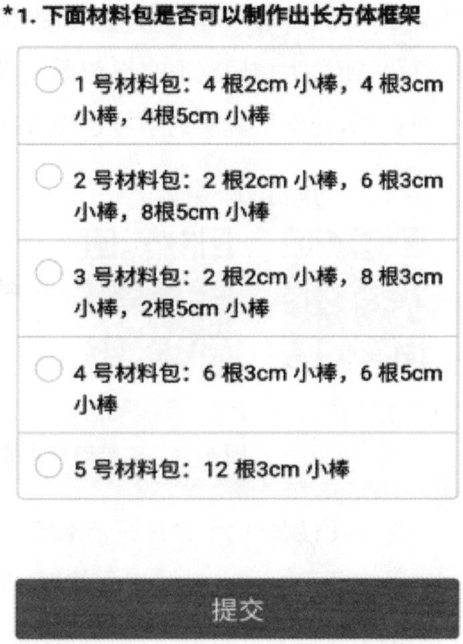

*1.下面材料包是否可以制作出长方体框架

○ 1号材料包:4根2cm 小棒,4根3cm 小棒,4根5cm 小棒

○ 2号材料包:2根2cm 小棒,6根3cm 小棒,8根5cm 小棒

○ 3号材料包:2根2cm 小棒,8根3cm 小棒,2根5cm 小棒

○ 4号材料包:6根3cm 小棒,6根5cm 小棒

○ 5号材料包:12根3cm 小棒

提交

图6-5 单元学习之前的学情调查

由此通过课前的答题情况教师能够对学生做出有效的判断,比如学生基本掌握了长方体棱的特点和具体的分类,我们可以把棱分成三组,每一组都有四根,但是在这里面有两个比较特殊的长方体学生在理解上面出现了一些困难。为此教师也根据学生情况确定了教学的侧重点,需要学生认识到四根一组和八根一组所搭建出来的长方体,另外要能够清楚地了解长方体和正方体之间的关系。

在这个情况下教师借助课前测试的情况,对学生在测试和微课学习中存在的问题进行汇总整理,从而更好地判断和确定单元教学的起点,能够准确地将学生的问题找出来并且设定为教学中的重难点,设立单元教学的目标。

2. 利用扫码软件进行分层作业和资源共享

大单元教学设计所强调的是一个整体,也就是一个大的森林。然而需要实现这个整体,就要将其细化为不同的阶段,细化到每一个环节。为了给起点不同、学习习惯不同的学生提供不同的学习支撑,老师们为学生提供了基础作业和个性化作业等众多资源,而且提供了挑战性作业的讲解视频、资源链接等,大大提高了学生的学习效率。

以"多边形的面积"为例,根据学生的学习能力,设计了两项任务,即"你能行—基础篇""你真棒—提高篇"(图6-6)。并为孩子搭建了脚手架,将提高篇和拓展篇的解题思路、讲解过程录制成了微视频,并利用"草料二维码"软件将学习资源制成二维码,让学生扫码获取自己想要的学习资源。教师这样设计作业并提供丰富的学习资源,让学生真实的学习过程得以推进,还能激发学生自主练习的欲望。

"多边形的面积"作业单

你能行　　　你真棒　　　　　　学习资源

图6-6　二维码形式提供丰富的作业资源和学习资源

3. 利用数智化平台进行精准定位

数智化平台是一种基于大数据、人工智能等技术的教育平台,它能够通过对学习者的学习行为进行分析,针对数学学科的特点,为学生提供丰富的数学知识并分享学习经验,为他们提供个性化的学习建议和资源。比如,① 提供资源:数智化平台可以通过分析学生的学习行为和兴趣,为他们推荐适合的数学单元学习资源。同时,学生也可以根据自己的需求和兴趣自主选择学习内容。② 自主学习:学生也可以在数智化平台上进行自主学习,通过观看教学资源、完成练习题等方式掌握数学知识。平台会根据学生的学习进度和反馈提供相应的指导和帮助。③ 协作学习:数智化平台支持学生之间的协作学习。学生可以通过平台进行讨论、交流心得,共同解决数学问题,提高学习效果。④ 评估与反馈:数智化平台会对学生的学习情况进行实时评估,为他们提供反馈和建议。学生可以根据反馈调整学习策略,更好地掌握数学知识。

数智化平台中的数学单元学习资源为学习者提供了个性化的学习体验,有助于提高他们的数学成绩和应用能力。在开发和应用这些资源时,应注重目标的明确性、内容的连贯性和多样性以及技术的整合性。只有这样，才能更好地满足学习者的需求，提高他们的学习兴趣和学习效果。

二、优化数智化支持的数学单元学习方式

数智化支持的数学单元教学的开展是为了更好地提升学生主动学习的能力，是以学生为中心，借助智能化、数字化工具，进行自主探索、实践操作、合作交流的学习过程。这种学习方式强调学生的主动性和创造性，以及教师的引导作用。

教师利用多媒体、网络等技术，创设与学习内容相关的情境，激发学生的学习兴趣和探究欲望。利用智能化工具，如人工智能、大数据等，为学生提供个性化的学习资源，满足不同学生的学习需求。学习活动中学生借助数字化工具，进行自主探索和实践操作，发现数学规律，理解数学知识。利用网络平台，学生进行合作交流，参与到教学活动中并且能够亲自去体验，可以在课堂中分组进行合作，分享学习心得和经验，提高学习效果。

以"千克和克"为例，本单元我们重构了学习时空、学习内容和学习方式，运用前学单、微课和思维导图，并融入相关单元的主题拓展阅读，优化学生课内外学习间的关系。表 6-9 为"千克与克"单元教学的任务设计。

表 6-9 "千克与克"单元教学任务设计

任务	活动内容
任务一： 收获分享	1. 与家人一起查阅书籍文献或利用互联网络，收集古今中外的有关"重量"的知识，记录下来； 2. 请你到商场或超市记录和拍摄不同物体都用了哪些重量单位？先用手掂一掂，感受物体的重量，再把数据记录下来； 3. 把自己有关"重量"的收获，以小组为单位做成 PPT，与大家分享； 4. 带大约 1 克和 1 千克的物品各一样
任务二： 课堂任务	1. 自学数学书上的内容； 2. 小组活动，进一步感受克和千克，在体验中建立质量感； 3. 在生活中认识克与千克之间的关系；
任务三： 后期延伸	1. 了解各种称重工具的称重范围； 2. 生活中物体质量的估测； 3. 感受生活中出现的与质量有关的问题； 4. 将所了解的情况，在小组内利用软件完成思维导图或制作数学绘本

在任务一中，孩子们通过上网查阅资料，开启了质量项目的自主研究。课堂上再利用信息技术创设出声像结合、图文并茂的课堂语言情境。如此立体、丰富、有趣的分享方式，让学生充分认识和感受了质量学习的价值和意义，也激发了他们学习的兴趣。

数学单元教学中提倡学生小组合作学习，开展合作探究，助推学生自主学习的能力。在数字化的单元教学中，课堂合作的氛围与环境得到进一步提升，让学生积极主动卷入合作学习中去。

比如，任务一"收获分享"中以4人小组为单位制作PPT，任务二"课堂任务"中小组合作感受所带物体的重量，建立质量感。随后将质量单位的前世今生、对质量单位的感受分享到班级的公众号上面。数字化的学习方式的融入，给合作学习提供了更优质的环境，也让课堂的内容变得丰富和充实起来。

又比如，任务三"后期延伸"中，小组合作将生活中出现的与质量有关的问题利用软件完成思维导图或制作数学绘本。

数字化手段使课堂跨度得以延伸，交错的学习时空、多样的学习方式，真正体现了单元教学的探究性，最后教师可以借助数字化的方式呈现学生最终的学习成果。因此，教师对于数字化手段的应用不仅仅是作为自己教学的工具，也是引导学生自主学习的工具，这样才能够培养学生的自主学习意识。

三、发展数智化赋能的儿童思维能力进阶

数智化赋能的儿童思维能力是指通过数字化和智能化技术，提升儿童的思维能力，包括但不限于逻辑推理、空间想象、创造力等方面的能力。培养学生创造力和创新品质是素质教育的关键点。特别是在数学教学过程中，"教会学生思考"，使学生"善于自学，培养他们在现代化社会中进行创造性的独立生活"是关键所在。所以教师要合理应用数字化模式，有效刺激学生思维，让学生获得创新能力的提升。

利用数字化工具：通过使用数字化工具，如平板电脑、智能手机等设备，让儿童更方便地获取知识和信息，帮助他们更好地掌握和理解知识。

引入智能化技术：通过引入智能化技术，如人工智能、机器学习等，为儿童提供更加智能化的学习体验和个性化的学习方案。

开展思维训练游戏:通过设计有趣的思维训练游戏,让儿童在游戏中锻炼思维能力,提高他们的逻辑推理、空间想象和创新等能力。

提供多样化的学习资源:为儿童提供多样化的学习资源,如电子书、在线课程、教育应用等,让他们在不同的学习资源中获取知识和经验,培养他们的自主学习能力和创新思维能力。

引导儿童解决问题:通过引导儿童解决问题,让他们学会独立思考、分析问题、寻找解决方案的方法,提高他们的解决问题能力和创新能力。

数智化赋能的儿童思维能力培养是未来教育发展的重要趋势之一。通过数字化和智能化技术的支持,促进儿童的全面发展,提高他们的综合素质和创新能力。我们的做法是以苏教版小学数学五年级"圆"单元为例。

1. 突破课堂重难点,培养学生的思维力

"分岔之处需拨之,阻塞之处需疏之。"利用多媒体课件中具备的模拟还有演绎这样的优势,给学生创造一个生动并且逼真的学习情境,拓展了学生的思维空间。当学生把那些晦涩、难懂、复杂的知识转化为自己能够理解的内容时,心中充满了巨大的喜悦和成就感(表6-10)。

表6-10 "圆"单元教学任务设计

任务	教学内容
任务一: 圆的认识	1. 掌握圆的特征及在同一圆内直径与半径的关系; 2. 知道圆是轴对称图形; 3. 会用工具画圆; 4. 课外延伸:轮子为什么是圆的
任务二: 圆的周长	1. 了解圆的周长和圆周率的含义; 2. 经历圆周率的形成过程; 3. 探索圆的周长计算公式; 4. 运用圆周长的计算公式解决现实生活中的问题
任务三: 圆的面积	1. 理解圆面积的含义; 2. 经历圆的面积公式的推导过程; 3. 运用圆面积的计算公式解决生活中的简单问题

任务一中在教学"圆的认识"时,让学生通过网络环境研究"车轮为什么是圆的"。让学生收集资料,利用 App 完成数学小论文。课中用动画分别制作了一个圆形车轮的车和方形车轮的车,使学生实际感受,突破重难点。

在任务二中,圆的周长和直径之间存在的一些关系是这一节课的重难点。在传统课堂上,教师会让学生进行实验,进而使学生发现圆的周长是直径的三倍还要多一些,随后会让学生自学认识圆周率并弄清之间的关系。但是这样的教学活动下,学生其实只是掌握了最后的结果,并没有真正理解知识前后之间的关联性,学生无法经历一个从事实到一般规律的过程,为此思维能力无法得到有效的训练。此时,如果能够借助多媒体加入一些和圆相关的数学小故事的介绍,能够让学生全面地了解知识形成全过程,还能让学生主动构建圆周率这一新知,对圆的周长和直径关系的认识也就更加完整和深刻了。

还可以在教室建立"问题墙",引导学生自己去整理存在的问题和疑惑,对一些相关的问题进行合并,汇总不同类问题,培养归类的思维力。同时建立"作品墙",这样一来教师也能够更好地掌握学生情况,进一步引导学生开展思维训练。

2. 想中求"活",培养学生的创造力

在数学课堂中要注意对学生想象力的培养,要能够让学生根据表象完成一定的创新。想象能力是衡量一个人创造能力的重要标志。在小学数学教学中利用多媒体引导小学生展开想象,是培养学生思维活力的重要武器。

任务三中,通过切蛋糕的实验,让学生把圆等分成 8 份、16 份、32 份,然后让学生将这些小的几何块拼贴成长方形,引导学生进行观察:了解圆在拼的过程中的变化。学生会发现原来圆弧的弯曲程度愈来愈小了。紧接着让学生闭眼想象:如果将圆继续平均分,等分 64 份、128 份、256 份……会出现怎样的情况呢?有的学生说:"这样分下去,原来的圆弧会变成一个很小的点,弧会逐渐地消失。"有的学生说:"那样拼的图形就是长方形。"这样的有限切拼,无限想象,把一些原本复杂的并且抽象的概念变得更加清楚明了,达到化曲为直,开发了学生的大脑。然后再利用多媒体展示变化的过程,让学生亲身感知化圆为方、化曲为直的过程,在有限的时空内让学生得到认知感知,学会了推导圆面积的计算公式,在一定方面也渗透了极限思想。

由此可见,要想实现数学单元教学与数字化方式深度融合,需要建设数字化教学资源,利用网络资源、问卷软件、各种 App 等数字化方式提供的自主探索,多方位互动、小组学习、共享资源等改变教学方式,通过数字化手段进行过程性评价和终结性评价,让教学评紧密结合。基于数字化教学实践,创新教学模式,助力以学生为中心的大单元教学,让学生在单元教学中得到锻炼,使学习真实发生,让核心素养教学在课堂落实。

第四节 小学数学单元学习群教学研修支架的构造

教学离不开研究,研究为的是更好地教学。真正的教学过程,就是教研的过程,面对教学过程中出现的实际问题,立足学校教学实际,采取理论与实际相结合的方法,不断思考、改进,与时俱进,精益求精,还可以通过省、市级的大教研与校级的小教研相结合,通过对教师的培训,对校本教研的帮扶、指导和研究等,共同解决共性问题。校级更注重校本化教研,主要解决校内的实际问题,以学科教学中的问题为目标开展学科教研活动,并使用网络教研提供的各种资源,充分发挥教研集体的作用。

一、形成教师数学单元教学设计的培训链

在教育领域,教师是推动教育改革和提升教育质量的关键力量。教师的专业发展和能力提升对于学生的学习成果以及学校的整体表现具有重大影响。特别是对于数学学科而言,由于其逻辑性和系统性,教师的单元教学设计能力显得尤为重要。因此,如何培训教师进行有效的数学单元教学设计,成为当前教育界面临的一个重要问题。在实践过程中我们形成了基本的研修路径。

确定培训目标:首先要明确教师数学单元教学设计的培训目标,包括提高教师的单元教学设计能力、逻辑思维能力、问题解决能力等。

整合培训资源:根据培训目标,整合各种培训资源,包括教材、课件、网络资源等,构建一个丰富的、多元化的教学资源库。

设计培训课程:根据教师的实际需求和学科特点,设计一系列的培训课程,包括理论课程、实践课程和案例分析等,使教师能够全面掌握数学单元教学设计的方法和技巧。

开展培训活动:通过线上和线下的方式,开展各种形式的培训活动,包括讲座、研讨会、工作坊等,使教师能够深入理解和实践数学单元教学设计。

评估培训效果：通过评估教师的教学设计能力、教学实施效果等方式，评估培训效果，为后续的培训提供参考和改进方向。

钟启泉教授说，单元设计是撬动课堂转型的一个支点，是落实核心素养发展的有效路径。数学单元设计，需要我们把视角更多地投向数学内容的本质、蕴含的思想方法以及学生思维品质的培育，真正实现教学设计与素养目标的有效对接。教师数学单元教学设计培训链能够系统地提升教师的专业素养和教学能力，使教师更好地理解和实施数学单元教学设计。

1. 从理论到实践，助推单元学习群理念落地

教材中所给出的概念、规则、法则、定律等，都有其自身的内涵，我们要以"高观点"把握教材中的内容本质，以此设计出有深度、有内涵的单元课例。比如分数的定义，张奠宙教授对此有四种分类：份数的定义、商的定义、比的定义和公理化的定义。份数的定义是"分数的初步认识"体系中的定义方式，"商的定义"这个维度是指分数转化为除法之后运算的结果，这是分数最重要的本质，即"分数是一个数"，它比自然数更能准确地刻画事物的"量"特性。所以在初步建立分数概念时，不能仅停留在"分数的份数定义"层面，应渗透整体与等分的关系，为感知分数单位和分数计算打好基础。

在科技时代的加持下，当前的教研活动应大力发展现代技术的使用，以线上和线下相结合，共同融合，促使教师成为课堂的主导人，这已成为教师培训的新常态。创新教研工作方式，转变教研思维，多与名校教师线上、面对面沟通，转变管理理念，以此形成网络教研的特色活动。

2. 从传统到特色，探索数学教学评价新样态

在培养学生核心素养的课堂上，教师不仅是指导者还是评估员。学生完成任务的过程同时也是自我评估的过程。

一是，实施实时过程性评价。在实施大单元教学过程中，教师要对学生学习的情况进行及时的汇总反馈，帮助学生更好地完成目标。每节课后，教师能借助 App 针对学生当天的表现进行评价，从课堂表现、课后作业到自主学习或是过程诊断，无论是全面评价还是针对某个方面评价，只要扫一扫孩子身上的小思徽章二维码，家长就能实时收到当天的评价反馈，及时沟通。

二是，实施精准性终结性评价。在进行单元终结性评价时，采用大数据软件，

实时显示成绩,通过后台可及时得到反馈数据(学生成绩、每题的得分率等)。该软件还能把学生多次的成绩形成走势图,实时跟踪学生成绩变化,以及通过大数据的分析找到学生的学习薄弱点,建立对应题库。

二、落实教师小学数学单元教学的研修桥

(一)价值导向:确定单元教学研修主题

《义务教育课程方案(2022年版)》指出:"探索大单元教学,积极开展主题化、项目式学习等综合性教学活动,促进学生举一反三、融会贯通,加强知识间的内在关联,促进知识结构化。"

日常数学教学研修存在以下问题:一是教师缺乏对数学知识、数学素养的整体结构认识,局限于单课时教学,推进点状化,过分强调单项的因果关系和分离开来的机械模式,割裂了知识结构从而忽视了素养结构的功能,削弱甚至偏离了数学学科的课程目标,其结果往往就造成高分低能的局面;二是教师缺乏对学生学习过程的整体设计,满足于当前情境或活动的设计,策划短期化,忽略甚至局限了学生的数学思维和学习能力的长期培养。

而当下如果要实施新授课的单元教学、复习课的跨单元教学、校本课程的项目式教学等多种课程模式,无论何种课程,教师都应从单兵作战走向多人协同教研,建构教研共同体。

研修主题一:以数学概念为主线

数学核心概念是指具有共同学科本质的一类内容,例如小数的认识、自然数的运算、图形的认识和测量等。我们可以用系统论的方法对教材中相关联的内容进行分析、重组、整合,形成相对完整的教学单元。比如,"分数的初步认识"以"分数的意义"这个核心概念为主线,按四个主题重新架构:主题一"分数的初步认识",借助连续、离散两种模型多维度认识分数,同时增加了"认识表示数量的分数",从数量的角度体现分数的度量价值,丰富学生对分数概念的理解,完善分数的认知结构;主题二"分数大小的比较"和主题三"简单的分数计算"借助图形模型,让学生在具体操作中进一步感受分数的意义;主题四"分数的简单应用",在解决实际问题中加深学生对分数意义的理解,积累活动经验,培养数感,发展运算能力。以此构成一个跨学期的知识类单元。

研修主题二：以数学思想方法为主线

数学思想方法是数学思想和方法的统一，既有观念层面的也有操作层面的，如数形结合思想、符号化思想、数学建模、归纳推理、分析法、假设法等。方法类单元可以是基于自然单元形成的"大单元"，也可以是跨学期的"系列单元"，它以凸显数学知识内容中所隐含的数学思想方法和数学学科的本质为魂。这样的单元规划，跳出了知识层面的限制，带有一定的综合性，比如多边形的面积、解决问题的策略和运算律等。

研修主题三：以基于数学学科跨学科为主线

如果说前两个单元更多地关注数学知识的形成和发展，注重数学思想方法和逻辑推理能力的培养，实践类单元目标则指向核心数学思想，通过探究性的、社会性的数学实践引发学生有意义的数学学习。

（二）素养导向：制订单元研修目标

单元目标是教学内容和学情分析的体现，是单元设计的核心步骤。它从单元的角度引领了各课时教学目标的确立，使得每个课时不再是独立的存在，而是被整体地糅合在一起。单元目标的设计要有整体性、逻辑性和适切性。教师可以通过以下几点展开活动。

一是搭建主题研修平台。学习新课标，转变教学理念。借鉴项目化学习的教与学方式，将其融入新课程教学变革之中，构建大单元教学行动计划，改变教学行为，指向核心素养培育，助推新课程理念落地。

二是提炼典型案例。在大单元教学实施过程中，通过学练展示、模拟呈现、课例研讨等活动，构建融入项目化学习的大单元教学设计框架，提高教师大单元结构化教学设计能力，初步形成多种运动项目的实践案例。

1. 知识模块类

在教材中，单元内部或单元之间存在着类同的知识展开过程，我们称之为知识的展开结构。例如，"数与代数"领域"整数、小数、分数"的教学，在整数中按照"整数的意义""四则运算"以及"四则运算的规律"展开，这样的展开逻辑在小数、分数教学中也同样遵循，这就是它们类同的知识展开结构。如果在整数教学中帮助学生初步建立这样的结构，在小数教学中又不断进行类同关系的比较，帮助学生进一步清晰知识的展开结构，那么到分数教学中学生就能根据这一结构主动思考和学习,学生因此而获得一个整体认知结构。随着数范围的多次拓展,这些"知识结构"将会逐步转变为学生个体的"认知结构"。结构化地呈现知识内容的框架性结构,才能促进学生从整体上把握数学知识、方法和观念,改变肢解数学知识和方法的现象,增强学生学习数学的整体意识和结构意识,提高学习效益。

2. 主题学习类

同一类知识的教学有着类似的推进过程,我们称之为相似模块的方法结构。例如,小学数学教学中的各种"规律探究",其教学一般都按"发现猜想—验证猜想—归纳概括—反思拓展"的过程推进,"数概念"教学一般按照"材料感知—分类提炼—生成新数—感知新数"这一过程推进,"数运算"教学则一般按照"提出问题—理解算理—归纳法则—算法选择"这一过程展开,等等,这些都是知识教学的过程结构。认识到这种过程性结构的存在,老师就可以从起始的内容开始,努力引导学生了解和把握过程结构,使其在后续的学习中,能主动迁移结构开展学习研究活动。通过结构化地展开教学过程,学生获得了开展主动、独立学习的有效路径,便能投入积极主动的学习过程,成为知识、能力和方法的主动建构者和创造者。

3. 方法结构类

学生在获取数学知识的过程中经常采用相同的学习方法,我们称之为学习的方法结构。如学习整数加减乘除四则运算时,通常都采用"数的对位—运算顺序—结果定位"的思维策略;学习三角形、平行四边形、梯形的面积计算时,通常采用"想特征—找联系—试转化"的思维结构。只有当学生明晰了具体的思维结构,自主学习才会有"拐杖",才能富有成效地参与到类同的学习过程中。单元学习能克服只注意知识增长、把解题步骤和程序作为学习重点的倾向,在单元学习的过程中,学生获得思维方式与行为方式的智力支撑。这种支撑不仅让学生具备了解决新领域新问题的能力,更有价值的是,它使学生把业已掌握的知识自觉地提炼成简洁的原理性结构,使学生拥有了向未知新领域、新事物洞察和迁移的能力。

(三) 问题导向:构建数智化研修路径

根据单元主题和目标,制订一个详细的教学计划,包括教学内容、教学方法、教学活动、教学评价等方面。将数学学科中的知识点和技能进行组织,形成具有一定关联和逻辑的单元。同时,根据学生的学习情况和反馈,随时调整和优化教学内容。基于此,我们形成以下研修路径:

1. 以子课题组为单位，优化成长共同体

研修活动中，我们以子课题组为单位，组员们协同备课，在学期计划中排出每一节课的主备教师，选定教学内容后，开展以单位为整体读教材活动。根据教材内容，归纳出本单元的教学要点、知识框架，为教学设计做好前期铺垫。研修共同体内每一位老师按确定的教学理念和目标体系独立完成教学设计。主备教师备课后，将链接地址发给教研团队，教研团队粘贴链接，即可进入基于过程性的点赞、点评，主备教师根据点评修改备课教案，并能将修改前后版本进行对比。交流可以采取说课或模拟上课等方式进行。教师在交流中不断优化教学设计，体验一堂课有多种设计，同时梳理形成一个大致适合执教者的方案，准备在课堂上进行实地实验。每一位成员在教材分析、学情分析到学生前后测等方面分工合作，发挥子课题组的优势，共同成长。

2. 以单元整体教学为导向，架构网络体系

新课标强调"结构化""单元整体教学"，因此，教师需站在"大格局、大情境、大概念、大问题"的角度树立科学备课观，以单元整体教学为导向，将零散的知识点构建成知识网络，培养专家型思维。我们构建了"线上＋线下"跨时空的数智化教研平台，让每个教师备课本、听课本的数据能够汇聚，让每个一线的教师都有平等交流的机会，使得教研主体去中心化、去权威化；让教研的评价从个体经验走向事实和数据，从原来的注重结果走向注重过程，从静态的数据走向动态的数据，从结果性数据走向伴随性数据。

【典型案例】

基于教学问题现场建构单元学习群的教学策略
——以"认识分数"为例初探

在日常的一课时一课时的教学中，我们常常遇到孩子学习碎片化、缺少结构化、迁移能力弱等问题，究其原因在于教师对教材的解读缺少体系的眼光、学生缺少知识与方法的系统思维。基于数学核心素养的单元学习群构建与教学，是落实学科核心素养、提高数学学习效率的重要途径。

一、基于学习现场问题,洞察研究的效度立场

1. 一次教研活动——产生一个疑问

一次六年级数学教研活动,一个老师执教苏教版六年级下册第 27、28 页"解决问题的策略"(图 6-7)。

> ① 星河小学美术组一共有 35 人,其中男生人数是女生的 $\frac{2}{3}$。美术组的男生和女生各有多少人?
>
> 分析题中数量之间的关系,说说准备怎样解答。

图 6-7 苏教版小学数学教材六下例 1

教师出示例 1,让学生说一说题中的已知条件和问题,提问:想一想根据"美术组男生人数占女生的 2/3"可以想到什么?

学生第一时间汇报 5 份:总人数被平均分成了 5 份,男生人数占其中的 2 份。女生占其中的 3 份。

老师表扬学生理解得很正确,并顺势出示线段图,启发学生还能想到什么?

马上有学生想到了女生人数占总人数的 3/5,也得到了老师的表扬。然后就出现了冷场。

这时教师结合线段图,启发学生男女生人数的比是多少?然后学生在此基础上还想到了男生人数与总人数的比,女生人数与总人数的比。

然后又出现了冷场。

教师再引导:你能转化成以其他量为单位"1",说说数量关系吗?学生受此启发,想到了"女生人数占男生人数的 2/3"。

在这个引导的过程中,教师通过 3 次引导,帮助学生从不同角度分析"美术组男生人数占女生的 2/3"这个已知条件,使学生从分数意义的角度想到了数量之间对应的份数关系、比的关系,建构了立体认知。

最后教师鼓励学生选择一种方法列式解答。

戏剧性的一幕出现了,在分享的时候发现所有学生不约而同出现了 $35÷5×2$ 这样的列式,也就是说学生都选择了分数对应的份数关系解决问题。很多老师遇到这种情况也许就是只要作对就行了,而不会去推敲为什么会出现这样的问题,所以往往就错失了一个很有价值的研究契机。

2. 一个质疑的声音——引起一串思考

在一次学习活动中,偶然看到张奠宙教授在《教学月刊小学版数学》中提到的

一句话:"如果一提到分数就联想到等分月饼的模型,会限制人们对分数的理解。"觉得很受启发:回想自己的教学经历,学生从三年级初步认识分数到五年级认识分数的意义和性质,就是从等分饼开始,逐步到等分圆,看到分数想到平均分成几份,分子对应几份,分数和份数牢牢地联系在一起,密不可分。学生是这么认知的,其实很多老师也是这么认知的,也是这么想的。所以难怪在上面的教学活动中会出现学生尽管在老师的万般启发之下已经对2/3有了全面系统的认知,但是在列式解答的时候还是下意识地第一选择了份数意义。那么,究竟什么是分数?我们到底应该带领学生从什么角度来理解、建构对分数的认知?教材中的教学安排是否可以有更好的处理或调整或补充?

基于数学核心素养的单元群构建与教学,是落实学科核心素养、提高数学学习效率的重要途径。

二、基于学科本质维度,遵循分数的概念属性

数学的学科本质是什么呢?大家对这个话题研究的也比较多。不过,不管怎么表述,大家对数学学科的本质追寻总是包含以下一些内容:① 对数学基本概念的理解;② 对数学思想方法的落实;③ 对培养数学思维的要求;④ 对数学学习活动中美的鉴赏;⑤ 对数学精神的不懈追求。

以分数单元为例,分数的本质是什么?张奠宙教授这样认为:

一般地,有以下四种:

定义 1(份数定义):分数是把一个单位平均分成若干份之后其中的一份或几份。

定义 2(商定义):分数是两个整数相除(除数不为 0)的商。

定义 3(比定义):分数是整数 q 与整数 $p(p \neq 0)$ 之比。

定义 4(公理化定义):有序的整数对 (p, q),其中 $p \neq 0$。

所以,分数单元学习主要涉及如下概念:平均分、除法、单位"1"、分数单位、分数的基本性质,甚至还可延续到比、比的基本性质等等,对这些概念的理解是学生真正构建分数知识网络的载体。这一单元主要涉及数形结合思想、转化思想、函数思想、符号意识、模型思想等,学生在积极参与教学活动的过程中,通过独立思考、猜想验证、合作交流,逐步感悟这些数学思想。

以教学"分数的基本性质"为例。

第一环节,数形结合,提出猜想。

师:出示三个同样大小的圆,提出要求,用分数表示涂色部分,你发现了什么? 1/2、2/4、4/8,从中你又发现了什么?

生:我发现这些分数看上去完全不相同,但是他们对应的涂色部分是相等的。

师:是呀,这里面是不是藏着分数的什么秘密呢?你可以和你的小伙伴一起仔细观察这些分数和它们对应的图,猜猜这里面可能有什么规律呢?

学生通过合作交流、思维碰撞后提出猜想:我们发现1/2的分子分母都乘2得到2/4,都乘4就得到4/8,是不是分子分母同时乘相同的数,得到的分数都相等呢?

第二环节:举例验证,逐步感悟。

师:那我们的猜想对不对呢?接下来你们想怎么研究?(教师根据学生回答适时提炼问题,并汇总展示。)

生1:我们可以举例来验证一下。

生2:我们可以再折一折这个正方形纸,看看还能找到和这个1/2相等的分数吗?

生3:其他的图形是不是也可以通过折一折来找找和1/2相等的分数呢?

生4:会不会有很多与1/3相等的分数呢?或者还有其他相等的分数呢?

师:大家提的问题都很有价值,老师给大家提供了完全相同的圆、完全相同的长方形,还有分数墙,大家可以根据自己的需要选择合适的学习材料来研究。

(学生小组合作验证)

第三环节:聚焦本质、验证规律。

学生通过汇报交流,思维进一步得到启发,数学的目光进一步聚焦分数相等的本质,验证了自己的猜想。

第四环节:引导发现、完整认知。

由于学生在研究的过程中常常会因为思维定式不自觉地把分子分母从小

往大看，所以教师这时候要启发学生进一步探寻规律本质，追问：如果分数的分子分母同时除以相同的数呢？分数的分子分母同时乘或除以相同的数，这个数可以为0吗？通过对这两个问题的探讨，学生完成了对分数相等这一性质的完整建构。

在这个教学活动中，学生经历了完整的探究学习过程：呈现现象、提出猜想—合作探究、验证猜想—聚焦本质、完整认知。学生在研究"商不变的规律"和"比的基本性质"的时候也可以遵循这样的学习模式，形成一种学习自觉，有利于在探究分数本质意义的时候使数学思维从零散走向系统，有利于浅层思维发展为高阶思维。

三、基于课程标准维度，调整单元学习架构

课程标准与学科教材是教师落实具体教学的重要依据，仔细分析课程标准对学科教材内容的具体教学目标和教学要求，有助于教师基于不同学段、不同目标、不同价值进一步梳理单元学习内容。因此教师要结合课程标准、学生实际学习状况和需求对单元学习群内容进行有效的解构、调整、取舍，并进行重新架构。

1. 解构单元内在的关系

合理解构单元知识，前提是站在课程高度分析知识系统。单元学习群的学习内容架构，要更凸显学生主体，更多考虑到学生已有的认知基础，要帮助学生认识到自己已有的知识结构，引领学生掌握当前要建构的知识内容，同时还要考虑学生将来学习的知识点，统筹规划，尽力构建知识网络体系。

以苏教版分数单元为例。

一、二年级涉及表内除法和平均分，积累表内除法中均分实物的经验；

三年级上册编排"认识一个物体或一个图形的几分之一和几分之几"，同时编排"比较两个几分之一或两个同分母分数的大小""简单的同分母分数的加减法"来帮助理解"认识一个物体或一个图形的几分之一和几分之几"；

三年级下册认识"一个整体的几分之一、几分之几"，同时编排"求一个数的几分之一或几分之几是多少的简单实际问题"，本版教材设计主要是引导学生从分数对应的份数意义出发，解决实际问题。这可能也对后来学生自动偏爱用分数的份数意义有一定的影响。

然后,学生在分数单元整整休息了三个学期,直到五年级下册第四单元再次正式接触分数的学习,同时把小学阶段要掌握的分数的意义、性质、真假分数、通分等都学习完成。乃至到了六年级,"分数乘除法""比的认识""百分数""比和比例"等知识本质上其实都是"分数"概念的延伸与拓展。

教学用书在分析这一单元知识时也提到:本单元教学的难点是对分数意义的理解。主要有以下几方面的原因:一是在分数意义的建立过程中,学生对单位"1"意义的理解存在一定困难,特别是面对具体情境中的某个分数时,学生往往很难确定把哪个数量看做单位"1";二是在分数意义的应用过程中,学生很容易混淆用来表示数量间倍比关系的分数以及表示具体数量的分数;三是在分数与除法关系的探索过程中,学生往往弄不清其中的推理线索。

2. 取舍概念关键要素

教材在编排教学内容时,有时会很无奈地将原本整体的知识块拆分成若干小块分散到各年级教学。学生在不同的年级段接触这些知识时,往往刚接触一点知识内涵,当心理上和知识储备上正待进一步探索时,突然又戛然而止,有浅尝辄止之嫌。而且东一榔头西一棒槌的点状分布教学,不适合学生建立系统的认知结构。

以"分数的初步认识"为例,苏教版三年级上册"分数的初步认识"第一环节是通过把 4 个苹果、2 瓶水、1 块蛋糕平均分成两份,问每人分得多少?学生通过平均分发现,4 个苹果平均分成 2 份,每人分得的个数可以用 2 来表示;2 瓶水平均分成 2 份,每人分得的瓶数可以用 1 来表示;一块蛋糕平均分成 2 份,每人分得的块数不能用学过的数来表示,这时教材引出:把一块蛋糕平均分成 2 份,每份是它的二分之一,写作 1/2,同时教师指出 1/2 是分数。随后试一试通过折一折认识一个正方形的 1/2 和 1/4。例 2 通过折一折、涂一涂,认识一个圆的 1/2 和 1/4 和 1/8,并会比较这三个分数的大小。在实际教学的时候发现,这样的内容组织,引导学生更加偏向于从份数的角度来理解分数,可能也是导致学生在以后认识分数的相关知识时,第一反应是分饼、分圆的原因之一。其实,早就有专家指出,分数的本质更多地应倾向于对应除法意义的理解。回观教材的安排,每人分得 2 个苹果、1 瓶矿泉水,对应的算式是 4÷2=2(个)、2÷2=1(瓶),引导学生在平均分的过程中体会除法的数量关系,在思考每人分得几块蛋糕的时候,对应的算式应是 1÷2。学生在计算 1÷2 时遇到了困难,教师再适时引出分数 1/2,这样的设计在学生初步认识分数的第一时间就把分数与除法对应了起来,体现了分数的本质所在。

所以,在教学"分数的初步认识"时,不妨对教材原有内容进行取舍。

(1) 教学目标取舍。教学目标是课堂教学的出发点,也是归宿,也是评价课堂教学的依据。所以,在设计本课教学目标时进行了适当的取舍和修改:结合具体情境初步认识分数,知道把一个物体(图形)平均分成几份用除法解答,每份不满 1,可以用分数几分之一来表示。能正确读写分数,知道分数各部分的名称。

(2) 教学内容取舍。保留例题 1 的情境图,把例题 2 的比较几分之一的大小延后,不作为这一课时的教学内容。在例题 1 中把一块蛋糕转化用数直线表示,提出问题:请你在数直线上用点标出分数 1/2 的位置。以此进一步帮助学生感知分数 1/2 是一个数,且是有大小的。

(3) 学习过程取舍。本课旨在引导学生经历分数的产生过程,体会用分数表示的方法,建构用分数表示的模型。在取舍之前本节课的教学是帮助学生经历这样的学习过程:问题情境—提出问题—建立模型—操作内化—迁移认知。学生在老师的带领下,主要感知的是分一分,建立份数与分数的对应关系,所以侧重点都是通过分一分来操作内化,学生经历了丰富的分一分、涂一涂的过程。在调整之后,内化的过程不但有把图形分一分的直观体验,更有除法算式与分数对应关系的进一步内化,并增加分数是一个数的体验感知。

在单元学习群概念指导下的教学,有明显的知识架构主题引领和知识串联线索,在这个知识链上,除了对若干知识点进行取舍,留下适合学生系统展开学习、有利于学生系统建立认知的内容,相对来讲对影响不是特别大的内容可以进行教学次序的调整或者可以直接简化或省略。

3. 架构单元整体结构

"学习一门学科,关键的是掌握这门学科的基本结构。"架构多大的单元?"从教学实施的角度看,可以是连续的'小单元',也可以是非连续的'大单元'。"如何架构? 这个架构的目标和过程受到实施教学的老师和学习主体的学生的具体生长需求的影响。如果教师对学生的知识掌握、数学学科素养生长的期待值比较高,教师自身的学科理解力和教学执行力比较强,学生自身参与学习的需求度和学习力比较高,那么可以架构统整性比较强的大单元。否则,可以考虑设计连续性比较强的小单元,帮助学生建立由"块状"至"网状"的认知结构。

在分数单元的架构过程中,考虑到分数的本质意义以及学生的认知规律,可以尝试做如下调整:把"认识一个或多个物体(图形)的几分之一和几分之几"统整到一个学期完成教学,建议安排在三年级下册。这样学生会在一个比较集中的时间内初步认识分数。学生在认识一个物体(或图形)的几分之一或几分之几之后,对分数的产生过程及分数的本质有了初步的感知,紧接着认知几分之几,有利于学生学习方式和概念认知的迁移,而不会存在突兀感。

在单元学习群概念的指导下架构单元知识,有利于教师将学科内容结构化。教师在向学生结构化地呈现单元知识时,有利于帮助学生排除无关知识的干扰,进一步有序地、系统地触及数学知识丰厚的内涵,感受到数学实施更为广阔的视野,也更利于学生去循着数学的线索追根溯源,透过树木见到森林。所以,在重新调整架构单元学习群时,既要统筹数学学科知识点的整体架构,也要考虑到知识之间的关联,突出学习的意义和价值。

四、参照单元知识结构进行单元任务设计

1. 明确的目标设计

单元学习群的目标设计是指在完成单元群学习之后学生应该获得的学科核心素养,包括能灵活应用的知识、技能、策略,能反映学科本质的思想方法,解决问题的综合能力,以及经历一定困难之后获得成功的愉悦的心理感受,还有对学科的好奇与期待。确定单元学习群的目标要考虑学科课程标准的要求、单元群学习主题与核心内容、单元学习群所承载的学科核心素养进阶发展的要求以及学生的学习基础和发展要求。

2. 科学的过程设计

科学的单元学习群过程设计,重点在学习过程,其实质是设计学生的学习经验,需要着重关注几个问题:一是必须依据至少三分之二的学生是如何达成目标(即学会)的进阶来设计,不是按教师怎么教来呈现教的设计;二是必须嵌入评价任务,以实现教、学、评一致的教学,不能只管教或学的设计;三是必须在整体设计的前提下分课时呈现学习方案,使之适用于真实的课堂教学。

单元学习群设计不仅要考虑到学生学习内容的组织问题,还要考虑到如何学的问题,它将单元学习内容统整为一个整体,以有利于教师对教学内容的整体把握和学习进行整体建构,旨在引领小学数学教学改革,力求改变传统机械的教学模式,以自主、合作、探究性学习为主要学习方式,凸显学生学习数学的根本途径。

3. 多元的评价设计

评价对学习活动起到一定的导向作用,一直以来都是专家和一线教师研究的重点之一。单元学习群活动对"分数的初步认识"进行评价研究可以基于以下三个角度：

（1）基于课程整合角度。评价要为单元学习整体目标任务的落实服务,在单元学习群任务落实的时候,我们站在课程整体的角度对单元学习进行解构、取舍与调整,在完成单元统整和确立目标后,要建设性地思考什么样的评价有助于单元学习整体目标任务的落实。比如在初步认识分数中,学生能"初步认识分数与除法的关系""知道分数是一种数,当不满1时可以用分数来表示""会表示一个或多个物体(图形)的几分之一或几分之几",在这样的学习过程中完成对分数的初步认识。

（2）基于学生学习的角度。要站在学生的立场,观察学生学习的轨迹,判断哪些学习是对学生有用的,哪些学习是对学生无用的。要能全面观察和及时捕捉到学习评价中所暴露出的资源,并作出相应的处理。同时基于学生学习角度的评价,不光是教师维度的落实,更要体现学生主体的评价作用,引导学生及时反馈评价自己的学习,并进行合理的调整。

（3）基于学生发展的角度。群学习的活动评价要实现的是学生对所学知识的有深度的认知、有广度的链接、有意义的运用、有价值的创造,是学生数学核心素养的提升。所以基于学生发展的评价,很多时候并不是单纯地评价对学习内容的掌握程度,而是关注学生的"发展性"最终的目的所在。在初步认识分数之后,"会通过把一个或多个物体(图形)平均分一分,发现或创造分数""会通过分数与除法的关系理解更多的分数""会结合数直线理解进一步认识分数""会用自己的方式理解分数大小的比较""会自主探索并理解同分母分数加减的算理"等等。

数学单元学习群的实践研究,指向的是学科核心素养的教学,在"群"这个大观念的观照下将知识结构化,探索更适合学生发展的学习方式,改变教师格局,打开学生被束缚的思维,让学生用科学的方式来享受数学学习。

参考文献

[1] 东方瀛,车群.现代汉语辞海[M].长春:吉林摄影出版社,2002:1067.

[2] 米山国藏.数学的精神、思想和方法[M].毛正中,吴素华,译.成都:四川教育出版社,1986:10.

[3] 经济合作与发展组织(OECD).面向明日世界的学习:国际学生评估项目(PISA)2003报告[M].上海:上海教育出版社,2008:15.

[4] 曹才翰,章建跃.数学教育心理学[M].北京:北京师范大学出版社,2006:29.

[5] 鲍建生,周超.数学学习的心理基础与过程[M].上海:上海教育出版社,2009:174-177.

[6] 孔凡哲.曾铮数学学习心理学[M].2版.北京:北京大学出版社,2009:175.

[7] 林崇德.智力发展与数学学习[M].北京:中国轻工业出版社,2011:7.

[8] 徐斌艳.数学学科核心能力研究[J].全球教育展望,2013(6):67-74.

[9] 林崇德.论学科能力的建构[J].北京师范大学学报(社会科学版),1997(1):5-12.

[10] 郭元祥,马友平.学科能力表现:意义、要素与类型[J].教育发展研究,2012(15):29-34.

[11] 吕世虎,杨婷,吴振英.数学单元教学设计的内涵、特征以及基本操作步骤[J].当代教育与文化,2016(7):41-46.

[12] 李燕.基于核心素养的小学数学单元整体教学研究[D].济南:山东师范大学,2018.

[13] 宗锦莲.在那里 在一起 在生长:有感于"儿童生长性学习群的建构与实践"[J].江苏教育,2019(4):19-20.

[14] 章勤琼,杜依铭.运算教学中如何做到"法理兼顾":略谈运算教学的三个要点[J].福建教育,2022(10):28-31.

[15] 丁爱平,周卫东.计算教学中内隐性教学资源的开发:苏教版四下《三位数乘两位数》教学实录与评析[J].江苏教育,2018(41):58-61.

[16] 宋煜阳.基于数和运算意义的乘法算理整体性理解[J].教育视界,2022(5):9-11.

[17] 巩子坤,陈影杰,刘萍.论数的概念与运算的一致性之二:运算意义的一致性[J].小学数学教师,2022(9):76-78.

[18] 牛献礼.以大观念为核心重构单元学习:"多边形的面积"单元整体教学的思考与实践[J].中国教师,2022(4):65-69.

[19] 卜梦丹,唐恒钧.数学大概念的内涵、提取途径及其理解维度[J].中小学教师培训,2022(7):36-39.

[20] 常立钢,吴晓云.掌握"通法"理解"通透":小学数学"多边形的面积"单元教学设计[J].基础教育课程,2022(20):13-20.

[21] 荣丽娜.基于大概念的教学设计研究[D].济南:山东师范大学,2021.

后　记

　　在站起来的儿童数学教育的实践中,2019年我和我的伙伴在课堂观察、问题剖析、儿童学习研究过程中,提出了数学单元学习群,申报了全国教育科学"十三五"规划2020年度教育部重点课题"指向学科核心素养的数学单元学习群的实践研究";将"小学数学单元学与教"行动计划与国家立德树人的要求、核心素养的落地、学科价值的实现进行多维度、多层面探索。

　　我和马伟中、潘香君、王素旦、任韧、丁志根以及贺燕等核心团队成员,以数学学科素养为导向,以数学单元学习群为载体,按照国家课程方案和课程标准实施教学,促进学生高质量达到国家规定学业质量标准;充分发挥教师主导作用,引导教师深入理解学科特点、知识结构、思想方法,科学把握学生认知规律,以上好每一堂课为实践起点,"坚持教学相长,注重启发式、互动式、探究式教学",围绕"指向学科核心素养的数学单元学习群"的设计与实施这一主题,进行理论梳理、现状分析、比较借鉴、实证分析、组织设计等方面的系统研究,对强化小学学科教师的使命意识、突破儿童数学学与教的传统模式、紧跟学习方式转型的时代要求具有重要应用价值。

　　这本著作是我和团队五年的研究成果,是我们五年间对儿童数学教育积极探索的缩影,也是二十多年来践行"站起来的儿童数学"的学科育人理念的深化实践。在立体的思考和丰富的实践背后,是我们始终不变的追求,那就是期待每一个孩子回应时代召唤,发展核心素养,做未来的创造者。在探索路上,许许多多专家与学者给予了引领,持续指导着创想教育的研究与实践,感谢成尚荣先生、杨九俊先生、孔企平教授、吕林海教授、郭庆松老师等一大批专家、导师给予的指导和帮助。

　　我和团队听从导师们的建议,认真梳理了指向学科核心素养的小学数学单元学习群的系统实践,深入思考以及积极探索,希望给更多和我一样致力于国家新课程方案与新课程标准的深化落地的老师,提供研究的样本。于是这一本《素养立意下的小学数学单元学习群的构建路径》诞生了。本书在形成过程中,得到了我的课题组团队的支持与帮助,马伟中、潘香君、任韧、丁志根、贺燕、王素旦、陈国强、荆熙哲、姚丹静、徐叶、姚婷、庄薇、孙云卓等老师参加了编著、整理与校对,在此一并深表感谢。我看到了更多站起来的儿童数学教育实践,看到了学科育人理念变成现实,看到了越来越多的人致力于素养导向的小学数学学与教的变革,愿意和我们一起去做更好的学科育人,我想这就是最好的成果。

庄惠芬

2023年12月于善耕馆